国家出版基金项目

乡村电子商务丛书
主编 李琪

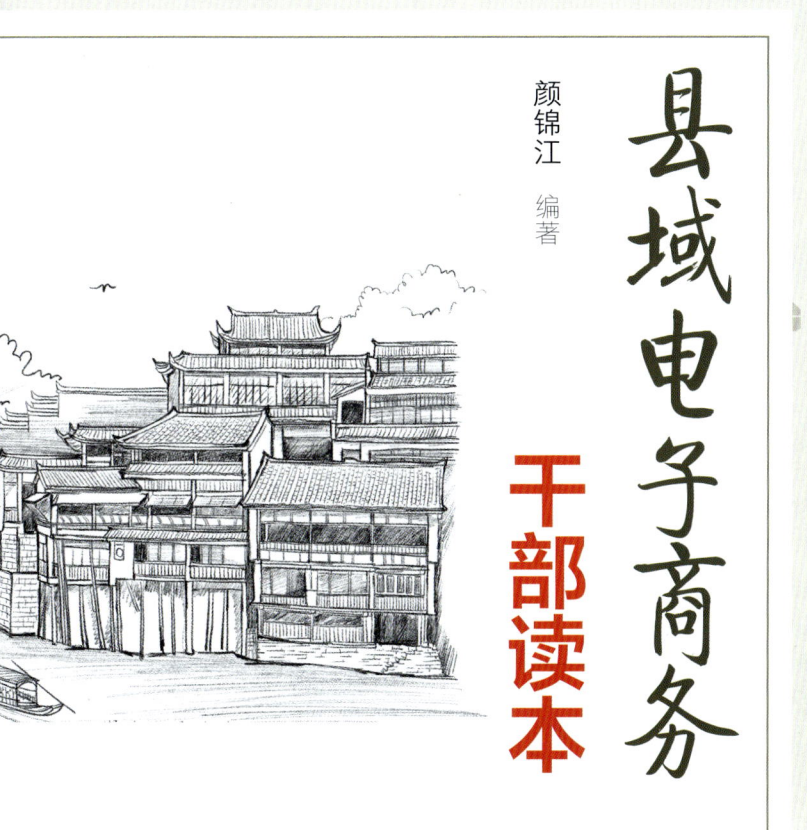

颜锦江 编著

县域电子商务干部读本

中原农民出版社
·郑州·

图书在版编目（CIP）数据

县域电子商务干部读本 / 颜锦江编著 .—郑州：中原农民出版社，2020.12

（乡村电子商务丛书 / 李琪主编）

ISBN 978-7-5542-2345-1

Ⅰ．①县… Ⅱ．①颜… Ⅲ．①县－电子商务－干部教育－学习参考资料 Ⅳ．①F713.36

中国版本图书馆CIP数据核字（2020）第227049号

县域电子商务干部读本
XIANYU DIANZI SHANGWU GANBU DUBEN

出 版 人：	刘宏伟
选题策划：	朱相师
责任编辑：	卞　晗
责任校对：	王艳红
责任印制：	孙　瑞
装帧设计：	杨　柳　薛　莲

出版发行：中原农民出版社
　　　　　地址：郑州市郑东新区祥盛街27号7层　　邮编：450016
　　　　　电话：0371－65788655（编辑部）　0371－65788199（营销部）

经　　销：	全国新华书店
印　　刷：	河南省邮电印刷厂
开　　本：	710 mm×1010 mm　1/16
印　　张：	20.5
字　　数：	221千字
版　　次：	2021年1月第1版
印　　次：	2021年1月第1次印刷
定　　价：	88.00元

如发现印装质量问题，影响阅读，请与印刷公司联系调换。

乡村电子商务丛书
编委会

主　　任　李　琪
副主任　彭丽芳　魏延安
委　　员　明小波　薛伟宏　张　宇　董林峰
　　　　　帅青红　秦成德　颜锦江　赵宝柱
　　　　　陈　兵　张国友

本书作者

编　　著　颜锦江
参　　编　刘海峰　欧阳辉　唐海花　刘文辉
　　　　　李　勇　畅　通　董淑敏　黄润芸
　　　　　李青林　张敏琪　丁　洁　刘　科

总　序

为乡村振兴战略插上腾飞的翅膀

党的十九大报告中提出，要实施乡村振兴战略，促进农村一二三产业融合发展，拓宽增收渠道。随着"互联网+"的兴起，乡村电子商务正逐渐成为农民增收致富的重要手段。电子商务（有时也简称"电商"）作为先进的生产力和生产方式正从城市走向农村，"电商扶贫""上山下乡"取得了显著成就，带动了农村地区的经济发展，提高了农村居民生活水平和改善了农村生态环境。

多年来互联网技术的快速发展和电子商务的蓬勃兴起，正在重塑着城乡的经济社会发展面貌。尤其是对于乡村发展而言，对这种力量的需求更为迫切。广袤的农村蕴含着巨大的人力、资源富矿，需要的恰恰就是像淘宝、京东、拼多多等这样更能结合时代发展趋势的新平台、新方式。用科技改变农村面貌，尤其是深入触及乡村经济的结构化调整与升级，让农民摆脱单一的耕种生存模式，向现代化企业主、产业工人转型，成为近年来电子商务下乡热潮的驱动力。

首先，电子商务下乡不仅是经济层面的创新，更涉及其他宏观层面，例如对农村社会化、组织化建设的推动。这些年来，农民大多是一家一户在自己的田地上耕作，而广大"新农人"往往与地方政府联动，从当地优势产业发展出发，主打几类重点产品。由于乡村"新农人"背后连接着天猫和淘宝等电子商务平台，通过大数据、用户画像等路径，能够更为精准地了解用户需求，甚至根据数据曲线预判来年消费者需求变化，如此一来，各个"淘宝村"的农民就可以集中资源，按照需求与订单来提供对应农产品及其他产品。不少"新农人"已经发展成为中小企业管理者，可以整合其他农民的资金、土地、产品等，对内把控质量，对外树立品牌，统一产品输出。碎片化的农村单元逐渐发展成为组织化、系统化的中、小、微型企业运作，农民的角色和意识都实现了跨越式转型发展。

其次，电子商务下乡带来的是农村公共服务的现代化。城乡二元制的一大难题是农村公共资源配给少、层次不高。而乡村基层干部可调配的资源有限，不能为农民提供相匹配的公共服务。近年来，不少地方通过推动电子商务下乡工程，不仅为农民带来了新的创收途径，也在与电子商务的协同中实现了管理和服务的创新。比如更多农村干部逐步掌握了互联网知识，并向所在乡村农民普及互联网开放、平等、自由、共享的精神，以及以客户为中心的服务模式，开始贯穿到乡村的日常运转中，提高效能，以农民所需为本，一手抓现有资源聚合释能，一手抓从县乡政府到村委会的组织体制改革，最终形成了堪比城市的公共服务理念和绩效。

在国家政策的大力支持下，我国乡村电子商务发展迅猛，正在深刻改变着传统农产品流通方式，成为加快转变农业发展方式，完善农产品市场机制，推动农业、农村信息化发展的新动力，对发展现代农业、繁荣乡村经济、改善城乡居民生活的作用日益凸显。同时，由于多种原因，我国乡村电子商务发展仍处在初级阶段，面临着基础设施条件差，农产品标准化程度低、流通体系不完整、市场秩序不规范、诚信体系不健全、配套政策不完善等困难和问题，亟须提高认识，提出对策，采取有效措施切实加以解决。为此，我们专门组织策划了"乡村电子商务丛书"，以问题为导向，深层次、全方位地阐述乡村电子商务在我国乡村振兴战略实施进程中应当发挥的更加积极的作用，为乡村振兴战略顺利实施插上腾飞的翅膀。

"乡村电子商务丛书"第一辑的内容涵盖了《县域电子商务干部读本》《乡村互联网金融》《乡村电子商务概论》《大学生村官电子商务》《邮政乡村电子商务》《农产品电子商务》《种植养殖业电子商务》《乡村旅游电子商务》《乡村电子商务实务》共计9卷。"乡村电子商务丛书"的撰写汇聚了国内相关领域的权威专家和学者，历时两年多完成初稿，获得了2019年度国家出版基金的资助，经专家委员会论证、修改、完善，最后由中原农民出版社审定出版。

"乡村电子商务丛书"的出版能够进一步梳理我国乡村电子商务发展的轨迹，总结乡村电子商务发展经验，探讨乡村电子商务形成规律，整理乡村电子商务发展模式，发现和探讨乡村电子商务存在的问题，推动我国乡村电子商务高质量发展，助力乡村振兴战略顺利实施！

"乡村电子商务丛书"可积极参与国家电子商务专业技术人才知识更新工程，开展新型农业经营主体培训，让专业大户、家庭农场、农民合作社等新型农业经营主体、高素质农民和农业企业负责人掌握农产品和农业生产资料网上经营策略和技巧，为培养一批有理论和实践能力的乡村电子商务人才和切实提高新型农业经营主体电子商务应用能力提供智力支持。该丛书采用彩色印刷，图文并茂，配置了模块化阅读内容，让读者在轻松阅读的基础上快速、便捷地掌握乡村电子商务专业知识，进而服务于产业、生产、经营等现代农业体系。

教育部电子商务类专业教学指导委员会副主任委员
中国信息经济学会副理事长、电子商务专业委员会主任
西安交通大学经济与金融学院教授

2020 年 12 月

前　言

　　电子商务在我国各个区域和行业得到广泛应用，并涌现出百度、阿里巴巴、腾讯、京东、小米等众多成功而鲜活的企业案例，助推了"大众创业、万众创新"的热潮。各级政府部门对电子商务发展高度重视，将其作为推进产业转型升级和供给侧结构性改革的一个重要抓手。电子商务可以跨越时间和区域，具有成本低廉、交易连续、资源集约等优势，已经由最初的中心城市渗透到县、乡、村各个领域，这不仅为偏远地区发展经济提供了弯道超车的机会，更为县域经济转型升级注入了新的活力。随着"互联网+""双创""乡村振兴"等深入推进，我国县域电子商务发展更加全面而迅速，并形成一批县域电子商务进农村综合示范县。同时，发展电子商务正成为贫困地区党委政府帮扶群众增收和实现脱贫攻坚的一项重要举措，是基层干部的工作内容之一。编著出版本书的目的是给基层干部提供一本县域电子商务工作参照读物，便于基层干部快速了解县域电子商务的基础知识，掌握县域电子商务的运作实践和方法，熟悉县域电子商务可以借助的资源平台。

　　本书共13章，内容涉及县域电子商务基础、运作和资源3个方面。县域电子商务基础侧重县域电子商务的基础知识，包括县域电子商务的基本内涵、电商扶贫、"互联网+"、互联网思维等。县域电子商务运作侧重县域电子商务的运作实践，包括县域电子商务顶层设计、基础设施、产品管理、营销、服务支撑体系、残疾人电子商务等内容。县域电子商务资源侧重介绍当前阿里巴巴、京东、苏宁、腾讯等电子商务企业服务于农村电子商务的资源平台。

本书是在国家社会科学基金一般项目"新规制经济学视角下电商扶贫及其商业模式创新研究"（项目编号：16BGL011）的基础上经过认真研讨、梳理而形成的，无论是在知识结构方面还是在学术观点方面，都具有典型的代表性和创新性。

由于电子商务的发展非常快，新的技术、平台和模式等不断涌现，有些新内容本书未能涉及，敬请读者理解。加之作者水平有限，恳请有识之士和业内专家学者不吝赐教，希望同行特别是阅读本书的领导和干部提出批评建议。

编著者
2020 年 5 月

目 录
Contents

第一章　县域电子商务概述 ………………………………… 1
　　第一节　县域电子商务的界定 …………………………… 3
　　第二节　我国县域电子商务发展历程 …………………… 11
　　第三节　县域电子商务与扶贫 …………………………… 21
　　第四节　县域电子商务的模式 …………………………… 29

第二章　县域电子商务与"互联网+" ……………………… 41
　　第一节　"互联网+" ……………………………………… 43
　　第二节　大数据 …………………………………………… 49
　　第三节　云计算 …………………………………………… 57
　　第四节　互联网思维 ……………………………………… 67

第三章　县域电子商务发展面临的机遇和挑战 …………… 77
　　第一节　县域电子商务发展面临的机遇 ………………… 79
　　第二节　县域电子商务面临的挑战 ……………………… 92

第四章　县域电子商务顶层设计 …………………………… 97
　　第一节　县域电子商务生态系统构建 …………………… 99
　　第二节　县域电子商务行政推动体系建设 ……………… 104
　　第三节　县域电子商务与电子政务 ……………………… 111
　　第四节　电子商务发展中政府与市场的关系 …………… 119

第五章　县域电子商务发展的基础设施 …………………… 125

第一节　宽带网络建设 …………………………………… 127

第二节　县域电子商务物流园区 ………………………… 132

第三节　县域电子商务产业园建设 ……………………… 138

第六章　县域电子商务的产品管理 …………………… 145

第一节　农产品质量管理 ………………………………… 147

第二节　深加工农产品管理 ……………………………… 152

第七章　县域电子商务的营销 ………………………… 161

第一节　农产品品牌建设 ………………………………… 163

第二节　电子商务宣传平台建设 ………………………… 194

第三节　电子商务宣传活动 ……………………………… 202

第八章　县域电子商务的服务支撑体系 ……………… 209

第一节　县域电子商务人才培养 ………………………… 211

第二节　县域电子商务协会建设 ………………………… 221

第三节　县域电子商务金融支撑 ………………………… 224

第四节　第三方电子商务服务 …………………………… 226

第九章　县域残疾人电子商务 ………………………… 233

第一节　县域残疾人电子商务概述 ……………………… 235

第二节　当前县域残疾人电子商务发展现状 …………… 238

第三节　县域残疾人电子商务发展路径 ………………… 247

第十章　农村淘宝 …………………………………… 255

第一节　农村淘宝概述 ………………………… 257
第二节　农村淘宝县级服务中心和村级服务站 …… 265
第三节　村淘合伙人 …………………………… 270

第十一章　京东电子商务模式 …………………… 275

第一节　关于京东 ……………………………… 277
第二节　京东农村电子商务模式 ……………… 278
第三节　京东"3F"战略布局农村市场 ………… 281
第四节　京东金融 ……………………………… 283
第五节　京东乡村推广员 ……………………… 288

第十二章　苏宁电子商务模式 …………………… 291

第一节　苏宁"电商＋店商＋零售服务商"的云商新模式 … 293
第二节　苏宁电子商务品牌 …………………… 297

第十三章　腾讯"为村" …………………………… 301

第一节　腾讯"为村"是什么 …………………… 303
第二节　为什么要加入"为村" ………………… 307

后　记 ………………………………………………… 312

第一章
县域电子商务概述

导读

　　县域经济是以农业和农村经济为主体，并朝着工业化、城镇化、现代化的方向发展。在县域经济的发展过程中，电子商务凭借其成本低廉、交易连续、资源集约等优势为农业产业化、第三产业、县域中小企业的发展注入新的活力，推动产业优化。同时，与当地优势产业结合产生服务业、物流产业及其他商品配套供应产业，对县域经济有巨大的推动作用。随着"互联网+""双创"等战略深入推进，我国县域电子商务如雨后春笋般迅速发展，全国多个县区在电子商务实践中取得骄人成绩，在县域经济发展方面取得重要突破，并形成一批县域电子商务示范县。

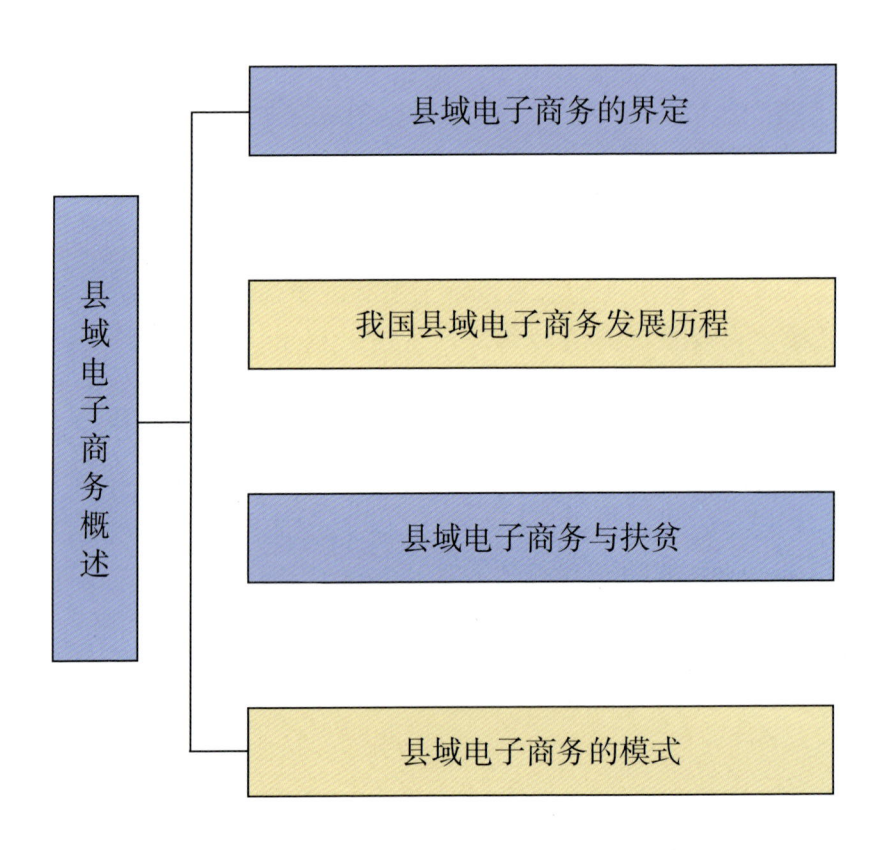

知识架构

```
                    ┌─────────────────────────┐
                    │   县域电子商务的界定    │
                    └─────────────────────────┘
                    
                    ┌─────────────────────────┐
县域电子商务概述 ───┤ 我国县域电子商务发展历程│
                    └─────────────────────────┘
                    
                    ┌─────────────────────────┐
                    │   县域电子商务与扶贫    │
                    └─────────────────────────┘
                    
                    ┌─────────────────────────┐
                    │   县域电子商务的模式    │
                    └─────────────────────────┘
```

第一节 县域电子商务的界定

一、概念

关于县域电子商务的概念，目前没有统一的定义，很多学者、专业人士及相关机构提出了不同的概念。汪向东认为，县域电子商务首先是电子商务主流化发展到如今由城及乡、由东及西、全面普及阶段的产物；其次，是县域贯彻落实国家大力发展电子商务的大政方针和政策部署的体现；最后，更重要的是符合县域经济社会发展自身的需要。

魏延安认为，县域电子商务就是县域内所有涉及电子商务的经济形态的总和，至少包括三个层面：一是网上交易体系，如电子商务商户、电子商务平台等；二是电子商务服务体系，如电子商务服务业、快递物流、金融支付、电子商务园区等；三是产业支撑体系，如产业基地、龙头企业、家庭农场等。

牛丽丽在《电子商务：县域经济发展的新引擎》一文中指出：县域电子商务广义上是指在县域范围内以计算机网络为基础，以电子化方式为手段，以商务活动为主体，在法律许可范围内所进行的商务活动过程；狭义的县域电子商务是指网络销售和网络购物，即通过网络完成支付和下单的商业过程。发展县域电子商务可让城镇居民获得来自农村的优质农产品，城市高质量商品进入农村，加速城乡之间的商品流通。

杨世龙在《我国县域电商"大生态系统"运作机理研究——基于价值共创理论》一文中，从"互联网+"的概念出发，指出电子商务产业是"互联网+"经济典型产业之一，在产业内与作为撬动我国经济基本单元的县域经济迅速交汇融合形成县域电子商务，推动了国家新型城镇化进程，也促进我国经济创新发展活力迸发。

二、特点

近年来，随着互联网的深化普及，国家政策的大力扶持，我国县域电子商务如雨后春笋般得以蓬勃发展，助力我国经济的持续增长，并呈现出多元化、生态化、规模化以及政策支持力度大等特点。

（一）多元化

县情不同，在发展县域电子商务时，县域因地制宜，创造发展自己独特的模式，呈现百花齐放的格局。比如，形成了遂昌模式、桐庐模式、清河模式、武功模式、通榆模式、沙集模式、成县模式等。他山之石，可以攻玉，每个县域电子商务的发展，可以借鉴其他县域的成功经验，结合实际情况，将供应产品、地理位置、自然资源、交通环境、政策制度、发展现状、资金、人才等纳入考虑范围，因地制宜，因势利导，制定出适合自己的县域电子商务发展路线。

（二）生态化

在县域电子商务发展中，仅靠单一的卖家、企业或者政府推动难以形成整体生态服务体系，譬如产业集聚的产业园，以及快递、仓库、客服、培训、摄影、模特等各种新兴业态的涌现，构筑了县域电子商务发展的一个生态系统。生态化既是部分区县电子商务发展的现实，也是未来众多县域电子商务的发展方向。

中国电子商务经济研究院在近些年来对县域电子商务的发展情况进行了统计分析，并在《盘点：中国县域电商三大模型与三大误区》中指出：虽然目前各种县域电子商务发展模式层出不穷，但能够持续、长远发展的必然是能够形成区域生态经济的模式。若从生态经济进行区分，可分为"一县一品"生态经济型、集散地生态经济型和产业生态经济型。中国电子商务经济研究院相关专家认为，虽然还有其他模式存在，但目前阶段尚不适合国情，因此国内目前的县域电子商务模式要么逐步消亡，要么向这三种类型进化。

"一县一品"生态经济型

"一县一品"生态经济型是指一个县在县域电子商务起步阶段，选择当地某一种特色规模化产品为切入点，树立县域品牌，将当地的特色产品通过电子商务推向全国乃至全球。例如成县的核桃、郫县的豆瓣、顺德的茶具等。

集散地生态经济型

集散地生态经济型主要是利用该县（区）的区位和交通便利的优势，以物流、仓储产业为切入点，通过建立以电子商务为依托的基础物流设施，凭借物流发货的高性价比，吸引大批企业将此地作为他们的仓储、物流基地，从而形成集散地，带动当地电子商务及区域经济的快速发展。例如，杭州的桐庐，在物流方面有村级单位物流全通的显著优势。

产业生态经济型

产业生态经济型又称为"跨域整合某一品类生态经济模型"，是以某一品类的产品为切入点，所有与该产品有关的县（区）共同参与，制定产品分类标准，建立溯源体系（农产品类）和服务标准（服务业），按统一的标准进行产品加工，统一进行品牌宣传，打通该产品产前、产中、产后全产业链（生产、种植、加工、质检、追溯、仓储、物流、销售、售后等）。该模型的要点就是抱团发展，建立品牌，打通产业链，带动配套产业发展。这也是未来电子商务发展的趋势和主流。目前全国各地涌现的县域电子商务发展模式中部分县区具备该模型雏形，例如河北的清河，它不是我国的羊绒主产区，但却是我国最大的羊绒制品网络销售基地。全县第三方网店超过2万家，年销售15亿元，羊绒纱线销售占淘宝该品类七成以上，被淘宝列为明星县。

（三）规模化

各地的县域电子商务形成规模，有两个重要因素的推动：一是电子商务巨头布局农村，引进人力、技术以及电子商务发展经验，为县域电子商务经济的发展带来契机，推动"互联网+""大众创业、万众创新"等概念深入人心，电子商务在县域得到认可和接受并逐步普及。二是政府部门的大力推动，中央和省市财政投入大量专项资金用于农村电子商务的基础设施建设，以点带面推动我国县域电子商务蓬勃发展。以安溪县为例，在2014年出资900万元设立电子商务发展专项资金，重点支持电子商务示范工程，配套服务业、人才引进与培训、投融资服务。又如，对在安溪县投资建设独立电子商务交易平台，年纳税额不低于100万元的，每100万元给予10万元奖励。

（四）政策支持力度大

最近几年，关于扶持县域电子商务发展的政策频频出台，仅在2015年，国务院印发了《关于积极推进"互联网+"行动的指导意见》《关于大力发展电子商务 加快培育经济新动力的意见》《关于推进国内贸易流通现代化建设法治化营商环境的意见》《中共中央 国务院关于深化供销合作社综合改革的决定》等文件；商务部等19部门发布了《关于加快发展农村电子商务的意见》《"互联网+流通"行动计划》；财政部办公厅、商务部办公厅、扶贫办综合司发布了《关于开展 2019 年电子商务进农村综合示范工作的通知》；农业农村部等部门发布了《推进农业电子商务发展行动计划》等，涉及农村电子商务的政策文件达 12 个之多。同时，为更好地促进县域电子商务的发展、加大政策支持力度，2016~2019 年，国务院办公厅印发了《关于深入实施"互联网＋流通"行动计划的意见》《关于深入开展消费扶贫助力打赢脱贫攻坚战的指导意见》，中共中央、国务院印发了《关于深入推进农业供给侧结构性改革 加快培育农业农村发展新动能的若干意见》《关于实施乡村振兴战略的意见》等有关扶持县域电子商务发展的若干政策。国家也给予电子商务人才参与县域电子商务发展的支持，例如鼓励高校毕业生、农村青年、返乡农民工等积极参与农村电子商务。这些政策支持对县域经济转型发展的价值主要体现在两个方面：一是可以促进县域农业、制造业的优化升级和现代服务业的创新发展，对于调整县域产业结构具有重要意义；二是电子商务进入农村，能让农民返乡创业就业，推动城镇化，拉动消费，形成新的经济增长点。杨世龙在《我国县域电商"大生态系统"运作机理研究——基于价值共创理论》一文中列出了各级政府县域电子商务服务履职机制模型，如图 1-1。

	中央（国家级）	地方（省、市级）	基层（县、乡镇、村级）
规范保障	构建县域电子商务整体生态体系；通过质量体系、诚信体系等规范保障电商全国一体化发展	兴建基础设施、完善公共服务，推动地方县域电商组织体系及信息化建设	制定电商发展组织、资金、土地、人才等保障措施；探索县域评价指标体系建设，自下而上从源头规范县域电商发展
组织协调	整合全国资源，营造电商发展氛围；搭建涉农电商平台；系统化开展电商进农村综合示范工作	推动地方涉农电商平台建设（包含特色馆）；探索地方特色县域电商组织、服务模式	把握好政府角色定位；多方联动促进县域物流网点、信息站点建设；数据化县域内部电商需求
规划引导	对接国家系列战略规划，从顶层设计，制定促进电商发展的总体规划和带有全局性的宏观政策	对接国家战略和规划，编制地方电子商务阶段性发展规划及相关政策，引导区域性电商发展	对接上层规划，编制适合本县电商发展规划，引导县域内其他价值创造主体协同发展

图 1-1 各级政府县域电子商务服务履职机制模型

三、内容

近年来，政府大力扶持县域电子商务的发展，各县、区政府将电子商务融合当地产业，成为促进创业、稳定就业、改善民生服务的重要举措，并呈现百花齐放的态势。总体来看，县域电子商务发展的基本内容有如下几个方面。

（一）制定支持性政策

中央和省、市、县出台诸多政策大力支持县域电子商务。政府不是市场，但可以影响市场，尤其在西部欠发达地区，政府推动是县域电子商务发展的第一要素。如果县级政府没有下决心发展电子商务，许多地区的县域电子商务就不可能取得今天的成绩。政府可为产业的发展指明方向，并采取政策吸引相应的企业、人才和资金的落户；政府可以制定相关政策，推动产业发展、转型、优化产业结构等，并在企业发展遇到困难和风险时，根据实际情况适当施以援手，扶持跟跄学步的电子商务初生企业。多地县级政府发展电子商务时，考虑了企业的顾虑并给出预案，增强了企业开展电子商务的动力。

（二）构建人才队伍

县域电子商务产业发展的关键因素是人才。电子商务是一个专业性非常强的新兴行业，对人才专业素养的要求较高。目前，大部分高端电子商务人才聚集在经济发达地区和中心城市，县域尤其是乡村要引进高端电子商务人才难度非常大。因此，许多企业都缺乏驱动电子商务持续创新发展的人才团队，以及既掌握最新信息技术又熟悉电子商务各个运营环节的复合型人才。

政府可以健全电子商务人才引进和培养机制，推动县域电子商务人才建设。随着县域电子商务飞速发展,在一些知名县、区已经涌现了一批既熟知电子商务各运营环节,又有实际操作经验的人才,可以通过政策吸引这些人才聚合,同时加大宣传力度,通过网络媒体、线下渠道在知名高校、行业人才聚集平台进行宣传,吸引人才落户。同时,重视本地化人才培养,采取院校培训、企业自主培训、校企合作培训等多种培训模式,培养本地电子商务人才。目前很多县域把大学生村官作为推进农村电子商务的主要力量,同时聚合区域内政府、高校、社会等各方力量,重点培养既精通信息技术又熟悉商务的电子商务专业人才,为电子商务持续发展提供坚实的人才力量。

（三）完善综合配套服务

正如同房地产开发商在选择土地位置时会考虑周边的配套设施一样,电子商务企业的入驻同样会考虑该区域的配套产业,在交通、宽带、物流、仓储等方面需要坚实的基础设施。同时,在电子商务企业注册、人才就业保障等方面需要高效的公共服务。电子商务产业集群的形成,有利于县域电子商务经济稳健发展,吸引更多的资源进入。

互联网是电子商务发展的前提。以甘肃陇南市为例,该市通过协调通信运营商,积极争取投资,同时采取有线无线互补的办法,扩大网络覆盖面,全市推动 iLongNan 无线网络覆盖重要公共区域。政府与通信企业合作,提供补助,支持网络运营商建设通村网络,对有开办网店需求的村子优先架设光缆,解决宽带网络不通的困难,满足群众的网络需求,见图1-2。

（四）以品牌建设为核心

强化农产品的品牌建设,能有效提升县域电子商务的竞争优势。例如,成都郫县的豆瓣,长期以来的品牌背书使得郫县豆瓣从纯线

图1-2 陇南市文县网货供应平台

下经营过渡至电子商务的过程较为顺利，取得可观的销量。如果缺乏品牌意识，易陷于"一县多品"的误区：因为找不到方向，缺乏事先规划引导，又担心自己不赶紧行动就会落后，不论是否适合网上销售的产品，一股脑地搬到网上，无法聚焦，没有特色，最终导致忙乱不堪却没有结果，这是目前很多县（区）都存在的问题。

品牌建设离不开媒体宣传推广，可通过政府公众号推广、电视新闻媒体宣传报道和电子商务企业传播等方式打造产品品牌。一是加大对农产品品牌宣传力度，同时引导初级农产品生产者转变观念，积极注册品牌；二是扶持品牌做大做强，例如免费为获得国家"三品一标"等知名品牌发布公益宣传广告等方式，提高农产品生产者实施品牌战略的积极性。

品牌化建设较为成功的是通榆县，品牌化是通榆模式的显著特点，也是该模式成功的关键所在。第一，开展大量的网络营销活动，宣传通榆品牌，如"东北新鲜葵花淘宝开售""七农下江南""聚土地"等活动。第二，依托各种公开活动载体，提高品牌的曝光率，如：三千禾旗舰店参加"双11""双12"等电子商务平台的网购盛会；与国内著名陶瓷企业佛山简一陶瓷有限公司联合推出"三千禾粮票"，为每一位购买简一陶瓷的用户配送不同价值的产品等。第三，主打特色牌将通榆美丽的自然景观和良好的环境资源概念和产品质量挂钩，突出东北农产品的醇厚、饱满与纯净健康，并让县委书记、县长代言，有效提供品牌背书。

第二节 我国县域电子商务发展历程

一、我国电子商务发展历程

我国电子商务自 1995 年萌芽，已经历了 20 余年的发展。从发展阶段上看，参照阿里研究院的研究结论，我国电子商务经历了工具、渠道、基础设施、经济体 4 个发展阶段，并不断进化、扩展、丰富，如图 1-3 所示。

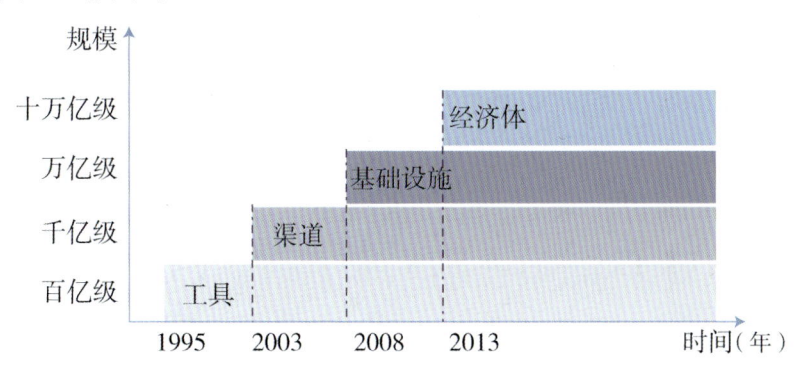

注：时间为大致范围，无严格界限，数据来源于阿里研究院

图 1-3 电子商务发展历程

工具阶段是互联网进入中国的探索期、启蒙期，早期应用电子商务的企业和个人主要把电子商务作为优化业务活动或商业流程的

工具，如信息发布、信息搜寻和邮件沟通等，其应用范围仅局限于某个业务点。在这一阶段，为数不多的电子商务企业开始发展业务，如中国化工网、8848、阿里巴巴等，然而这一时期我国信息化发展水平较低，社会大众信息相对闭塞，对电子商务缺乏了解，因此电子商务企业举步维艰。

在渠道阶段，电子商务应用由企业向个人延伸，随着电子商务企业的发展以及国家政策出台，电子商务成为众多企业和个人新的交易渠道，2007年我国网络零售交易达到561亿元。在这一时期，支撑电子商务发展的基础设施得以发展，国家出台相关政策为电子商务的发展指明了方向，电子商务进入高速发展的轨道。

在基础设施阶段，电子商务使信息这一核心生产要素日益广泛运用于经济活动，有效地降低了社会交易成本，提高了社会资源的配置效率，深刻地影响着零售业、制造业和物流业等传统行业，成为信息经济重要的基础设施或新的商业基础设施。

2013年后的经济体阶段，中国成为全球第一大网络零售市场，仅2016年上半年，电子商务交易额就达10.5万亿元，从而跨入10万亿元级市场。而2018年再创新高，电子商务交易额达到31.63万亿元，比2017年增长8.5%，实现交易额稳步增长。网民数量高速增长，根据中国互联网络信息中心发布的第43次《中国互联网络发展状况统计报告》，截至2018年12月底，中国网民规模达8.29亿。以物流行业为代表的电子商务相关配套产业蓬勃发展。

二、县域电子商务发展状况

县域电子商务是电子商务与县域经济发展结合的产物，总的来说，我国县域电子商务发展现状及前景形势乐观。受宏观经济形势影响，消费市场呈现增速下降的趋势，网络销售却逆势上涨，与电子商务相关的产业大多保持高速增长的态势。随着互联网的普及，自2011年以来，电子商务在县域得以迅速发展。电子商务是转变经济发展方式、优化产业结构的重要动力，并且已成为县域经济发展中的活跃力量。与此同时，中国县域成为电子商务发展必不可少的新的增长极，县域经济与电子商务相互借力发展。

根据中华人民共和国商务部发布的电子商务相关报告，2013年我国电子商务交易总额为10.4万亿元，2014年为13.37万亿元，2015年为20.8万亿元，2016年为22.97万亿元，2017年为29.16万亿元，2018年，电子商务交易额突破30万亿大关，达到31.63万亿元，比2017年增长8.5%，呈现稳步与高速交替的增长态势，成为中国经济发展的新亮点。

2003~2013年，我国县域电子商务商家数量从万级发展到百万级，2013年县域市场发出包裹14亿件，收到包裹18亿件，特色农产品销售额500亿元，2014年达到1 000亿元，但只占整个农产品经营总量的3%，仍有巨大发展空间。据阿里研究院发布的《2015年中国县域电子商务报告》，2015年在阿里巴巴零售平台上，网点销售额超过1亿元的县域（即"亿元淘宝县"）超过350个，其中位于中西部的超过120个。2015年县域农产品电子商务销售额同比增长超过65%，总额超过1 650亿元，县域发出和收到的包裹总量超过70亿件，创历史新高，见图1-4。通过以上数据可以看出，县域电子商务经济正处于高速发展态势。

伴随互联网应用的普及以及三、四线城市和农村经济的发展，人们因为地域所导致的生活、消费模式差异正在缩小，越来越多的农村居民开始通过网络购物。尽管一、二线城市是电子商务企业的

图 1-4　县域电子商务服务持续发展

立足之本，但是由于市场的白热化竞争以及日益频繁的价格战、促销活动，使得这一市场渐趋饱和，人口红利逐渐淡去，且利润呈下行趋势。在此背景下，三、四线城市以及广大农村市场则成为电子商务企业业务增长的新蓝海，农村市场成为电子商务巨头例如淘宝、京东等争夺的优质资源。早在 2013 年开始，电子商务平台就已开始布局广大三、四线城市，乡镇农村等因为其中有着广袤的地域、众多的人口以及丰富的农产品而发展起来。

三、县域电子商务评价指标

2017 年 9 月，根据阿里巴巴电子商务发展指数县域版，阿里研究院分析形成 2016 年中国"电商百佳县"榜单，见图 1-5。浙江省金华市义乌市当选 2016 最佳电商县，连续四年蝉联头名。排名第二的是浙江省金华市永康市，排名第三的是江苏省苏州市昆山市，第四到十位依次为海宁、桐乡、石狮、苍南、闽侯、常熟、天台，其中在榜单前十名中，来自浙江省的县共有 6 个，江苏省 2 个，福建 2 个。这是自 2014 年以来，阿里研究院连续第四次发布"电商百佳县"排行榜。从省级层面来看，"电商百佳县"广泛分布在 16 个省区，其

排名	县	市	省	电商指数	网购指数	电商发展指数
1	义乌	金华	浙江	56.398	42.307	49.352
2	永康	金华	浙江	29.478	27.49	28.484
3	昆山	苏州	江苏	13.777	41.498	27.638
4	海宁	嘉兴	浙江	21.431	29.507	25.469
5	桐乡	嘉兴	浙江	18.031	29.053	23.542
6	石狮	泉州	福建	17.775	28.632	23.203
7	苍南	温州	浙江	21.598	24.3	22.949
8	闽侯	福州	福建	12.862	32.694	22.778
9	常熟	苏州	江苏	17.384	27.151	22.267
10	天台	台州	浙江	21.001	23.303	22.152
11	安吉	湖州	浙江	19.255	24.793	22.024
12	余姚	宁波	浙江	16.836	26.775	21.805
13	慈溪	宁波	浙江	16.631	26.373	21.502
14	乐清	温州	浙江	15.404	26.94	21.172
15	东阳	金华	浙江	15.49	26.423	20.956
16	新郑	郑州	河南	8.106	32.719	20.413
17	武义	金华	浙江	17.247	23.036	20.142
18	长沙	长沙	海南	12.578	26.971	19.774
19	太仓	苏州	江苏	11.632	27.705	19.668
20	东兴	防城港	广西	13.908	25.358	19.633

图1-5 2016年县域"电商百佳县"前二十名

中浙江45个、福建16个、江苏14个、河北6个、广东4个，五省合计占85%，其他省区入围的县数量都不超过2个。从城市层面来看，丽水有7个，金华、福州、泉州、温州和台州各有6个，而嘉兴（5个）、杭州（4个）、宁波（4个）和苏州（4个）这4个城市下辖所有的县或县级市都入围，也较为充分地反映了这些东部沿海县城电子商务发展水平领先，且较为均衡。在2016中国"电商百佳县"排行榜名单中，以内蒙古、贵州、安徽为代表的省区首次实现了"零的突破"，锡林浩特、凯里和芜湖，近几年的电子商务发展成绩也受到了外界的广泛关注。

在2016年5月第三届中国县域电子商务峰会上，阿里研究院还发布了《2015年中国县域电子商务报告》，其核心内容如下：

1．县域电子商务进入多方协同发展新阶段

从2014年开始，中国县域电子商务进入多方协同发展新阶段。企业、政府、电子商务服务商以及电子商务发展相关的高校、媒体、协会等，多方合力，推动县域电子商务快速发展。

2．"亿元淘宝县"超过350个

2015年，在阿里巴巴零售平台上，网店销售额超过1亿元的县超过350个，其中位于中西部的超过120个，如四川彭州、陕西丹凤、湖南浏阳、河南新郑、云南景洪、安徽舒城、广西容县等。

3．服务类消费成为新的增长点

2015年与2014年相比，在阿里巴巴零售平台上，县域网购服务类消费增速是实物类消费的1.46倍，其中增长最快的服务类消费分别是餐饮服务、通信服务和旅游服务。

4．移动购物成为第一选择

2015年，在阿里巴巴零售平台上，县域消费者移动购物比例超过60%，首次超过电脑（电子计算机的俗称）购物。2015年，移动购物比例最高的100个县，有95个在西部，3个在中部，其中西藏38个、陕西和四川各14个。

5．农产品电子商务增长势头良好

2015年，在阿里巴巴零售平台上，县域农产品电子商务销售额同比增长超过65%。2015年农产品电子商务销售额增长贡献最大的5个县依次为：浙江海宁、福建安溪、江苏沭阳、陕西武功、福建武夷山。

6．县域电子商务服务持续发展

最近两三年，县域电子商务蓬勃发展，显著带动物流、网络营销、IT、运营、培训、视觉设计等电子商务服务业快速、持续发展。2015年，县域发出和收到的包裹总量超过 70 亿件,再创历史新高。

7. 电商扶贫星火燎原

2015 年,在阿里巴巴零售平台上,832 个国定贫困县网店销售额达 215.56 亿元,同比增长 80.69%。其中,网店销售额超过 1 亿元的贫困县达 34 个。

综上,我国县域电子商务呈现出多元化、规模化、生态化的发展趋势。随着县域网购的普及,我国"淘宝村""淘宝镇"的数量也在逐年增加,县域电子商务的周边产业如物流、IT、运营等得以蓬勃发展,政府的扶持力度逐渐加大,县域电子商务发展势头强劲。

四、县域电子商务发展阶段

2003~2016 年,县域电子商务先后经历了起步、小规模增长、规模化扩散和多方协同发展 4 个阶段。其中,起步、小规模增长、规模化扩散 3 个阶段的年度新增电商规模分别达到万级、十万级和百万级,见图 1-6。

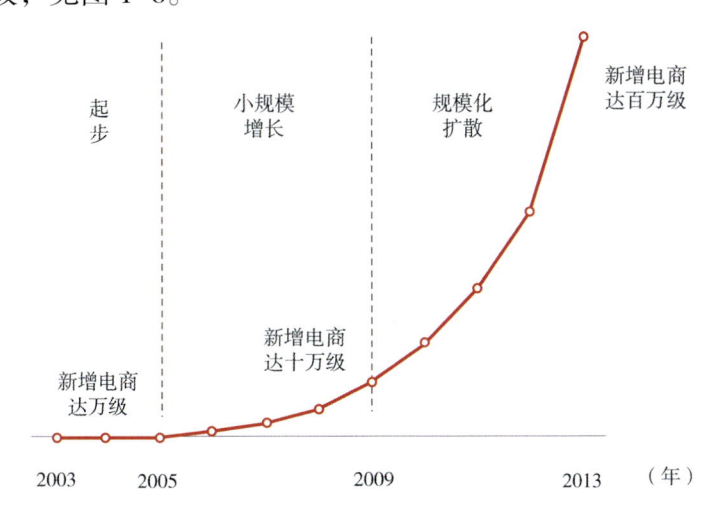

图 1-6 县域电子商务发展历程(前三阶段)

(一)起步期

2003~2005年为县域电子商务起步期,以县域电商规模小、增长缓慢为特征,在2005年新增电商达到万级。在该时期,浙江和江苏县域电商一直是主导力量,率先取得发展。在同时期,电子商务整体发展缓慢,物流体系不发达,正处于蓄力阶段,县域电子商务的发展与其具有一定一致性。在这一时期,我国处于互联网探索后期,电子商务逐步从企业向个人延伸。2003年5月阿里巴巴集团成立淘宝网,进军C2C市场,2003年12月,慧聪网香港创业板上市,成为国内B2B电子商务首家上市公司,2004年1月京东涉足电子商务领域,同时,国家也出台系列政策助力电子商务的发展,如2005年1月出台的《国务院办公厅关于加快电子商务发展的若干意见》。随后网民数量和电子商务交易迅速增长,但主要是在国内大中城市,由于小县城信息闭塞、交通物流不便等原因,其电子商务仍发展缓慢。东部沿海地区凭借着天然的地理优势、交通便捷性,尤其是浙江省和江苏省,其县域电子商务率先进入发展轨道。

(二)小规模增长期

2006~2009年为县域电子商务小规模增长期,以县域电商规模扩大、持续快速增长为特征,在2009年新增电商达到10万级。但是该阶段仍然是以华东地区的单极增长为主,浙江和江苏县域电商在全国电商中合计占比超过50%。这一时期电子商务成为众多企业和个人的新交易渠道,企业逐渐在线下渠道之外开辟了线上渠道,2007年,我国网络零售交易规模达520亿元,2008年达1 300亿元,2009年达2 600亿元,电子商务正逐步渗透和发展。县域电子商务也由华东沿海地区逐步向周边地区辐射,起到带动作用。这一阶段我国的电子商务企业如阿里巴巴、京东等正处于快速发展期,迅速占领大城市的电子商务市场,并逐步将视线转向中小城市和农村市场。

（三）规模化扩散期

2010~2013年为县域电子商务规模化扩散期,以县域电商明显扩大、每年新增电商规模巨大为特征,在2013年新增电商接近百万级。从2010年开始,县域电商从以江浙为代表的华东单极增长为主,转向华东、华北、华南、华中多极增长的新阶段,见图1-7。从2010年至今,江浙县域电商仍然保持快速增长,但是,在2010年其在全国县域电商中合计占比首次跌破50%,主要原因是同期华北、华南、华中地区县域电商增速明显加快,到2013年年底,这三个区域在全国县域电商中合计占比接近30%。其中,河北、广东、河南的县域电商分别是华北、华南、华中县域电商增长的主要来源。

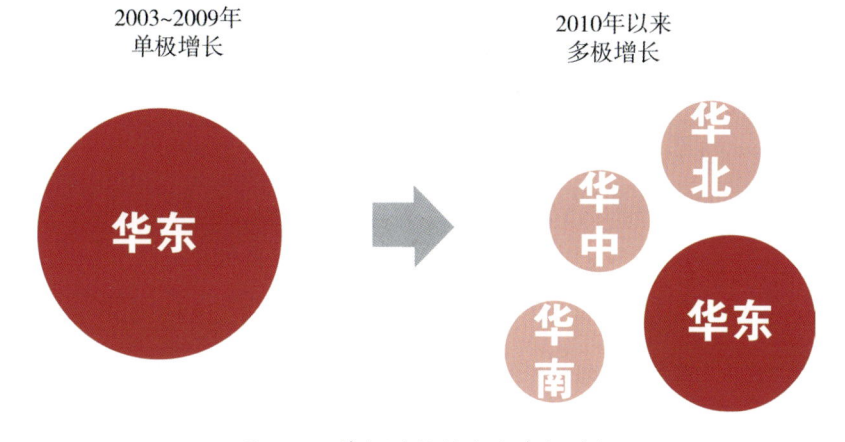

图1-7 单极增长转变为多极增长

业内人士认为,该阶段县域电子商务取得大规模发展的原因主要有以下两条。

1.电子商务的溢出效应

2008年,全国网购消费者数量突破1亿人,网络零售交易额首次突破1 000亿元,在全国社会消费品零售总额中所占比例超过1%。

这三个"1"的突破，受到学界、业界众多专家高度关注，被视为具有里程碑意义。电子商务的客户规模快速增长、应用领域不断扩大，其溢出效应初步显现，不断带动更多企业和消费者接触和应用电子商务。

2.金融危机的倒逼效应

2008年金融危机，倒逼大量企业向电子商务转型。受其影响的众多大学生、工人、农民、个体户等也纷纷尝试开网店谋生路。同时，浙江、广东、江苏、福建等地政府对电子商务的重视前所未有，纷纷通过政策、资金、人才等方式，大力鼓励企业应用电子商务，以此应对金融危机。2008年金融危机对个人创业、企业转型、产业升级等影响深远，客观上成为促进电子商务加速扩散的重要外力。

（四）多方协同发展期

2014年进入县域电子商务多方协同发展期，主要特征为企业、政府、电子商务服务商以及电子商务发展相关的高校、媒体、协会等多方合力，推动县域电子商务快速发展。2014~2018年，县域电子商务已经呈现飞跃式的发展，2014年，我国农村网络零售额达1 800亿元，2015年为3 530亿元，2016年为8 945.4亿元，2017年全国农村实现网络零售额突破万亿元大关，达12 448.8亿元，同比增长39.1%，2018年我国农村网络零售额达到1.37万亿元。县域电子商务的全面引爆有其必然性。

1.符合电子商务本身发展的趋势

电子商务的主流化进程已经到了由城及乡的阶段，县域是城乡接合部,农村电子商务的兴起自然会体现在县域电子商务的发展上。

2.符合国家大政方针的要求

中央明确提出"网络强国"战略,国务院发布了《关于积极推进"互联网+"行动的指导意见》，电子商务作为"互联网+"行动的一个重要领域，更是得到国家政策的高度青睐。国家的大政方针须通过县域才能落实下去，县域电子商务全面引爆是各地落实国家相关战略与政策部署的体现。

3. 符合县域发展自身的需要

今天的电子商务不再仅仅是从线上多销售一些产品，而是已经覆盖到几亿人口和一半以上的企业，关系到增量创新和存量转型，成为名副其实的民生工程。越来越多的县域领导把电子商务作为推动当地中心工作和实现战略目标的重要手段，从而带来县域电子商务遍地开花的新局面。

第三节　县域电子商务与扶贫

国家的扶贫计划中，把农村电子商务当作非常重要的抓手，将电子商务纳入国家的扶贫开发体系，能有效推动扶贫绩效，也会进一步深入推进电商扶贫工程。阿里研究院2016年5月发布电商扶贫十佳县，见图1-8。

一、电商扶贫的动因

2015年6月，习近平总书记在贵州省强调要科学谋划好"十三五"时期扶贫开发工作，确保贫困人口到2020年如期脱贫，并提出扶贫开发贵在精准，重在精准，成败之举在于精准。而电子商务恰恰有助于实现精准扶贫，成为贫困户脱贫致富的新途径。

排名	县	市/州	省
1	义乌	金华	浙江
2	永康	金华	浙江
3	石狮	泉州	福建
4	昆山	苏州	江苏
5	海宁	嘉兴	浙江
6	桐乡	嘉兴	浙江
7	天台	台州	浙江
8	清河	邢台	河北
9	德化	泉州	福建
10	常熟	苏州	江苏

说明：①研究样本包括县和县级市。②从电商惠及广度、电商惠及深度两方面综合评价。③电商消贫十佳县入围。
要求：该县年活跃网店≥500个、网店年销售额≥1亿元。
来源：阿里研究院，2016年5月。

图1-8　电商扶贫十佳县

　　沙集、沭阳等县域电子商务的实践表明，从宏观来说，县域电子商务有助于改善"三农"问题，有助于转变农村经济发展方式，有助于发展地方经济和推动城镇化进程；从微观来说，电子商务的发展不仅可以给贫困村民提供创业致富的机会，也可以给大部分贫困村民提供大量的工作机会，甚至可以让身患残疾的贫困者有机会创业就业。

　　汪向东指出："农村电子商务精准扶贫的机制在于赋能。"一方面，电子商务赋能让农民对接全国大市场，打破地理位置限制。虽然大多贫困县区地处偏远，山大沟深，信息不畅，优质农产品难以畅销并卖出较高的价格，但电子商务能够直接扩大销售范围、对接全国市场、缩短销售渠道，改变了销售方式和销售理念。凭借着电子商务的优势，帮助农民大幅度降低了营销成本，提升农产品的销售数量，稳定需求和价格，解决了当地小市场的难卖出的问题。另一方面，电子商务赋能有助于政府和社会力量改善贫困地区的基础设施条件，推动本地特色产业整体转型升级，建立市场化的配套服务体系。

二、电商扶贫的政策目标

2015年11月国务院办公厅发布《关于促进农村电子商务加快发展的指导意见》（国办发〔2015〕78号），提出发展目标为到2020年，初步建成统一开放、竞争有序、诚信守法、安全可靠、绿色环保的农村电子商务市场体系，农村电子商务与农村一二三产业深度融合，在推动农民创业就业、开拓农村消费市场、带动农村扶贫开发等方面取得明显成效。

在先前相关政策文件的基础上，2016年11月国务院扶贫办发布《关于促进电商精准扶贫的指导意见》（国开办发〔2016〕40号），提出电商扶贫的总体目标为加快实施电商精准扶贫工程，逐步实现对有条件贫困地区的三重全覆盖。一是对有条件的贫困县实现电子商务进农村综合示范全覆盖；二是对有条件发展电子商务的贫困村实现电商扶贫全覆盖；三是第三方电商平台对有条件的贫困县实现电商扶贫全覆盖。贫困县形成较为完善的电商扶贫行政推进、公共服务、配套政策、网货供应、物流配送、质量标准、产品溯源、人才培养等体系。到2020年在贫困村建设电商扶贫站点6万个以上，占全国贫困村50%左右；扶持电商扶贫示范网店4万家以上；贫困县农村电商年销售额比2016年翻两番以上。

汪向东指出："电商扶贫首先要符合电子商务的规律，离不开市场对接渠道、主体产业依托和基础设施，电商扶贫的政策目标应是多重的复合目标。"

第一，要以贫困县为主体，采取整县推进的方法，以产业、包括电子商务创生的新产业为依托，通过到村到户到项目，接入并形成持续通畅的电子商务交易通道,以电子商务购销对接广域大市场,突破贫困地区本地市场狭小、资源匮乏的制约,实现"卖得掉、卖得好、卖得久""买得到、买得对、买得省"的目标。

第二,要以精准扶贫为基础,组织动员政府、企业和社会的力量大力开展电子商务培训,尤其要做好对电子商务创业脱贫带头人、合作社、村级信息员(服务站站长或合伙人)、贫困村驻村干部的培训,以电子商务助贫节支增收、改善经济和社会生活的实效形成示范,激发广大贫困群众的积极性,不断提升贫困地区发展电子商务和贫困群众利用电子商务创业、就业、增收的能力和素质。

第三,要用"互联网+""电子商务+"的理念和方法发展本地产业,以电子商务大市场的用户需求为导向,加强产业开发,通过扩大网上订单、招商引资、整合资源等,发展现有产业、强化电商扶贫的产业支撑和企业、特别是龙头企业的帮扶能力,为贫困群众参与电商产业链生产、供货和服务,利用电子商务创业、就业,提供源源不断的机会。

第四,要立足于脱贫攻坚的主战场,针对贫困地区开展电子商务扶贫的实际条件和迫切需要,加大力度扎实推进当地各项基础设施建设,特别是电子商务基础设施建设,为电子商务到村到户到项目提供有力支撑,改善贫困地区的发展条件。

第五,以扶贫日为重要的时间节点,组织包括电子商务企业在内的市场资源和社会资源,共同创办和持续开展与电子商务相关的主题活动,加上平时的教育和群体参与,不断培育全社会的电商扶贫意识,逐步形成电商扶贫的良好氛围。

三、电商扶贫的价值和意义

自 2015 年我国县域电子商务高速发展以来，种种实践表明了电商扶贫的推动和实施能够有效促进新农村发展、推动农业转型升级、助力新型职业农民培育。农村电子商务是转变农业发展方式的重要手段，是精准扶贫的重要载体。通过大众创业、万众创新，发挥市场机制作用，加快农村电子商务发展，把实体店与电子商务有机结合，使实体经济与互联网产生叠加效应，有利于促消费、扩内需，推动农业升级、农村发展、农民增收。

1. 电商扶贫促进新农村发展

电商扶贫促进了农村道路、通信、宽带网络、物流配送等基础设施的建设，改善了农村环境及面貌，带动了当地就业和农产品的销售，增加了农民收入。此外，随着电子商务的发展和国家政策的支持，越来越多的青壮年劳动力返乡创业和就近就业，在一定程度上改变了由于城镇扩展带来的农村人口空心化问题。

2. 电商扶贫推动农业转型升级

长期以来由于市场与农业生产者信息的不对称，以及生产流通环节的成本过高，导致农民难卖和消费者难买的双重困境，而单一的产业扶贫并不能解决买卖难和市场波动的问题。电商扶贫通过电子商务这一手段将农村与全国甚至是全球的大市场进行对接，解决农民种什么和怎么卖的问题，使很多名不见经传的农产品通过电子商务成为网络上响当当的大品牌，倒逼了农业产业结构的市场化、农业生产方式的集约化、农业经营形式的产业化、农业生产技术的智能化、农业生产管理的信息化以及农产品的品牌化和标准化，推动农业转型升级、农村经济发展、农民创业增收，也在一定程度上解决了食品安全问题,增强消费者信心。

3. 电商扶贫助力新型农民培育

第一,电商扶贫通过农产品上行、工业品下乡实现了农民开源节流。第二,通过网络基础设施升级改造、信息进村入户、县乡村物流配送体系构建等电子商务基础配套设施建设,以及电子商务产业链上的加工、包装、物流、冷链、仓储、营销等环节带来的就业岗位,帮助农民就业,甚至可以让身患残疾的贫困者有机会创业就业,从而实现减贫脱贫。第三,更重要的是电商扶贫通过电子商务和互联网观念的普及,使农民克服了文化知识、劳动方式甚至思想认知的限制,通过自身努力,改变传统的社会身份,转型成为具有现代市场观、价值观和资源观的新型职业农民,获得和城里人一样的收入。

四、电商扶贫的常见措施与成效

1. 制定和创新扶贫政策

在政策层面,制定和完善电商扶贫的相关政策,加快中央各部门及各级地方政府制订落实更为细化的电商扶贫实施方案。将电商扶贫纳入主流的扶贫政策体系之中,尤其是金融支持的相关政策。关注和研究电商扶贫,广泛宣传电商扶贫的战略意义和重大作用,深入探讨电商扶贫的规律和有效方式,为电商扶贫实践提供强有力的理论支撑。

2. 拓展电商扶贫通道

结合电子商务本身的特点,重视市场开发,对接到广大市场。打通、接入并保持通畅的电子商务市场通道,是形成交易流量、取得电商扶贫实效的前提。鉴于目前电子商务交易平台呈现多元化、多样式的特点，考虑到未来移动端、微平台的发展前景，电商扶贫在通道拓展上应多样化、全面化。只要有利于电商扶贫的前述目标实现的通道，就是可利用、应拓展的好通道。同时，充分发挥贫困地区龙头企业和贫困群众作为市场主体的积极性和主动性，鼓励他们充分利用已有的市场化电子商务平台和渠道，直接对接正规供应商、采购商、服务商等合作伙伴和最终客户，广泛地开展网络购销活动。

3. 建立本地业务支点

线上的电子商务交易离不开线下的配合，因此，贫困地区要为电商扶贫的开展，建立利于市场流通的强有力的本地业务支点。一是鼓励通过多元投入、支点复用的方式，在贫困村建立具有在线交易、代购代销功能，可发挥网货供应、草根物流节点作用的信息点，配有合格的信息员，形成可持续运营的良好机制。二是在县级层面上，建立健全对本地电子商务发展和电商扶贫提供支撑的县域公共服务中心，以降低每个电商的交易成本。县级支点应以实效为导向，避免盲目自建，要鼓励合作共用，包括在市场化电子商务平台和渠道上，设立本地线上交易的地方馆或本地频道。三是乡镇一级是否设立专门的支点，可视当地经济和电子商务发展的实际情况，也要本着务实、管用、可持续的原则处理。

4. 开展电商扶贫培训

按精准扶贫的要求，以"直接到户式"和"参与产业链式"电商扶贫方式为重点，结合当地产业开发的特点，面向不同类型的贫困群众和电子商务使用者，组织和利用各类机构和各种资源，持续开展多类型、多层次的电商扶贫培训，提高他们通过电子商务创业和参与电子商务产业链就业的能力和素质。其中，特别要重视对带头人、信息员、重点帮扶对象和培训师资的培训，注意充分发挥社会化培训机构的作用。政府应在电商扶贫培训上加大力度,采取政府购买服务的方式,并注重对培训实效的考核。贫困地区在电商扶贫人才建设上,应更重视招才引智,特别是引入有经验的电商和服务商,为外来人才落户本地提供便利。

5. 强化体系建设

一方面,要加强本地电商扶贫产业和服务支撑体系建设。依托从县到村的线下支点,梳理、整合本地优势产品和服务资源,特别要结合"一村一品""一镇一业",组织扶贫效果明显的优势产业、产品上网销售,做好支线物流,加强品控,优化服务,不断推动产业链、供应链优化,提升用户的体验。另一方面,要加强电商扶贫工作体系建设。电商扶贫工作量大面广,政府扶贫部门须加强领导,推动和依托市场化和公益性的机构和组织,有效开展电商扶贫工作。其中,最重要的是发挥当地电子商务协会、专业协会和本地电子商务主导运营服务商的作用。

6. 加强配套设施建设

重点完善电力、通信、交通、用地、园区等硬件基础设施,加快农村宽带进乡入村和光纤到村的速度,落实并灵活运用各级财政资金、社会慈善资金等各类扶持资金,重点搭建便利的金融贷款通道,夯实资金基础。

7. 支持年轻人返乡创业,形成示范作用

近年来,大批年轻人离开大城市,回乡创业,而大多与电子商务相关。在"双创"战略的背景下,县级政府应在税收、场地等方面给予支持,从而为本地经济和社会发展注入新的活力。例如,江苏睢宁沙集镇东风村孙寒等三位年轻人,被当地誉为"电商三剑客",他们从大城市返乡后,从事家具网上销售(网销),在互联网上试卖成功，周围村民受到他们三人的影响，纷纷开办了自己的网店，发展成如今的沙集模式。

第四节 县域电子商务的模式

县域电子商务发展实践中，涌现出多种发展模式，呈现了多元化、生态化、规模化的特征。从产业特色来看，有贸易引领型（如义乌）、有制造引领型（如永康）；从成熟度来看，有电商领先型（如舒城）、有网购领先型（如敦煌）、有电商网购综合领先型（如海宁）；从发展动力来看，有电商驱动型（如睢宁）、有电商服务商驱动型（如遂昌）、有网购驱动型（如锡林浩特）。模式的多样化与县域经济本身的多样化密不可分，本节从众多模式中选择较为典型的8种模式进行简要解读。

一、遂昌模式

遂昌县属浙江省丽水市，山地占总面积的88%，是个典型的山地县，以农业经济为主，2012年遂昌全县电子商务交易1.5亿元，2013年1月淘宝网遂昌馆上线，2014年赶街项目启动，全面激活农村电子商务。

遂昌模式被认为是中国首个以服务平台为驱动的农产品电子商务模式，其本质是以本地化电子商务综合服务商（赶街）作为驱动，带动县域电子商务生态发展，促进地方传统产业，尤其是农业及农产品加工业实现电子商务化。此模式的关键在于服务商，即赶街，其意义在于打通信息化在农村的"最后一公里"，让农村人享受和城市一样的网购便利与品质生活,让城市人吃上农村放心的农产品,实现城乡一体。

遂昌模式可以概括为"电子商务综合服务商+商户+传统产业",在政策环境催化下,形成信息时代县域经济发展道路。此模式比较适合电子商务基础弱、小品牌多、小商户多的区域。

遂昌的本地电子商务综合服务商主要是具有社团属性的遂昌县网店协会和企业性质的遂网公司的综合体,与遂昌的电商、服务商、供应商、消费者及社会环境共同构成其电子商务生态。遂昌的电子商务推动了遂昌中小企业(主要是农产品加工及旅游等服务企业)和农民专业合作社等自己办网店开展电子商务,或借助电子商务服务商平台,使其产品对接电子商务大市场,从而推动了地方传统产业的电子商务化。遂昌电子商务的政策环境包括软硬件两个部分,既有遂昌对于基础设施的长远投入,也有对电子商务发展的支持与服务。本地化电子商务综合服务商是遂昌模式的核心,电商是遂昌模式的基础,传统产业是遂昌模式的动力,而政策环境是遂昌模式的催化剂。

二、临安模式

临安区是杭州市辖区,位于杭州市西部,水陆交通较为发达,坚果炒货是其传统优势产业。

临安区有农产品电子商务示范村7个,交易额500万元以上的电子商务企业38家;建有临安电子商务产业园、龙岗坚果炒货食品园(城)和多个农产品基地(村)。临安开拓网上渠道,其在阿里巴巴上的临安坚果炒货产业带成为中国坚果炒货网上批发第一平台,并通过"淘宝·特色中国——临安馆"集中进行形象展示,同时开发微临安微信平台，整合旅游、传媒、娱乐、生活、服务等。

临安模式可总结为"一品一带一生态"。"一品"是指其以特色农产品（山核桃）为切入，借助互联网平台，快速提升销量和品牌认知。2009年，临安山核桃协会申请了地理标志商标，与政府一起进行了大规模的品牌打造行动，如线上的传播与线下的展销会、山核桃节庆活动等，从而形成临安山核桃区域公用品牌，并由临安山核桃这个品类为主，带动了周边其他坚果产业。"一带"是指随着消费者需求量的提升，临安形成种植、生产、加工、流通、运营、营销为一体的坚果炒货特色产业带。在打造"一带"过程中，临安有负责行业规范管理和品牌传播的农产品产业协会，有能够提升电商运营能力的电子商务协会，有线下的产业园区的建设和电子商务园区的建设，有线上的多平台的电子商务体系的搭建等共同支撑。"一生态"是指政府、服务商、协会、经营主体4种角色上下联动，构建县级、镇级、村级的电子商务服务体系，形成较为完整的县域电子商务生态圈。

2005~2015年，临安的电子商务发展经历了10年，分3个阶段，发展轨迹基本跟整个电子商务的发展是一致的。2005~2008年，是临安电子商务的萌芽期，基本以个体电商为主，农村能人带动，邻里相互效仿，是以产促销的阶段。2009~2012年，个体电商慢慢成长起来，完成从个体经营户到了企业化的转型，同时传统企业进行电商化尝试，但由于其固有发展思路，转型并没有找到一条非常好的路子，原来就以电子商务渠道为主渠道的网络品牌异军突起。2012年，临安政府发现电子商务萌芽，启动电子商务园区孵化，电子商务协会成立，属于以销促产阶段。2013年之后，临安电子商务发展进入扩张期，政府开始全面介入电子商务发展，出台了一系列的政策，制定电子商务发展规划并引进专业的服务商，他们帮助传统企业做电子商务转型，协助政府去落实具体的电子商务的公共服务体系搭建、电子商务的代运营、电子商务的培训等。

三、桐庐模式

桐庐县隶属于浙江杭州，经济实力较强，是中国著名物流之乡、制笔之乡。

在2012年以前，桐庐与当前的大部分县域一样，民间自发形成的电子商务发展基础十分薄弱。面对这种状况，桐庐确立了"政府主导，企业主体，立足生态，从无到有，全面谋划，系统推进"的原则，在建立机制、转变理念、营造氛围、编制规划、出台政策、寻找资源、设计载体、搭建平台等方面采取了一系列举措，一步一步推动电子商务发展，其模式可总结为"政企合作+生态化建设"。

桐庐发展电子商务的总体思路是"两条主线融合并举"：一条主线是大力推进阿里巴巴"农村淘宝"项目试点，利用这个项目打通上下行物流的通道，播撒乡村电商的种子；另一条主线是以桐庐农产品电子商务产业园为核心，以一批专业电子商务平台为龙头，运用组织化的方式，整合提升农村产品资源，解决"无标""无认证"等关键问题，拓展网上销售市场。

桐庐是阿里巴巴农村发展战略在全国的第一个试点县，这次合作让桐庐县在发展农村电子商务上驶入了快车道。桐庐发展农村电子商务，不局限于打造几个"淘宝村"或"电子商务示范村"，而是紧紧抓住制约农村发展电子商务的物流和人才这两个主要瓶颈去考虑顶层设计问题。桐庐有3个县级核心电子商务产业园，入驻专业电子商务公司47家；建成6个乡镇孵化园，培育电子商务企业

165家；建成8个本地电子商务支撑平台，县内应用企业（商家）达4 600余家；建成9个电子商务仓储物流平台，日均发货量突破40 000单，成绩骄人。浙江大学电子服务研究中心主任陈德人认为桐庐最成功的经验就是它发动了群众，实现大众创业，万众创新。

四、清河模式

清河县隶属于河北省邢台市，以羊绒产业闻名全国，有"中国羊绒之都"的称号，拥有全国80%、全球50%以上的羊绒加工能力，山羊绒产量长期占全国山羊绒产量的60%以上，全球40%以上，具有非常雄厚的产业基础。

清河县电子商务以其强大的传统产业或专业市场作为支撑，供应链效率高，商品价格低，行业竞争力强。在看到带头人的示范后，传统商户和企业都迅速转型，电商群体和交易规模迅速放大，政府大力营造电子商务生态，对清河县域电子商务的发展起到了强大推动作用。其模式可总结为"传统优势产业+电子商务"，该模式适合传统产业发达的地区，尤其是消费品产业占优势的地方。

清河县委县政府高度重视清河商户依托羊绒等特色产业运营起来的电子商务，并决定将发展电子商务作为推动全民创业、加速特色产业转型升级的首要惠民实事。为此，该县加大政策倾斜力度，积极搭建电子商务发展平台，强力给予支持发展。

在人才培训方面，清河县探索创建了电商"一条龙""一站式"培训服务机制。依托县职教中心开设了电子商务培训班，面向社会大批量培养网店销售人才。县委党的群众路线教育实践活动办公室专门组织短期培训，对全县322个驻村帮扶工作队队员进行培训，把培训群众电子商务知识作为蹲点服务基本任务，村村举办"淘宝营销培训班",免费向群众讲解电子商务知识。

同时,清河县政府还注重示范作用,以点带面引导群众从事电子商务,发挥基层党支部战斗堡垒作用和党员先锋模范作用,在农村、企业和普通党员中培育电子商务发展典型。

五、成县模式

成县隶属于甘肃省陇南市,位于甘肃、四川、陕西三省交界,地处秦巴山地与岷山山脉、黄土高原交汇地带,属西秦岭余脉徽成盆地、长江流域嘉陵江水系,是东出陕西、南下四川的交通要冲。目前,全县已形成以核桃为主导,中药材、养殖、蔬菜、鲜果、烤烟为支撑的农特产业体系。成县电子商务的发展被称为"一颗核桃的逆袭"。当地县委书记带领班子成员大力推动当地的优质核桃网销,先利用成县核桃打响知名度,再带动"成县紫皮大蒜""成县土蜂蜜""成县巴马香猪肉""成县手工挂面"等农特产品走向热销。成县在利用电子商务助力精准扶贫、精准脱贫的过程中,还逐步探索出了网店带贫、就业带贫、信息带贫、平台带贫、工程带贫的五条电商带贫渠道。

成县模式可总结为"政府推动+电子商务+扶贫",该模式对于贫困县具有通用性,尤其是有特色产品的地域。成县模式的第一个特点是政府推动,政府主动营销,乡村干部齐上阵,集中优势兵力做好"单品突破",然后带动其他商品共同发展。成县模式的第二个特点是社会参与,重点是以大学生村官、镇村干部和回乡创业青年三类群体为主要对象,鼓励、带动和扶持农村、城市、企业、旅游服务业等各行各业开办网店。成县模式的第三个特点是协会引领,即市、县、乡都成立了电子商务协会,通过示范带动以及举办各类培训，促进了电商营销团队的形成。成县模式的第四个特点是市场推进，即遵循市场规律，引入了有实力的企业参与电子商务全产业链的打造。电子商务要实现规模化、产业化发展，最终还得依靠企业化运作。成县模式的第五个特点是金融支撑，鼓励和引导各类金融机构以授信、贷款等各种方式参与、支持电子商务产业发展。成县模式的第六个特点是媒体助力，借助新媒体进行"微营销"，从"核桃书记"微博引爆开始，全县干群通过设置微博话题、开设微信栏目、讲述电商创业故事，宣传特色农产品、推介本地网店、开展网络预售。

六、通榆模式

通榆县隶属吉林省白城市，是典型的东北农业县、国家级贫困县；地处偏远、交通不便，以经营批发和零售渠道卖原品的传统方式销售农产品，农村电子商务发展基础落后；是我国著名的"杂粮杂豆之乡"，绿豆、葵花等多项农产品的产量居全国之冠。

2013年年底，在当地县委、县政府的鼎力支持和深入参与下，由社会力量投资成立了吉林云飞鹤舞农牧业科技有限公司。在当地具备相对比较好的电子商务运营能力，属企业性质，它整合农户、生产基地、合作社或农产品加工企业等生产方的产品（产品以小米、绿豆、燕麦和竹豆等为主），并经淘宝平台卖出。其运营模式主要有以下3个特点：以网上直销为主，也有少部分产品经网络分销商卖出，且多是外地的网络分销商；注册了品牌"三千禾"，统一所有农产品的包装、销售和服务，截至2015年4月中旬，"三千禾"共有10个品类30多款产品销往全国23个省，销量达210万千克，销售额4 000多万元。当地县委、县政府从各部门抽调了精干力量组成了通榆县电子商务发展中心，全力配合该公司的工作。通榆模式可总结为"生产方+电商公司"，该模式适合电子商务基础薄弱、产品品牌化程度低的区域。

通榆通过政企合作、统一品牌的方式，开展农产品电子商务，既拓宽了农产品销售渠道，又帮助农民增收致富，对全国农产品电子商务发展具有一定的借鉴意义。

七、武功模式

武功县位于陕西省关中平原腹地，交通便利，具有12小时内通江达海、连通国际的交通保障能力。凭借着交通优势，武功县提出"买西北，卖全国"的发展路线，自2013年12月正式起步，迅速成为闻名全国的农副特产品物流集散地、农产品电子商务企业聚集地以及农村电子商务人才培训基地（图1-9），也被称为西北电子商务第一县。

图1-9　武功县电子商务创业孵化基地

武功县突破县域的狭小概念，提出"立足武功，联动陕西，辐射西北，面向丝绸之路经济带"的目标，积极引进电子商务和物流企业，加强与淘宝大学的合作，着力将武功建设成为电子商务人才培训地、农产品电子商务聚集地、西北农产品物流集散地。武功模式可总结为"集散地+电子商务",适合于交通便利、仓储和物流发达、有商品集散地潜质的地方。

根据魏延安《从县域电子商务到电商经济的跨越——关于武功电商模式的初步总结》一文,武功模式有五大内核:第一,以园区来承载。既然要做电商经济,而不是仅仅做电商,那么一定是要有高度的产业集群,要在一定的空间进行产业链的集聚,园区是有效的载体。第二,以龙头为引领。西部电商起步,人才少,经验少,引进成熟的企业是最快的办法,也能起到示范带动作用。第三,以人才为支撑。武功建立电商孵化中心和人才培训中心,定期举办电商沙龙研究发展问题,加强人才引进、开展人才培训。第四,以政策为导向。以优惠的政策和良好的政府服务来吸引更多的电商企业和人才。第五,以配套为保障。在电商企业入驻的同时,要有相关配套产业的跟进和聚集,形成产业集群。

八、沙集模式

沙集镇位于江苏省徐州市。沙集的电子商务企业走出了一条完全不依赖当地传统产业,"无中生有"发展电子商务的道路。其核心是"农民电商",他们从加工厂拿货(简易家具),然后通过自己的网店卖给消费者。多数加工厂是专职的和共享的,也有少部分电商拥有自己的加工厂。这种模式适合传统产业都不突出的地域,但是面临着"既要培育电商,又要培育类目产业"的双重压力。对县域企业的创新能力、行业运营效率和成本控制能力要求较高。并且培育的产业其进入门槛不应过高,否则采取这种模式的电子商务难度很大。

汪向东在《沙集模式的特点与可复制性》中指出，与其他农村电子商务模式比较起来，沙集模式的主要特点如下。

1. 信息化引领工业化的发展路径

沙集模式走的是农民自发开网店—细胞裂变式复制—网销带动工业—其他产业元素跟进—激发更多农民电商创新的发展路径。沙集电子商务所依托的产业载体是家具业。在农民电商起步前，当地农村的家具生产还只是那种传统的、局限于本地市场的小手工业，与电子商务发展所形成的面向大市场的大家具产业不可同日而语。家具网销拉动了生产制造，带来了产业链不断拓展、销售规模迅速扩张和经济社会可持续发展的结果。

2. 农民电商为主体、发挥主导作用

从电子商务发展的驱动主体上看，沙集模式是农户自己变身为电商直接对接市场，并在当地农村电子商务的发展中起主导作用。这区别于青川、辉县以及许多地方常见的电商经纪人驱动的模式。在电商经纪人驱动的模式中，经纪人扮演着沟通农户与网络的作用；农户通过电商经纪人对接最终买家，实现交易，他们自己并不扮演电商的角色。沙集模式中的农民电商在各自独立对接市场的过程中，尚未形成对其他电商稳定发挥重大影响作用的龙头企业，而当地电子商务协会的组织作用也十分有限，这与遂昌等地网商协会驱动和蓝田以农村龙头企业驱动的模式比较，也有明显区别。

3. 突出的草根性

从产业成长来看，沙集模式的产业载体（在沙集具体体现为家具产业）是在较低的技术起点上逐步发展的，一般处于所在产业的低端。正是因其具有劳动密集、资金投入小、进入门槛低、产品面向最终消费等技术经济特性，所以比较适合农户以小微企业和家族企业的形式进入市场开展经营。这种技术经济特性让沙集模式在发展之初就打上了起步容易、包容性强和便于复制的烙印。另一方面，带有突出草根性的沙集模式，却也容易受农户家庭经营习惯的负面影响，成为农民电商向现代公司发展的障碍。

4. 模仿式的快速复制

虽然自下而上式农村电子商务的发展靠的都是农民脱贫致富的内在动力，但他们在技术和商业模式的扩散上仍存在着区别。在沙集模式的前期发展中，当地网销业规模扩张，主要依靠的是农民电商间的简单复制，通过细胞裂变式的外延式发展来实现。复制者或后来者受身边农民电商领头羊增收的实际成效所吸引，进而效仿先行者的做法，自己也开网店创业经营。从而，在他们与先行者之间，形成了一种既相互学习又相互竞争的关系。特别是由此形成的同质竞争，成为未来当地电子商务进一步发展的不利因素。沙集模式中的先行者对后来者一般不具有控制力，不像协会驱动和龙头企业驱动的模式中，驱动者因其为后来者提供指导、服务或掌握后来者经营所需的重要元素，而对后来者乃至当地电子商务发展过程有较多的控制。这种控制力的一个积极效应就是有利于避免简单复制、同质竞争带来负面影响。

5. 市场生态形成中的自组织特征

从发展环境来看，沙集模式在农村电商从无到有的前期发展过程中，显示出当地市场主体具有较强的自组织水平，初步催生出适应农村电商这一阶段生长发育的市场生态。在此过程中，最主要的发展动力是农户们自发的创业致富的内在需求，这种内在需求推动着当地农户变身为电商。即便是政府和平台无为而治，通过农民电商的简单复制、外延式的扩大产业规模，也会驱动物流等服务支撑体系的发展,各服务主体也会因之受益。

本章小结

　　县域电子商务绝不仅是线上商品的买卖,而且是一种新型的经济形态,县域电子商务的发展和腾飞与我国电子商务的整体发展水平联系紧密。本书认为县域电子商务是互联网的普及与电子商务深度发展的产物,它是在县域范围内利用互联网及信息技术进行的商业活动的总称,这些商业活动连同其所依赖的基于互联网的物流、信息流、资金流及人才流等,共同构成新的县域经济形态。

第二章
县域电子商务与"互联网+"

导读

2015年3月5日,第十二届全国人民代表大会第三次会议在人民大会堂开幕,李克强总理在政府工作报告中提出:制定"互联网+"行动计划,推动移动互联网、云计算、大数据、物联网等与现代制造业结合,促进电子商务、工业互联网和互联网金融健康发展,引导互联网企业拓展国际市场。

知识架构

```
                    ┌── "互联网+"
                    │
县域电子商务与"互联网+"├── 大数据
                    │
                    ├── 云计算
                    │
                    └── 互联网思维
```

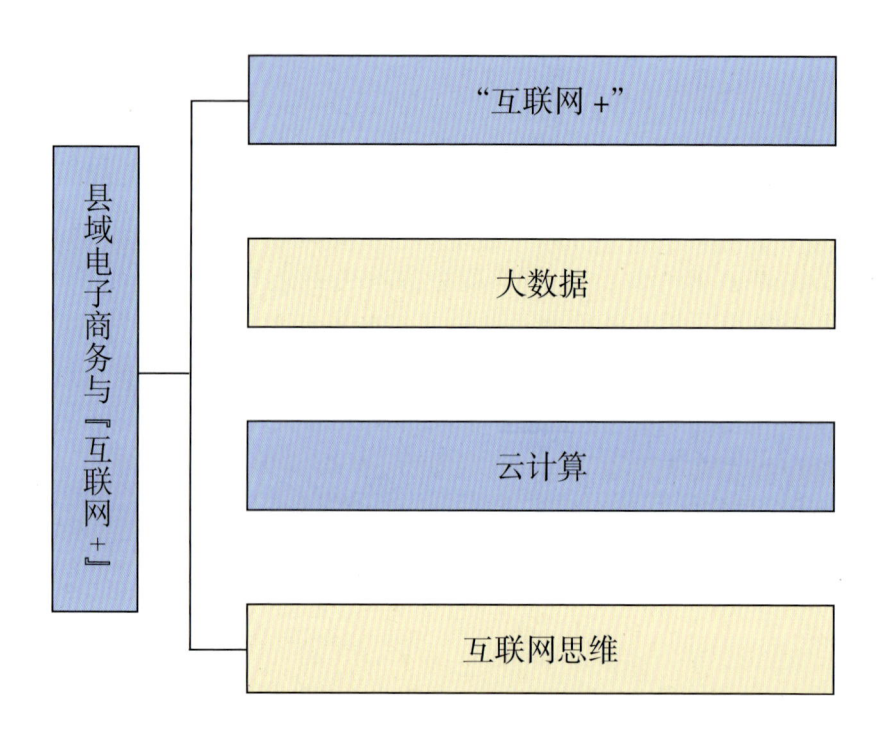

第一节 "互联网+"

一、"互联网+"的概念及背景

从整个互联网的发展史看,自互联网诞生到互联网1.0、互联网2.0及互联网3.0时代,所有的互联网商业模式都是"互联网+传统商业"的模型。互联网1.0时代是互联网+信息,互联网2.0时代是互联网+交易,互联网3.0时代是互联网+综合服务。互联网技术不断推陈,商业模式不断出新,但其一直遵循"互联网+360行"的模式。因此,我们也可以这样理解"互联网+":"互联网+"是互联网融合进传统商业并且将其改造成具有互联网属性的新商业模式的一个过程。

几十年来,"互联网+"已经改造并影响了多个行业,当前大众耳熟能详的电子商务、互联网金融、在线旅游、在线影视、在线房产等行业都是"互联网+"的杰作。比如,互联网+传统集市有了淘宝,互联网+传统百货卖场有了京东,互联网+传统银行有了支付宝,互联网+传统的红娘有了世纪佳缘,互联网+传统交通有了滴滴,而互联网+传统新闻有了新浪等。

"互联网+"的产生背景有4个方面。一是新一代信息技术应用日益深入。自2008年国际商业机器公司(IBM)提出"智慧地球"概念以来,大数据、物联网、云计算和移动宽带等新一代信息技术先后快速进入信息化建设领域。在这些新技术的作用下,信息化建设架构、业务系统检索方式、基础设施建设等都发生了重大变化,从而大大拓展了信息化作用范围与形式。二是电子商务成为信息化主导力量。近年来，电子商务取代电子政务，成为信息化主要驱动力量，中国成为世界电子商务大国。电子商务为经济发展提供了电商平台、现代物流、第三方支付三大工具，这些工具为大众创业、万众创新奠定了基础。三是中国经济进入新常态。在新常态的经济形势下，产业结构转型升级已经到了紧要关头，劳动密集型发展思路面临挑战，东部沿海地区出现很多企业倒闭现象，部分制造业企业迁址东南亚。同时，发达国家再工业化以及第三次工业革命对我国产业发展与出口构成严峻挑战，部分企业回流到母国。四是全球信息化出现新的重大趋势。2011年德国提出工业4.0，同期美国通用电气（GE）公司提出"工业互联网"，这些对我国的国际竞争力带来重大挑战。为此，2015年中国出台《中国制造2025》规划，突出先进制造和高端装备，加快制造强国建设，加速"中国制造"向"中国智造"的转变。

二、"互联网+"与传统产业的关系

"互联网+"是一种趋势，它充分地激发社会和市场的活力、潜力，是推动我国经济转型升级的新常态。"互联网+"对传统产业不是颠覆，而是换代升级，它推动新兴产业地位升级，把一批新兴产业培育成主导产业。

1. "互联网+"对传统产业不是颠覆，而是转型升级

通信领域，互联网+通信有了即时通信，现在几乎人人都在用即时通信APP进行语音、文字甚至视频交流。当初传统运营商在面对微信这类即时通信APP诞生时非常焦虑，因为受其影响，语音和短信收入大幅下滑。但现在随着互联网的发展，来自数据流量业务的收入已经大大超过语音收入的下滑，可以看出，互联网的出现并

没有彻底颠覆通信行业，反而是促进了运营商进行相关业务的转型升级。

交通领域，过去没有移动互联网，车辆运输、运营市场不敢完全放开，有了移动互联网以后，过去的交通监管方法受到很大的挑战。从国外的优步（Uber）到国内的滴滴，移动互联网催生了一批打车软件，虽然它们存在争议，但它们通过把移动互联网和传统的交通出行相结合，改善了人们出行的方式，增加了车辆的使用率，推动了互联网共享经济的发展，提高了效率，减少了排放，对环境保护也做出了贡献。

金融领域，余额宝出现的时候，银行觉得不可控，支付存在安全隐患，但随着国家对互联网金融不断整改，中国银联推出二维码支付标准，互联网金融得到了较为有序的发展，也得到了国家相关政策的支持和鼓励。

零售电子商务等领域，马化腾说，"它是对传统行业的升级换代，不是颠覆传统行业"。在其中，又可以看到"特别是移动互联网对原有的传统行业起到了很大的升级换代的作用"。

事实上，"互联网+"不仅正在全面应用到第三产业，形成了诸如互联网金融、互联网交通、互联网医疗、互联网教育等新生态，而且正在向第一和第二产业渗透。马化腾表示，工业互联网正在从消费品工业向装备制造和能源、新材料等工业领域渗透，全面推动传统工业生产方式的转变；农业互联网也在从电子商务等网络销售环节向生产领域渗透，为农业带来新的机遇，提供广阔发展空间。

2．"互联网+"推动新兴产业地位升级

互联网正在快速改变这个世界，"互联网+"模式全面应用到了第三产业，比如互联网金融、互联网交通、互联网医疗、互联网教育等新业态，深刻影响和改变着人们的工作、学习和生活方式。在2015年十二届全国人大三次会议上的政府工作报告中，多次提到"互联网"3个字，将互联网作为一项战略性新兴产业。国家之所以提出制订"互联网+"行动计划，很重要的一个原因是它和"创新、创业""草根创业"等紧密相连。政府工作报告中将"互联网+"提到一个前所未有的高度，并提出要把一批新兴产业培育成主导产业。近几年，特别是随着移动互联网的加速发展，云计算、大数据、物联网等新技术更快融入传统产业，包括金融理财、打车等民生领域以及家电等传统制造业等，PC互联网时代升级到移动互联网时代，互联网技术与两化融合相结合会产生很多成果。

"互联网+"已被提升到国家级战略的高度，其落实与执行是在全国范围内参与及推动。"互联网+"也是个方法论，社会各界都会用这个方法论来指导中国企业的转型与升级。

三、"互联网+"的含义

2015年7月4日，国务院印发《关于积极推进"互联网+"行动的指导意见》（以下简称《意见》）。《意见》指出，积极发挥我国互联网已经形成的比较优势，把握机遇，增强信心，加快推进"互联网+"发展，有利于重塑创新体系、激发创新活力、培育新兴业态和创新公共服务模式，对打造大众创业、万众创新和增加公共产品、公共服务"双引擎"，主动适应和引领经济发展新常态，形成经济发展新动能，实现中国经济提质增效升级具有重要意义。

《意见》认为，"互联网+"是把互联网的创新成果与经济社会各领域深度融合，推动技术进步、效率提升和组织变革，提升实体经济创新力和生产力，形成更广泛的以互联网为基础设施和创新要素的经济社会发展新形态。在全球新一轮科技革命和产业变革中，互联网与各领域的融合发展具有广阔前景和无限潜力，已成为不可阻挡的时代潮流，正对各国经济社会发展产生着战略性和全局性的影响。

"互联网+"具有以下几层含义。

1．互联网思维

"互联网+"的第一个内涵是互联网思维，传统企业融合"互联网+"的第一步是了解互联网，并建立互联网思维。在互联网商业模式的长期发展中，很多互联网企业积累了大量的案例及数据，并总结出一套适合自身发展的方法论，这个方法论可以看作互联网思维。互联网思维是企业基于互联网开展业务总结出来的，"互联网+"需要传统企业先了解互联网思维，然后再结合实际情况探索出新的商业模式。

典型的互联网思维有雷军的"专注、极致、口碑、快"七字诀，也有其他的诸如生态思维、平台思维、免费思维、跨界思维等互联网思维。正是这些内涵丰富的互联网思维，推动形成了种类繁多的互联网商业模式。但互联网思维不是万能的，当前更多互联网思维是建立在产品运营、商业营销及用户服务的基础上的，并非商业模式的具体体现。

2．互联网渠道

在部分互联网人看来，互联网是个工具。犹如蒸汽时代与电力时代，这些工具解放了更多的劳动力从事其他更多的工作，给生产与生活带来更大的便捷性。互联网作为工具，最大的贡献就是在互联网2.0以后，成为企业的商业营销及交易的新渠道。这个渠道比线下的其他渠道效率更高，在线支付使得购买商品更加容易，在线选货的种类更丰富，互联网渠道大大扩展了商家的市场空间，跨越了地域限制，不用区域代理机制也能发展更远的客户。

"互联网+"在商业中创造了新的营销及供应渠道，这个渠道使得交易更为便捷。电子商务诞生到现在，基本上所有常见的商品都被放到了网络商城上。因此，拥抱"互联网+"必须理解互联网渠道这个属性，渠道是互联网交易的重要组成部分。

3. 互联网平台（生态）

互联网3.0时代，进入互联网+综合服务的时代。一个商家足够多的行业是需要互联网服务的，因此大型互联网商家们越来越倾向于做出一个服务于卖家与买家的网站，而自身不从事这个行业，这就是我们当前看到的各大平台。再后来，这些平台开始垂直与细分化，出现了美妆、生鲜、酒类、鞋类等更专业的平台。这些平台本质上都是电子商务，融合了社交、物流、营销等工具，为买家和卖家双方提供最大化的服务，赚取相应的服务费。

这些平台后来越做越大，已经不限于自身起家的行业，通过平台吸引更多的技术、服务提供商，并且开始跨界发展，譬如社交平台会做游戏、电子商务及硬件等，电子商务平台也会做文学、电影及体育等。这些平台几乎涵盖各种热门行业的业务，一些看似不相干的业务也因其战略发展需要通过与其他商家合作及收购、并购而被纳入旗下。这些平台自身能做的自己做，不能做的或者不愿意做的交给别人做，从而由共同的价值链组成与自然生态类似的互联网生态。

传统企业融合"互联网+"，一方面可以自己做平台或生态，另一方面在早期也可以加入某个平台或生态，做那些平台不愿做或者不想做的，从而通过平台及生态战略来实现企业的初步转型。平台一方会为企业提供足够多的帮助与支持，将来很有可能是传统企业转型的必经之路。大部分企业会选择"两条腿走路",一是平台及生态的入驻,另外则是企业自身的探索。

4.万物互联

"万物互联"也可以称作"物联网"。未来将会是万物互联的时代,从商业到物、人、事,所有的都是被连起来的,并催生更多的商业模式。现在,商业及企业已经越来越不严格区分线上与线下,呈现出不断深度融合状态。

"互联网+"的"+"可以看作是连接与融合,互联网与参与各方之间的所有部分都包含在这个"+"之中。既包含政府对"互联网+"的推动、扶植与监督,也会有企业转型服务商家的服务,互联网企业对传统企业的不断造访,传统企业与互联网企业不间断的探讨,以及连接线上与线下的各种设备、技术与模式。总之,这个"+"既是政策连接,也是技术连接,还是人才连接,更是服务连接。

在技术上,"+"所指的主要是WiFi、4G等无线网络,移动互联网的基于位置基于位置的服务(LBS),传感器中的各种传感技术,O2O中的线上下线相连接,场景消费中成千上万的消费,人工智能中的人机交互,3D打印中的远程打印技术,生产车间中的工业机器人,工业4.0中的智能工厂、智能生产与智能物流。

阿里研究院指出,"互联网+"的基础设施是大数据、云计算、互联网、物联网以及各种终端和APP,简称"云、网、端"。

第二节 大数据

大数据研究专家维克托·迈尔·舍恩伯格有一句名言:世界的

本质是数据。他认为,认识大数据之前,世界原本就是一个数据时代;认识大数据之后,世界却不可避免地分为大数据时代、小数据时代。

一、大数据的定义

现在社会高速发展,科技发达,信息流通,人们之间的交流越来越密切,生活越来越方便,在此过程中,产生了大量的数据,大数据就是这个信息时代的产物。较早提出"大数据"时代到来的全球知名咨询公司麦肯锡指出,数据已经渗透到当今每一个行业和业务职能领域,成为重要的生产因素。人们对于海量数据的挖掘和运用,预示着新一波生产率增长和消费者盈余浪潮的到来。大数据在物理学、生物学、环境生态学等领域以及军事、金融、通信等行业早已存在,却因为近年来互联网和信息行业的发展而引起人们关注。

麦肯锡全球研究所给出的大数据定义是:一种规模大到在获取、存储、管理、分析方面大大超出了传统数据库软件工具能力范围的数据集合,具有海量的数据规模、快速的数据流转、多样的数据类型和价值密度低四大特征。高德纳咨询公司(Gartner)给出的定义是:大数据是需要新处理模式才能具有更强的决策力、洞察发现力和流程优化能力来适应海量、高增长率和多样化的信息资产。而全球最大的电子商务公司亚马逊的大数据科学家John Rauser给出了一个更简单的定义:大数据是任何超过了一台计算机处理能力的数据量。

二、大数据的特点

大数据技术是指从各种各样类型的巨量数据中快速获得有价值信息的技术。解决大数据问题的核心是大数据技术。"大数据"不仅指数据本身的规模,也包括采集数据的工具、平台和数据分析系统。

大数据研发目的是发展大数据技术并将其应用到相关领域,通过解决巨量数据处理问题促进其突破性发展。因此,大数据时代带来的挑战不仅体现在如何处理巨量数据并从中获取有价值的信息,也体现在如何加强大数据技术研发,抢占时代发展的前沿。

大数据的技术特点常称为"4V"特征,即:

1. 规模性(Volume)

Volume 指数据的大体量,可从数百太字节(TB)到数十数百拍字节(PB),甚至艾字节(EB)的规模。伴随着各种随身设备、物联网和云计算、云存储等技术的发展,人和物的所有轨迹都可以被记录,数据因此被大量生产出来。人人都成为数据制造者,短信、微博、照片、录像都是其数据产品。数据来自无数自动化传感器、自动记录设施、生产监测、环境监测、交通监测、安防监测;自动流程记录,刷卡机、收款机、电子不停车收费系统,互联网点击、电话拨号等设施和各种办事流程登记。大量自动或人工产生的数据通过互联网聚集到特定地点,包括电信运营商、互联网运营商、政府、银行、商场、企业、交通枢纽等机构,形成了大数据之海。信息爆炸的学科如天文学和基因学,创造出了"大数据"这个概念,比如一张哈勃望远镜捕捉下来的高清相片,高达数十吉字节(GB),而一部高清电影的数据量有 1～2 吉字节。

2. 多样性(Variety)

大数据包括各种格式和形态的数据,如网络日志、音频、视频、图片、地理位置信息等。海量数据有不同格式,第一种是结构化,这是我们常见的数据格式。除此之外,还有半结构化网页数据以及非结构化视频音频数据,这些数据化的处理方式差别是比较大的。很多不同形式(文本、图像、视频、机器数据)的数据,以及没有模式或模式不明显，不连贯的语法或句义，对数据的处理能力提出了更高的要求。例如，在交通领域，北京市交通智能化分析平台数据来自路网摄像头/传感器、公交、轨道交通、出租车以及省际客运、旅游、化危运输、停车、租车等运输行业，还有问卷调查和地理信息系统数据。

3. 高速性（Velocity）

Velocity指数据的处理速度快，即很多大数据需要在一定的时间限度下得到及时处理，处理速度快，时效性要求高，这是大数据区分于传统数据挖掘最显著的特征。在数据处理速度方面，有一个著名的"1秒定律"，即要在秒级时间范围内给出分析结果，超出这个时间，数据就失去价值了。例如，IBM有一则广告，讲的是"1秒，能做什么"。1秒，能检测出台湾的铁道故障并发布预警；也能发现得克萨斯州的电力中断，避免电网瘫痪；还能帮助一家全球性金融公司锁定行业欺诈，保障客户利益。

4. 价值性（Value）

Value指大数据的价值。张亚勤说，大数据的崛起，正是在人工智能、机器学习和数据挖掘等技术的迅速发展驱动下，呈现这么一个过程：将信号转化为数据，将数据分析为信息，将信息提炼为知识，以知识促成决策和行动。百度相关专家认为，就大数据的价值而言，就像沙子淘金，大数据规模越大，真正有价值的数据相对越少。大数据包含很多深度的价值，大数据分析挖掘和利用将带来巨大的商业价值。但是大量的不相关信息，不经过处理则价值较低，属于价值密度低的数据。随着物联网的广泛应用，信息感知无处不在，信息海量，但在连续不间断的视频监控过程中，可能有用的数据仅一两秒。如何通过强大的机器算法更迅速地完成数据的价值"提纯"，是大数据时代亟待解决的难题。

三、大数据的应用

阿里研究院认为，未来的时代将不是IT（信息技术）时代，而是DT（数据技术）的时代。大数据并不在"大"，而在于"有用"。价值含量、挖掘成本比数量更为重要。对于很多行业而言，如何利用这些大规模数据是赢得竞争的关键。

大数据的应用不胜枚举，下面介绍几种常见的应用。

1. 利用大数据进行精准营销

沃尔玛是全世界最大的线下零售商，它的雇员人数和美国联邦政府的雇员差不多，它的收入2010年突破了4 000亿美元，超过了很多国家的GDP总值。在一次例行的数据分析之后，研究人员突然发现，跟尿布一起搭配购买最多的商品竟然是啤酒。这种关系令人费解，尿布和啤酒风马牛不相及，这是一个真正的规律吗？经过跟踪调查，研究人员终于发现事出有因。一些年轻的爸爸经常要到超市去购买婴儿尿布，有30%～40%的爸爸会顺便买点啤酒来犒劳自己，边看球赛，边喝啤酒，边带小孩。沃尔玛随后对啤酒和尿布进行了捆绑销售，促使这两种商品销售量双双增加。该案例是对历史数据进行挖掘的结果，反映的是数据层面的规律，沃尔玛也是世界上最早应用数据挖掘技术的企业之一。

2. 利用大数据做服务转型

很多企业利用大数据进行了服务转型，金融机构就是其中之一。众所周知，中小企业在经营中常常面临缺乏资金的困难。这些企业普遍经营规模小、效益低、资金有限，主要靠企业主个人力量发展起来，管理倾向于家族式，控制权集中在少数人手中，尚未形成规范的公司治理结构。而银行机构贷款手续复杂，贷款条件要求严格，小微企业缺乏土地、房产等抵押物，也无规范的会计制度和会计报表，从银行获得贷款非常困难。

基于上述现象，部分银行开始运用大数据技术对中小微企业的历史数据进行挖掘和分析，以客户交易结算信息、信用记录、日均存款等核心数据为依据，建立全方位、多角度的大数据信贷产品体系，向小微企业发放用于经营周转的信用贷款。这些金融机构借助模型设计与系统开发，建立起一整套数据挖掘、批量筛选、针对性评价与流程处理的业务模式，与传统的人工筛选相比，服务效率提高了数倍。

3. 利用大数据转变政府职能

越来越多的地方政府重视应用大数据技术，盘活各地云计算中心资产。这些地方政府把原来大规模投资物联网等产业园的政绩工程，改造成智慧工程。在安防领域，地方政府应用大数据技术，提高应急处置能力和安全防范能力。在民生领域，地方政府应用大数据技术，提升服务能力和运作效率，以及个性化的服务，比如医疗、卫生、教育等部门。

大数据的应用一方面促进了政府职能变革，另一方面政府在大数据方面的投入将形成示范效应，大大推动大数据的发展。

四、县域电子商务与大数据

大数据作为"互联网+"的基础设施之一，实现各类数据的汇聚、挖掘和交融，是一种"洞察一切"的能力。电子商务行业若能恰当利用大数据，将会是创新的一个突破口，为电子商务插上腾飞的翅膀。在县域范围内，随着越来越多农民电商的崛起、越来越多网购消费者的崛起,县域电子商务必将越来越多地运用大数据开展商业活动,这是趋势,也是现实需要。同时,国家也逐步强化对电子商务大数据的统计与应有。

为发展县域电子商务,河南省唐河县打造了大数据运营中心。通过大数据,可以对消费者性别、年龄、区域、购买频次、消费习惯等进行深度分析,从而实现精准采购、关联销售、智能配货、主动推送等。同时,对全县电子商务运营情况、店铺运营情况进行智能化筛选、生产及配送、仓储物流动态等实施实时跟踪和监控,及时生成全网市场销售报告,为店铺卖家和平台商下单提供参考依据。因为大数据的精准营销,有的企业年销售额增长50%以上。未来在唐河县大数据运营平台上,将会构建出针对不同行业的商业智能图表模板,建立图表模板和数据本身的交易平台,使企业能以较低的成本获取适合自身的大数据能力,同时有机会在平台展示可公开的数据内容,也可购买相关公司和行业的一手数据。

当前,传统电子商务交易平台企业早已抢占移动电子商务制高点,数据平台建设成为电子商务竞争的新焦点。京东投资40亿元建设两大云计算数据中心,阿里巴巴更将云计算作为集团最重要的业务。数据资源已经成为电子商务的核心资源,大数据已经成为电子商务行业的新趋势。

电子商务企业若能充分利用互联网和大数据对传统的产品销售、生产、售后等环节重构,大胆采用新的技术和商业手段不断地获取、汇集和分析更多数据,将成为"互联网+"时代的赢家。

五、大数据相关政策

我国高度重视大数据的发展,中央和地方政府陆续推出了多个与大数据相关的政策。

2012年7月国务院发布了《"十二五"国家战略性新兴产业发展规划》，战略性新兴产业是以重大技术突破和重大发展需求为基础，对经济社会全局和长远发展具有重大引领带动作用，知识技术密集、物质资源消耗少、成长潜力大、综合效益好的产业。这些产业包括节能环保、新一代信息技术、生物、高端装备制造、新能源、新材料、新能源汽车等战略性新兴产业。

2015年9月，国务院印发《促进大数据发展行动纲要》（以下简称《纲要》），系统部署大数据发展工作。《纲要》明确，推动大数据发展和应用，在未来5~10年打造精准治理、多方协作的社会治理新模式，建立运行平稳、安全高效的经济运行新机制，构建以人为本、惠及全民的民生服务新体系，开启大众创业、万众创新的创新驱动新格局，培育高端智能、新兴繁荣的产业发展新生态。

《纲要》部署三方面主要任务。一要加快政府数据开放共享，推动资源整合，提升治理能力。大力推动政府部门数据共享，稳步推动公共数据资源开放，统筹规划大数据基础设施建设，支持宏观调控科学化，推动政府治理精准化，推进商事服务便捷化，促进安全保障高效化，加快民生服务普惠化。二要推动产业创新发展，培育新兴业态，助力经济转型。发展大数据在工业、新兴产业、农业农村等行业领域应用，推动大数据发展与科研创新有机结合，推进基础研究和核心技术攻关，形成大数据产品体系，完善大数据产业链。三要强化安全保障，提高管理水平，促进健康发展。健全大数据安全保障体系，强化安全支撑。

2017年1月，工业和信息化部正式发布了《大数据产业发展规划（2016—2020年）》（工信部规〔2016〕412号，以下简称《规划》）。

《规划》以强化大数据产业创新发展能力为核心,明确了强化大数据技术产品研发、深化工业大数据创新应用、促进行业大数据应用发展、加快大数据产业主体培育、推进大数据标准体系建设、完善大数据产业支撑体系、提升大数据安全保障能力等7项任务,提出大数据关键技术及产品研发与产业化工程、大数据服务能力提升工程等8项重点工程,研究制定了推进体制机制创新、健全相关政策法规制度、加大政策扶持力度、建设多层次人才队伍、推动国际化发展等5项保障措施。《规划》明确了"十三五"时期大数据产业的发展思路、原则和目标,将引导大数据产业持续健康发展,有力支撑制造强国和网络强国建设。

国家发展和改革委员会有关专家表示,大数据综合试验区建设不是简单的建产业园、数据中心、云平台等,而是要充分依托已有的设施资源,把现有的利用好,把新建的规划好,避免造成空间资源的浪费和损失。要探索大数据应用新的模式,围绕有数据、用数据、管数据,开展先行先试,更好地服务国家大数据发展战略。

第三节　云计算

互联网的第一个时代可称为 PC 互联网,互联网的第二个时代视为可为移动互联网,而互联网的第三个时代则可叫作万物联网。当前国内的互联网正处于第二个时代向第三个时代过渡期,而云计算则是支撑起万物联网的基石所在。在互联网的第三个时代,也就是下一个互联网 10 年里,云计算将成为制胜关键所在。

一、云计算的概念

云计算是基于互联网的相关服务的增加、使用和交付模式,通常涉及通过互联网来提供动态易扩展且经常是虚拟化的资源。云是网络、互联网的一种比喻说法。云计算甚至可以实现每秒10万亿次的运算任务,拥有这么强大的计算能力可以模拟核爆炸、预测气候变化和市场发展趋势。用户通过电脑、笔记本、手机等方式接入数据中心,按自己的需求进行运算。

对云计算的定义有多种说法,美国国家标准与技术研究院(NIST)定义较容易理解。NIST认为云计算是一种按使用量付费的模式,这种模式提供可用的、便捷的、按需的网络访问,进入可配置的计算资源共享池(资源包括网络、服务器、存储、应用软件、服务),这些资源能够被快速提供,只需投入很少的管理工作,或与服务供应商进行很少的交互。

二、云计算的发展历程

云计算是继大型计算机到客户端—服务器的大转变之后的又一种巨变,是分布式计算、并行计算、效用计算、网络存储、虚拟化、负载均衡、热备份冗余等传统计算机和网络技术发展融合的产物。

云计算的发展历程可概括如下。

云计算的思想最早可追溯到1959年6月Christopher Strachey发表的虚拟化论文,虚拟化是今天云计算基础架构的基石。1984年美国太阳微系统公司(Sun)公司的联合创始人John Gage讲出了"网络就是计算机"的名言,用于描述分布式计算技术带来的新世界,今天的云计算正在将这一理念变成现实。2006年3月,亚马逊推出弹性计算云（Elastic Compute Cloud，EC2）服务。2006年8月9日，谷歌公司（Google）首席执行官埃里克·施密特（Eric Schmidt）在搜索引擎大会（SES San Jose 2006）上首次提出"云计算"的概念。Google的"云端计算"源于Google工程师克里斯托弗·比希利亚所做的"Google 101"项目。

2007年10月，Google与IBM开始在美国大学校园，包括卡内基梅隆大学、麻省理工学院、斯坦福大学、加州大学柏克莱分校及马里兰大学等，推广云计算的计划，这项计划希望能降低分布式计算技术在学术研究方面的成本，并为这些大学提供相关的软硬件设备及技术支持（包括数百台个人电脑及服务器，这些计算平台将提供1 600个处理器，支持包括Linux、Xen、Hadoop等开放源代码平台）。而学生则可以通过网络开发各项以大规模计算为基础的研究计划。

2008年1月30日，谷歌宣布在台湾启动云计算学术计划，与台湾相关学校合作，将这种先进的大规模、快速将云计算技术推广到校园。2008年2月1日，IBM宣布在无锡太湖新城科教产业园为中国的软件公司建立全球第一个云计算中心。2008年7月29日，雅虎、惠普和英特尔宣布一项涵盖美国、德国和新加坡的联合研究计划，推出云计算研究测试床，推进云计算。该计划要与合作伙伴创建6个数据中心作为研究试验平台，每个数据中心配置1 400个至4 000个处理器。这些合作伙伴包括新加坡资讯通信发展管理局、德国卡尔斯鲁厄大学计算中心、美国伊利诺伊大学香槟分校、英特尔研究院、惠普实验室和雅虎。

2009年1月，阿里软件（上海）有限公司（简称阿里软件）在江苏南京建立首个电子商务云计算中心。2009年7月，中国首个企业云计算平台——中化企业云计算平台诞生。2009年11月，中国移动云计算平台"大云"计划启动。

2010年3月5日，诺威尔有限公司（Novell）与云安全联盟（CSA）共同宣布一项供应商中立计划，名为可信任云计算计划。2010年7月，美国国家航空航天局和包括Rackspace、AMD、Intel、戴尔等支持厂商共同宣布OpenStack开放源代码计划，微软在2010年10月表示支持OpenStack与Windows Server 2008 R2的集成。

2011年2月，思科系统正式加入OpenStack，重点研制OpenStack的网络服务。

当前阶段云计算的应用越来越广，云服务快速发展，种类日趋完善和多样化，传统企业开始通过自身能力扩展、收购等方式，投入云服务。政府和公共服务逐渐上云平台，云计算的产品功能不断健全、市场格局渐趋稳定，并向更为多元主体扩散。总体看，云计算及其服务正快速发展并逐渐进入成熟应用。

三、云计算的特点

云计算是通过使计算分布在大量的分布式计算机上，而非本地计算机或远程服务器中，企业数据中心的运行与互联网相似。这使得企业能够将资源切换到需要的应用上，根据需求访问计算机和存储系统。云计算的主要特点如下。

1. 超大规模

"云"具有相当的规模，谷歌云计算已经拥有100多万台服务器，亚马逊、万国商业机器公司、微软、雅虎等的"云"均拥有几十万台服务器。企业私有"云"一般拥有数百上千台服务器。"云"能赋予用户前所未有的计算能力。

2. 虚拟化

云计算支持用户在任意位置使用各种终端获取应用服务。所请求的资源来自"云",而不是固定的有形的实体。只需要一台笔记本或者一个手机,就可以通过网络服务来实现我们需要的一切,甚至包括超级计算这样的任务。

3. 高可靠性

"云"使用了数据多副本容错、计算节点同构可互换等措施来保障服务的高可靠性,使用云计算比使用本地计算机可靠。云计算服务供应商拥有高等级的机房设施和完善的备份机制,云计算为那些没有能力建设高等级设备设施的用户提供了可靠的选择。

4. 通用性

云计算中心很少为特定的应用存在,但其有效支持大多数的主流应用,云计算不针对特定的应用,在"云"的支撑下可以构造出千变万化的应用,同一个"云"可以同时支撑不同的应用运行,并保证这些服务的运行质量。

5. 高可扩展性

用户所使用"云"的资源可以根据其应用的需要进行调整和动态伸缩,并且再加上前面所提到的云计算本身的超大规模,使得"云"能有效地满足应用和用户大规模增长的需要。所以对于某个用户的需求而言,云计算具有很高的扩展性,其资源几乎是无限的。

6. 按需服务

按需服务,是云计算平台支持资源动态流转的外部特征表现。云计算平台通过虚拟分拆技术,可以实现计算资源的同构化和可度量化,可以提供小到一台计算机,多到千台计算机的计算能力。按量计费起源于效用计算,在云计算平台实现按需分配后,按量计费也成为云计算平台向外提供服务时的有效收费形式。"云"是一个庞大的资源池，可按需购买；"云"也可以像自来水、电、煤气那样计费。

7. 极其廉价

由于"云"的特殊容错措施，可以采用极其廉价的节点来构成"云"，"云"的自动化集中式管理使大量企业无须负担日益高昂的数据中心管理成本，"云"的通用性使资源的利用率较传统系统大幅提升，因此用户可以充分享受"云"的低成本优势，经常只要花费几百美元、几天时间就能完成以前需要数万美元、数月时间才能完成的任务。

8. 潜在的危险性

云计算服务除了提供计算服务外，还提供了存储服务。但是，云计算服务当前垄断在私人机构（企业）手中，而它们仅仅能够提供商业信用。政府机构、商业机构（特别像银行这样持有敏感数据的商业机构）对于选择云计算服务应保持足够的警惕。一旦商业用户大规模使用私人机构提供的云计算服务，无论其技术优势有多强，都不可避免地让这些私人机构以数据(信息)的重要性挟制整个社会。对于信息社会而言，"信息"是至关重要的。另一方面，云计算中的数据对于数据所有者以外的其他用户云计算用户是保密的，但是对于提供云计算的商业机构而言确实毫无秘密可言。这些潜在的危险是商业机构和政府机构选择云计算服务，特别是国外机构提供的云计算服务时，需要考虑的一个重要的前提。

政务云案例——山东省东营市黄河三角洲云计算中心

山东省东营市地处黄河三角洲高效生态经济区核心地带，拥有丰富的石油资源和生态资源，发展目标是努力把东营市打造成"数字之城，石油之城，生态之城"。为推动高端产业和现代服务业的快速发展，东营市积极推进软件园区的建设，以信息服务为主导力量，同时优化整合技术、人力资源等产业，聚集国内外市场资源，引进和培育信息服务业的知名企业。该市以东营软件园为中心，逐步形成黄河三角洲多软件园协作的平台，实现优势互补，资源共享，多园区协作开发，形成一个以软件园为中心的信息产业生态发展环境。

黄河三角洲云计算中心平台是开发测试服务平台和未来的各种电子政务、数字化城市、公共医疗、企业OA（办公自动化）服务等应用服务的部署平台；还可作为山东省内各个计算中心的上级管理、监控、调度和软件资产管理节点，完成全省运算能力、IT资产等资源的统一调度和统一管理，真正实现全省信息资源的共享。黄河三角洲云计算管理中心可以对其区域内的闲置软件资产进行临时的租借调用，并且在使用完毕后释放对此软件资产的占用。它是区域内各个云计算中心的上级管理节点、监控节点、调度节点和软件资产管理节点，提供计算能力的全省共享能力。

教育云案例——北京工业大学科教云

北京工业大学采用IBM云计算的技术和方案来搭建新的高性能计算平台，统一管理软硬件资源，以虚拟化和自动化的方式动态部署资源，用来统一提供服务，从而提供良好的扩展性，支持按需变化的运算模式。北京工业大学云计算平台提供3个方面的服务，一是服务教学科研，支撑北京工业大学的学科建设和重点科研的，北京市的重点"973"项目，高性能计算等；二是开展科学研究，对学生和教师开放，支持教学和科研；三是支撑服务北京，对北京市的企业和政府开放，提供IT资源支撑，建立电子政务的试点，为相关政府部门服务。IBM云计算解决方案为北京工业大学建立的高性能云计算平台将计算、存储资源以及数据和应用作为服务，通过网络提供给用户，给用户提供灵活、个性化、多元和简单的应用和服务，从而满足北京工业大学对计算平台的需求。

北京工业大学科教云将计算资源集中化管理，使得对校内IT资源的管理智能化，可实现校内各个院系、各个专业的IT资源整合，由云计算来进行集中的自动化调度，为各个用户动态分配和回收计算资源。通过云计算可以提供创新的教学模式。以并行计算课程来说，可以为学生提供虚拟化的并行环境进行实验、开发和测试，可以开展校内、校外的高性能计算竞赛。云计算实验平台的建立，也为交叉学科的研究带来了好处，不懂计算机的其他研究领域人员，可以和计算机专家在云计算平台上合作开发新的科研应用，从而促进科研的进步。学校的学生也可以通过这个平台来学习云计算技术，理解新技术的价值所在，而学校则可以利用云计算平台开展相关的课程，如虚拟化、自动化和服务管理等。北京工业大学云计算平台还有助于将科研成果转化，服务于校外的客户，比如其计算生物类应用、工程应用和防震减灾应用都可以通过这个平台来对外提供服务；利用该平台为北京市的相关政府部门提供电子政务支持。

农业云案例——相思葡萄的"智能农业监控系统"

地处中国南疆的广西，是适宜葡萄生长的特殊区域，依靠独特的"一年两收"技术，即使在寒冷的冬天，人们依旧可以品尝到新鲜的优质葡萄。然而，要掌握好"一年两收"的种植技术可不简单，因为生产管理人员需要在葡萄生长过程中及时准确地掌握周边环境温度、湿度、光照强度等环境变化信息，并对高温、低温、高湿、弱光等特殊情况进行及时处理。在广西众多的葡萄种植企业中，南宁相思葡萄农业科技有限公司（也简称"相思葡萄"）正是其中的佼佼者之一。相思葡萄目前拥有自建葡萄园五处，分布在南宁、武鸣、柳州、海南、桂林等城市，共占地面积500多亩。相思葡萄于2012年正式在各大园区投入使用慧云"智能农业监控系统"，充分利用"物联网、云计算、移动互联网"等技术升级传统葡萄种植技术，保证葡萄的品质。此前，为了保证一年两收葡萄的高品质，公司技术人员经常奔走于广西以及海南的各生产基地，详细采集记录各大棚内的温度、湿度、光照强度变化情况，观察葡萄的生长情况，并且将采集到的数据上传到电脑，进行人工统计分析。这不仅浪费了人力物力，严重影响了技术人员的工作效率，而且，园区分散，给企业管理者对园区的管理带来极大的不便。

慧云智能农业监控系统立足现代农业，融入国际领先的"物联网、移动互联网、云计算"技术，借助个人计算机、智能手机，实现对农业生产现场气象、土壤、水源环境的实时监测，并对大棚、温室的灌溉、通风、降温、增温等农业设施实现远程自动化控制。结合视频直播、智能预警等强大功能，系统可帮助广大农业工作者随时随地掌握农作物生长状况及环境变化趋势，为用户提供一套高效便捷、功能强大的农业监控解决方案。系统包括监控中心、报表中心、任务中心，可随时了解农业现场数据。在监控中心可结合园区平面图直观显示农业生产现场的气象数据、土壤数据以及各种农机设备运行状态。系统可通过360°视频监控设备以及高清照相机对农业生产现场进行实时监控，对作物生长情况进行远程查看，并可根据设定，对视频进行录像，随时回放。采用全智能化设计的远程控制系统，在用户设定监控条件后，可完全自动化运行，远程控制生产现场的各种农用设施和农机设备，快速实现自动化灌溉，以及智能化温室大棚建设。根据作物种植所需环境条件，对系统进行预警设置。一旦有异常情况发生，系统将自动向管理员手机发送警报，如高温预警、低温预警、高湿预警等。预警条件触发后，系统可自动对农业生产现场的设备进行自动控制以处理异常情况，或由管理员干预解除异常。

通过使用智能农业监控系统，相思葡萄在各生产基地大棚内搭建起无线传感网络，安装传感器、控制器、智能相机等监控设备，土壤温湿度、空气温湿度、风速、风向等，以及园区设备的运行记录、运行状态等数据均通过布置在现场的物联网设备采集上传至云端。技术人员不用在多个园区之间频繁来往，只需要通过手机或者电脑登录智能种植监控系统，就能轻松对分散各地的5个园区进行管理。系统对数据的采集精准度高，并且数据具有实时性。数据采集上传之后，在云平台中进行分析统计计算，自动生成各种报表。技术人员可便捷参考各项数据，为葡萄种植管理做精准快速的决策。

第四节　互联网思维

随着互联网特别是移动互联网的发展，互联网作为一个时代已经到来。未来，不会有互联网产业与传统产业之分，也不会有互联网企业与传统企业之分，取而代之的，将是互联网思维与传统思维的较量与融合。

一、互联网思维的主要内容

互联网思维相对于工业化思维，是一种商业民主化的思维。用户可以通过互联网自由表达对某种商品的各种评价和意见，商家很难控制不利于自家商品的负面信息。因此，互联网思维是一种用户至上的思维，基于互联网思维下的产品和服务是一个有机的生命体，并自带了媒体属性。融入互联网思维的企业，其组织基本是扁平化的。

互联网思维包含哪些方面，不同的人有不同的看法。如雷军认为"互联网是一种观念，互联网核心是'七字诀'——专注、极致、口碑、快，用互联网思想做任何事都会事半功倍"。李善友认为互联网思维之一是"功能成为标配，情感成为强需"；互联网思维之二是"中间成本趋零，二次打击盈利"；互联网思维之三是"个人异端化，组织社群化"，互联网时代的生存方式是"产品型社群"。戴夫·柯本（Dave Kerpen）等人总结了6大互联网思维：用户思维、简约思维、迭代思维、服务思维、社会化思维、平台思维。本节结合县域电子商务的特点，从9个方面简要分析互联网思维，它们分别是用户思维、简约思维、极致思维、迭代思维、流量思维、社会化思维、大数据思维、平台思维、跨界思维。

1. 用户思维

互联网思维第一个就是用户思维。用户思维是指在价值链各个环节中都要以用户为中心去考虑问题。作为厂商，必须从整个价值链的各个环节，建立起以用户为中心的企业文化，只有深度理解用户才能提供用户满意的产品和服务。这里面有3个法则。

法则1：得"草根"者得天下

成功的互联网产品多抓住了所谓"草根一族"的需求。当你的产品和服务不能让普通用户成为其中的一部分，不能和他们连接在一起，这样产品的失败风险较大。腾讯、百度、淘宝、微信、小米都是抓住了普通消费者的心理而取得了成功。

法则2：参与感

现在客户越来越多地参与产品的生产过程中，一种情况是按需定制，厂商提供满足用户个性化需求的产品，如海尔的定制化冰箱；另一种情况是在用户的参与中去优化产品，如淘品牌"七格格"，每次的新品上市，都会把设计的款式放到其管理的粉丝群组里，让粉丝投票，这些粉丝决定了最终的潮流趋势，自然也会为这些产品买单。让用户参与品牌传播，便是常说的粉丝经济。品牌若拥有足够的粉丝，则会有力推动品牌的发展，因为粉丝的忠诚度远高于一般用户。粉丝是最优质的目标消费者，一旦注入感情因素，即使偶尔有一点缺陷的产品也会被接受。电影《小时代》豆瓣评分不到5分，但这个电影观看人群的平均年龄只有22岁，这些粉丝正是郭敬明的富矿。

法则 3：体验至上

好的用户体验应该从细节开始，并贯穿于每一个细节，能够让用户有所感知。并且，这种感知要超出用户预期，给用户带来惊喜，贯穿品牌与消费者沟通的整个链条，简单说，就是让消费者一直感到舒适。微信新版本对公众账号的折叠处理，就是很典型的"用户体验至上"的选择。

2．简约思维

互联网时代，信息爆炸，用户的耐心越来越不足，所以，必须在短时间内吸引用户。这就需要简约思维，要提高简约信息，避免繁杂冗余，提高效率。这里面有2个法则。

法则 1：专注，少即是多

品牌定位也要专注，给消费者一个选择你的理由，一个就足够。苹果就是典型的例子，1997年苹果接近破产，乔布斯回归，砍掉了70%产品线，重点开发4款产品，使得苹果扭亏为盈，起死回生。即使到了iPhone 5S，苹果手机也只有5款。一个叫"ROSEONLY"的网络鲜花品牌，它的品牌定位是高端人群，买花者需要与收花者身份证号绑定，且每人只能绑定一次，意味着"一生只爱一人"。

法则 2：简约即是美

在产品设计方面，要做减法。外观要简洁，内在的操作流程要简化。谷歌首页永远都是清爽的界面，苹果的外观、特斯拉汽车的外观，都是这样的设计。马云对电脑及其操作算是外行，因此，在阿里巴巴早期发展阶段，他都要亲自审核用户界面，如果他觉得不好用，不好操作，一定退回去重新修改。因为马云认为，如果自己作为电脑外行，使用不方便，那他的用户也会觉得不方便，因此要求界面设计一定要简单明了，方便快捷。

3. 极致思维

极致思维就是把产品、服务和用户体验做到极致，超越用户预期。这里面有2个法则。

法则1：打造让用户尖叫的产品

尖叫，意味着必须把产品做到极致；极致，意味着超越用户想象。用极限思维打造极致的产品。方法论有三条：第一，需求（痛点、痒点或兴奋点）要抓得准；第二，自己要逼得狠（做到自己能力的极限）；第三，管理要盯得紧（得产品经理得天下）。一切产品都是媒体，在这个社会化媒体时代，好产品自然会形成口碑传播。

法则2：服务即营销

阿芙精油是知名的淘宝品牌，有两个小细节可以看出其对服务体验的极致追求：①客服24小时轮流上班，使用ThinkPad小红帽笔记本工作，因为使用这种电脑切换窗口更加便捷，可以让消费者少等几秒。②设有首席惊喜官（CSO），每天在用户留言中寻找潜在的推销员或专家，找到之后会给对方寄出包裹，为这个可能的"意见领袖"制造惊喜。

4. 迭代思维

"敏捷开发"是互联网产品开发的典型方法论，是一种以人为核心、迭代、循序渐进的开发方法，允许有所不足，不断试错，在持续迭代中完善产品。这里面有两个点，一个"微"，一个"快"。主要有2个法则。

法则1：小处着眼，微创新

微，要从细微的用户需求入手，贴近用户心理，在用户参与和反馈中逐步改进。可能你觉得是一个不起眼的点，但是用户可能觉得很重要。小米和360安全卫士等企业都十分重视微创新。

法则2：精益创业，快速迭代

"天下武功，唯快不破"，只有快速地对消费者需求做出反应，产品才更容易贴近消费者。Zynga游戏公司每周对游戏进行数次更新，小米MIUI系统坚持每周迭代。这里的迭代思维，对传统企业而言，更侧重在迭代的意识，意味着生产者必须要及时乃至实时关注消费者需求，把握消费者需求的变化。

5. 流量思维

流量意味着体量，体量意味着分量。流量思维重视互联网的入口，因为这是迎接客户的大门。这里面有2个法则。

法则1：免费是为了更好地收费

互联网产品大多用免费策略极力争取用户、锁定用户。当年的360安全卫士，用免费杀毒入侵杀毒市场，颠覆传统。现在再看看，卡巴斯基、瑞星等杀毒软件，估计没有几台电脑还会装了。"免费是最昂贵的"，不是所有的企业都能选择免费策略，因产品、资源、时机而定。

> **法则 2：坚持到质变的"临界点"**
>
> 任何一个互联网产品，只要用户活跃数量达到一定程度，就会开始产生质变，从而带来商机或价值。腾讯若没有当年的坚持，也不可能有今天的"企鹅帝国"。注意力经济时代，把流量做上去，才有机会思考后面的问题，否则可能连生存的机会都没有。

6．社会化思维

社会化商业的核心是网，公司面对的客户以网的形式存在，这将改变企业生产、销售、营销等整个形态。这里有 2 个法则。

> **法则 1：利用好社会化媒体**
>
> 有一个做智能手表的品牌，通过 10 条微信，近 100 个微信群讨论，3 000 多人转发，11 小时预订售出 18 698 只智能手表，订单金额 900 多万元。这就是微信朋友圈社会化营销的魅力。有一点要记住，口碑营销不是自说自话，一定是站在用户的角度，以用户的方式和用户沟通。又比如，甘肃陇南文县任和公司发起的百户百万花椒众筹项目，在众筹网上发布信息，利用微信等社交媒体传播，短短一月实现 100 万元的花椒销售，达成预定目标。

> **法则 2：众包协作**
>
> 众包是以"蜂群思维"和层级架构为核心的互联网协作模式，维基百科就是典型的众包产品。传统企业要思考如何利用外脑，不用招募，便可"天下贤才入吾彀中"。InnoCentive 网站创立于 2001 年，已经成为化学和生物领域的重要研发供求网络平台。该公司引入"创新中心"的模式，把公司外部的创新比例从原来的

15%提高到50%，研发能力提高了60%。小米手机在研发中让用户深度参与，实际上也是一种众包模式。

7．大数据思维

大数据思维是指对大数据的认识，对企业资产、关键竞争要素的理解。这里有2个法则。

> 法则1：小企业也要有大数据

用户在网络上一般会产生信息、行为、关系3个层面的数据，这些数据的沉淀，有助于企业进行预测和决策。一切皆可被数据化，企业可构建自己的大数据平台，小企业也有大数据。

> 法则2：你的用户是每个人

在互联网和大数据时代，企业的营销策略应该针对个性化用户做精准营销。银泰网上线后，打通了线下实体店和线上的会员账号，在百货和购物中心铺设免费WiFi。当一位已注册账号的客人进入实体店，他的手机会连接上WiFi，他与银泰的所有互动记录会一一在后台呈现，银泰就能据此判别消费者的购物喜好。这样做可以实现商品和库存的可视化，并与用户进行有效的沟通。

8．平台思维

互联网的平台思维就是开放、共享、共赢的思维。平台模式最有可能成就产业巨头。全球最大的100家企业里，有60家企业的主要收入来自平台商业模式，包括苹果、谷歌等。这里有2个法则。

法则1：打造多方共赢的生态圈

平台模式的核心在于打造一个多主体共赢互利的生态圈，将来的平台之争，一定是生态圈之间的竞争。百度、阿里、腾讯三大互联网巨头围绕搜索、电子商务、社交各自构筑了强大的产业生态，所以后来者如360安全卫士很难撼动。

法则2：让企业成为员工的平台

互联网巨头的组织变革，都是围绕着如何打造内部"平台型组织"。包括阿里巴巴25个事业部的分拆、腾讯6大事业群的调整，都旨在发挥内部组织的平台化作用。海尔将8万多人分为2 000个自主经营体，让员工成为真正的"创业者"，让每个人成为自己的CEO。内部平台化就是要变成自组织而不是他组织。他组织永远听命于别人，自组织是自己来创新。

9．跨界思维

随着互联网和新科技的发展，很多产业的边界变得模糊，互联网企业的触角已无孔不入，如零售、图书、金融、电信、娱乐、交通、媒体等。这里有1个法则。

法则：挟"用户"以令诸侯

互联网企业为什么能够参与乃至赢得跨界竞争？答案就是：用户！他们一方面掌握用户数据，另一方面又具备用户思维，自然能够挟"用户"以令诸侯。阿里巴巴、腾讯相继申办银行，小米做手机、做电视，都是这样的道理。

未来十年，是中国商业领域大规模打劫的时代，一旦用户的生活方式发生根本性的变化，来不及变革的企业，必定遭遇劫数！

所以，用互联网思维，大胆颠覆式创新。

李彦宏指出："互联网产业最大的机会在于发挥自身的网络优势、技术优势、管理优势等，去提升、改造线下的传统产业，改变原有的产业发展节奏、建立起新的游戏规则。"

二、互联网思维相关案例

案例1：雕爷牛腩

一个毫无餐饮行业经验的人开了一家餐馆，仅两个月时间，就实现了所在商场餐厅评价第一名；风险投资（VC）6 000万元，估值4亿元，这家餐厅是雕爷牛腩。

只有12道菜，花了500万元买断香港食神戴龙牛腩配方；每双筷子都是定制、全新的，吃完饭还可以带回家；老板每天花大量时间盯着针对菜品和服务不满的声音；开业前烧掉1 000万搞了半年封测，其间邀请各路明星、达人、微博大号们免费试吃……雕爷牛腩为什么这样安排？背后的逻辑是什么？

案例2：三只松鼠

三只松鼠是一个淘品牌，2012年6月在天猫上线，65天后成为中国网络坚果销售第一；2012年"双11"创造了日销售766万元的奇迹，名列中国电子商务食品类第一名；2013年1月单月销售额超过2 200万元；一年多时间，累计销售过亿，并再次获得IDG公司600万美元投资。

三只松鼠带有品牌卡通形象的包裹、开箱器、快递大哥寄语、坚果包装袋、封口夹、垃圾袋、传递品牌理念的微杂志、卡通钥匙链，还有湿巾。一个淘品牌，为什么要煞费苦心地做这些呢？

雕爷牛腩、三只松鼠虽然分属不同的行业，但又惊人地相似，都是知名的互联网品牌，大家可研究下其成功背后的互联网思维。

看一个产业有没有潜力，就看它离互联网有多远。能够真正用互联网思维重构的企业，才可能真正赢得未来。美图秀秀蔡文胜说：未来属于那些传统产业里懂互联网的人，而不是那些懂互联网但不懂传统产业的人。金山网络傅盛说：产业机会属于敢于用互联网向传统行业发起进攻的互联网人。因此，未来电子商务一定是属于既能深刻理解传统商业的本质，也具有互联网思维的人。不管你是来自传统行业还是互联网领域，电子商务一定属于线上和线下融合的"两栖人才"。

本章小结

当今互联网迅猛发展已经渗透人们生活的各个方面，不断向传统行业渗透和融合，对传统行业提出严峻的挑战。以百度、阿里巴巴、腾讯为代表的互联网公司以及京东、小米、苏宁等的成功证明了运用互联网思维的确为企业发展注入了更大的活力和更强的竞争力。理解和把握互联网思维的主要特征，对于县域干部运用互联网思维开展工作具有重要的实践意义。

第三章
县域电子商务发展面临的机遇和挑战

导读

  电子商务具有成本低廉、交易便捷、资源集约等优势,为经济发展增添了新的活力。近年来,县域电子商务发展表现非常抢眼,县域网店数量呈井喷式增长。发展县域电子商务可让城镇居民更便捷地获得来自农村的优质农产品,方便农村居民获得城市的高质量商品,加速城乡之间的商品流通。因此,县域经济引入电子商务,有助于改变农村传统生产流通方式和消费方式,推动县域经济繁荣,改善城乡居民生活。

知识架构

```
县域电子商务发展面临的机遇和挑战
├── 县域电子商务发展面临的机遇
└── 县域电子商务面临的挑战
```

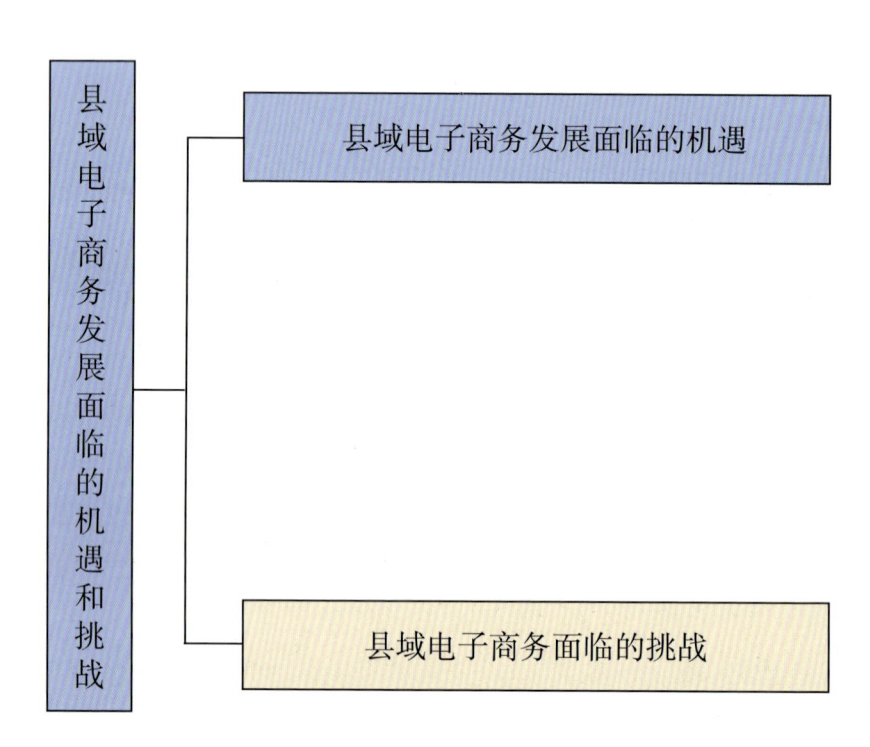

第一节　县域电子商务发展面临的机遇

电子商务对于改变县域之间的传统优势和竞争格局，实现落后地区跨越式发展提供了新的机会。

一、电子商务给县域经济带来的机会

1.促进县域农业发展方式的转变

电子商务是以消费者为中心，通过互联网平台打通生产者和消费者的交易障碍，使交易双方直接沟通和买卖，这样可把农民原先盲目的生产逐渐转向依靠市场需求来定位，拿到订单再生产，从根本上避免了卖货难的问题，这就是"逆向农业"，订单式生产模式。而且互联网、物联网、大数据等开始帮助指导农民生产，进入育种、栽培、施肥、灌溉、收割等多个环节，倒逼精准农业形成，促进现代农业体系格局的形成。

2.促进县域产业结构转型升级

2017年中央农村工作会议提出要推进农村电商发展，促进新型农业经营主体、加工流通企业与电商企业全面对接融合，推动线上线下互动发展。电子商务在县域的发展在渗透到传统产业之中时，能引发深刻的产业变革，催生出新的业态和模式。比如农产品上网，电子商务可以带动配套的生产、加工、存储、物流和电子商务服务业的发展，增加就业和收入，为县域经济注入新活力。在生产制造方面，个性化消费需求倒逼柔性化生产，使按需获取制造资源成为可能。以服装业为例，"小批量、多款式、快速反应"成为普遍的

市场需求，有别于传统服装业的大生产方式。订单农业也会传导在农业生产端，推动农业供给侧结构性改革。

3. 推动县域"大众创业、万众创新"

实施"大众创业、万众创新"是党中央、国务院面对经济下行压力，保持经济中高速发展的重要战略部署，也是县域经济转型升级，一二三产业融合发展，实现脱贫致富的重要举措。电子商务创业初期门槛低，收效快，只要一台电脑，一根网线，注册一个淘宝账户就能开张。随着微信等社交平台的崛起，微商等商业形态也越来越普遍，很多县域城乡青年通过开设微店进行创业，取得成功。同时，电子商务对产品宣传、品牌打造、物流快递等提出了新要求，促进了一批人投入这些领域创业，如一些城乡出现的草根物流，也是当地的创新模式。特别是农村淘宝合伙人模式，更吸引大批青年返乡，成为县域经济实现创新驱动发展的最活跃因素，有力促进了农民增收。

4. 拓展县域消费市场增长点

尽管农民收入水平和消费水平逐年提升，但农村消费环境还不尽如人意，电子商务的"下沉"则为农民购物提供了便捷通道，并逐渐引导农民形成网络购物的消费习惯。研究表明，消费者通过网络零售消费的100元中，约61元是替代性消费，也从线下消费转移到了线上；但是另外的39元，则是因网络购物的刺激而产生的消费增量；而三、四线县域地区的网络零售对于扩大消费、拉动内需的作用则更加突出，新增消费占了57元。许多地方出现了专门为村民代理网络购物的代购客，一般成功购买后收取一定的服务费。农村巨大的消费潜力正被电子商务这个新抓手开掘和释放。也正因为如此，许多电子商务企业和互联网企业积极开拓农村市场，兴起了一轮下乡热潮。

县域电子商务经历了由无到有、由自发到自觉、由草根到组织、由小到大的发展过程。在"互联网+"政策出台以后，带来了政策环境的变化。电子商务平台公司纷纷进军农村市场，截至2018年10月23日，阿里巴巴农村淘宝已经覆盖全国30个省级行政区域，有1 038个合作县和3万多个天猫优品服务站，其中国家级贫困县覆盖313个。京东也在推动京东帮服务站，突破了1 700家。包括苏宁在内的很多互联网企业、零售企业也在进军农村的电子商务。

县域电子商务的园区开始崛起，原先生产厂家、网上商家和服务商是分散的、个别的、独立的，现在开始进入园区聚集，进行线下线上的互动和协作，聚集的效果使得知识和经验传播成本，交流的成本大大降低，从而带来了一个快速的、产业化的集群。根据阿里研究院与伟雅网商俱乐部联合发布的《中国电子商务园区研究报告（2016）》，截至2016年3月，全国电子商务园区数量达1 122家，同比增长约120%，除港澳台外，全国30个省市均已建成电商园区。其中浙江、广东和江苏分别以182、136、113家占据前三位，山东和福建紧随其后，总量占到全国的51%。电子商务园区最集中的10个地级城市是金华、杭州、广州、深圳、宁波、上海、南京、苏州、泉州和天津。

二、县域电子商务发展中的政策支撑

从2015年开始，国家层面出台了多个涉及农村电子商务的政策，县域电商迎来重要的政策机遇。

2015年中共中央、国务院《关于加大改革创新力度加快农业现代化建设的若干意见》（中发〔2015〕1号）中指出："支持电商、物流、商贸、金融等企业参与涉农电子商务平台建设。开展电子商务进农村综合示范。"《中共中央 国务院关于深化供销合作社综合改革的决定》（中发〔2015〕11号）指出："顺应商业模式和消费方式深刻变革的新趋势，加快发展供销合作社电子商务，形成网上交易、仓储物流、终端配送一体化经营，实现线上线下融合发展。"国务院《关于大力发展电子商务加快培育经济新动力的意见》（国发〔2015〕24号）指出："积极发展农村电子商务。加强互联网与农业农村融合发展，引入产业链、价值链、供应链等现代管理理念和方式，研究制定促进农村电子商务发展的意见，出台支持政策措施。"国务院《关于积极推进"互联网+"行动的指导意见》（国发〔2015〕40号）指出："积极发展农村电子商务。开展电子商务进农村综合示范，支持新型农业经营主体和农产品、农资批发市场对接电商平台，积极发展以销定产模式。完善农村电子商务配送及综合服务网络，着力解决农副产品标准化、物流标准化、冷链仓储建设等关键问题，发展农产品个性化定制服务。开展生鲜农产品和农业生产资料电子商务试点，促进农业大宗商品电子商务发展。"国务院办公厅《关于加快转变农业发展方式的意见》（国办发〔2015〕59号）指出："培育新型流通业态，大力发展农业电子商务，制定实施农业电子商务应用技术培训计划，引导各类农业经营主体与电商企业对接，促进物流配送、冷链设施设备等发展。加快发展供销合作社电子商务。"国务院办公厅《关于推进线上线下互动加快商贸流通创新发展转型升级的意见》（国办发〔2015〕72号）指出："支持新型农业经营主体对接电子商务平台，有效衔接产需信息，推动农产品线上营销与线下流通融合发展。鼓励农业生产资料经销企业发展电子商务，促进农业生产资料网络营销。"国务院办公厅《关于促进农村电子商务加快发展的指导意见》（国办发〔2015〕78号）指出："到2020年，初步建成统一开放、竞争有序、诚信守法、安全可靠、绿色环保的农村电子商务市场体系，农村电子商务与农村一二三产业深度融合，在推动农民创业就业、开拓农村消费市场、带动农村扶贫开发等方面取得明显成效。"

《中共中央　国务院关于打赢脱贫攻坚战的决定》（2015年11月29日）指出："加大'互联网'扶贫力度。完善电信普遍服务补偿机制，加快推进宽带网络覆盖贫困村。实施电商扶贫工程。加快贫困地区物流配送体系建设，支持邮政、供销合作等系统在贫困乡村建立服务网点。支持电商企业拓展农村业务，加强贫困地区农产品网上销售平台建设。加强贫困地区农村电商人才培训。对贫困家庭开设网店给予网络资费补助、小额信贷等支持。开展互联网为农便民服务，提升贫困地区农村互联网金融服务水平，扩大信息进村入户覆盖面。"2015年12月31日《中共中央　国务院关于落实发展新理念加快农业现代化 实现全面小康目标的若干意见》指出："促进农村电子商务加快发展，形成线上线下融合、农产品进城与农资和消费品下乡双向流通格局。加快实现行政村宽带全覆盖，创新电信普遍服务补偿机制，推进农村互联网提速降费。加强商贸流通、供销、邮政等系统物流服务网络和设施建设与衔接，加快完善县乡村物流体系。实施'快递下乡'工程。鼓励大型电商平台企业开展农村电商服务，支持地方和行业健全农村电商服务体系。建立健全适应农村电商发展的农产品质量分级、采后处理、包装配送等标准体系。深入开展电子商务进农村综合示范。加大信息进村入户试点力度。"

2016年，国家又继续出台了有关县域电子商务的政策。国务院办公厅《关于深入实施"互联网+流通"行动计划的意见》（国办发〔2016〕24号）指出："深入推进农村电子商务。坚持市场运作，充分发挥各类市场主体参与农村电子商务发展的动力和创造力。促进农产品网络销售，以市场需求为导向，鼓励供销合作社等各类市场主体拓展适合网络销售的农产品、农业生产资料、休闲农业等产品和服务，引导电子商务企业与新型农业经营主体、农产品批发市场、连锁超市等建立多种形式的联营协作关系，拓宽农产品进城渠道，突破农产品冷链运输瓶颈，促进农民增收，丰富城市供应。畅通农产品流通，切实降低农产品网上销售的平台使用、市场推广等费用，提高农村互联网和信息化技术应用能力。鼓励电子商务企业拓展农村消费市场，针对农村消费习惯、消费能力、消费需求特点，从供给端提高商品和服务的结构化匹配能力，带动工业品下乡，方便农民消费。鼓励邮政企业等各类市场主体整合农村物流资源，建设改造农村物流公共服务中心和村级网点，切实解决好农产品进城'最初一公里'和工业品下乡'最后一公里'问题。"

农业部、发展和改革委和中央网信办等8部门联合印发《"互联网+"现代农业三年行动实施方案》（农市发〔2016〕2号）指出："大力发展农业电子商务，带动农业市场化，倒逼农业标准化，促进农业规模化，提升农业品牌化，推动农业转型升级、农村经济发展、农民创业增收。提升新型农业经营主体电子商务应用能力，推动农产品、农业生产资料和休闲农业相关优质产品和服务上网销售，大力培育农业电子商务市场主体，形成一批具有重要影响力的农业电子商务龙头企业和品牌。加强网络、加工、包装、物流、冷链、仓储、支付等基础设施建设，推动农产品分等分级、产品包装、物流配送、业务规范等标准体系建设，完善农业电子商务发展基础环境。开展农业电子商务试点示范，鼓励相关经营主体进行技术、机制、模式创新，探索农产品线上与线下相结合的发展模式，推动生鲜农产品直配和农业生产资料下乡率先取得突破。推进农产品批发市场信息技术应用，加强批发市场信息服务平台建设，提升信息服务能力，推动批发市场创新发展农产品电子商务。加快推进农产品跨境电子商务发展，促进农产品进出口贸易。推动农业电子商务相关数据信息共享开放，加强信息监测统计、发布服务工作。"

2017年中共中央、国务院《关于深入推进农业供给侧结构性改革 加快培育农业农村发展新动能的若干意见》（2016年12月31日）中指出："推进农村电商发展。促进新型农业经营主体、加工流通企业与电商企业全面对接融合，推动线上线下互动发展。加快建立健全适应农产品电商发展的标准体系。支持农产品电商平台和乡村电商服务站点建设。推动商贸、供销、邮政、电商互联互通，加强从村到乡镇的物流体系建设，实施快递下乡工程。深入实施电子商务进农村综合示范。鼓励地方规范发展电商产业园，聚集品牌推广、物流集散、人才培养、技术支持、质量安全等功能服务。全面实施信息进村入户工程，开展整省推进示范。完善全国农产品流通骨干网络，加快构建公益性农产品市场体系，加强农产品产地预冷等冷链物流基础设施网络建设，完善鲜活农产品直供直销体系。推进'互联网+'现代农业行动。"

2018年财政部办公厅、商务部办公厅、国务院扶贫办综合司发布的《关于开展2018年电子商务进农村综合示范工作的通知》强调了贯彻落实改进考核评估体制、更多地体现省负总责的新精神新要求，强化支出责任，推动地方因地制宜开展工作，全面贯彻落实党中央打赢打好脱贫攻坚战和实施乡村振兴战略的新部署新要求，聚焦贫困地区，深入建设和完善农村电子商务公共服务体系，培育农村电子商务供应链，促进产销对接，加强电商培训，带动贫困人口稳定脱贫，推动农村电子商务成为农业农村现代化的新动能、新引擎。

县域电子商务的快速发展得益于各地相关政策的引导、推动和扶持。比如，地处甘肃东南部的陇南市，高度重视本地电子商务的发展，先后出台多项政策，引导支持当地各县电子商务的发展。

陇南市先后制定了《陇南市电子商务发展奖励扶持办法》《陇南市人民政府办公室关于促进快递业发展的意见》《关于加快通信网络基础实施建设支撑电子商务快速发展的意见》等一系列促进电子商务发展的文件。在这些文件中，政府提出了全市电子商务发展的总体要求、基本原则和发展目标，确定了发展重点和保障措施，明确了奋斗目标。同时，着眼于全市电子商务的长远发展，该市建成了强有力的组织领导体系，选调专业人员集中精力推动电子商务发展。

陇南电子商务发展"1333"思路，其主要内容如图3-1。

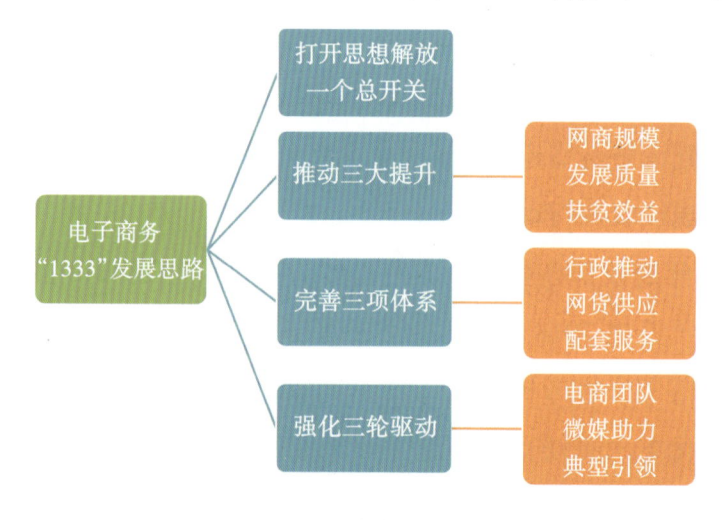

图3-1　陇南市电子商务发展"1333"思路

1.打开"一个总开关",推进思维理念与时俱进

该思路指出,全市广大干部必须加大思想解放和观念更新力度,自觉树立和运用互联网思维,坚定不移地投身于电子商务发展大潮,特别是各县区和相关部门的主要领导,要牢固树立修路架桥是政绩、发展电子商务更是政绩的观念,切实把电子商务工作摆在突出位置,紧盯最新动态,把握最新脉搏,不断开拓创新,当好电子商务发展的时代弄潮儿,维护好陇南电子商务的信誉,努力营造电子商务发展的良好环境,不断深化提升"陇南模式"内涵,全力推进全市电子商务又好又快发展。

2.推动"三大提升",促进电商发展提质增效

一要提升电商规模。在目前电商发展已初步形成气候的地方,加大推动力度,促进电商全覆盖,打造一批淘宝村、淘宝镇。引导传统企业积极触网,开辟销售新渠道。鼓励和支持本地龙头企业利用"互联网+"改造提升传统产业,不断开辟电商发展的新领域。二要提升发展质量。一方面要不断提升网店运营水平,把网店做活做大做强。另一方面要善于挖掘产品内在价值,继续办好名优产品产销电商对接会,重视店铺品牌的建设,培育一批知名电商品牌,不断提高电商发展质量。三要提升扶贫效益。全市上下要立足"试点变示范"高定标准,强力推进试点各项工作,切实提高电子商务在贫困乡村的普及程度和应用水平,为全国开展电商扶贫提供操作性强、可资借鉴的经验。全市广大干部特别是乡镇干部要在开办网店助农增收上出实绩、见实效,积极探索电商扶贫的新途径。

3.完善"三项体系",进一步夯实电商发展基础

一要完善行政推动体系。要加大扶持力度。坚持分类施策,对那些开始规模化发展的电商,重点进行扶持;对那些具备基础和潜

力、愿干能干的企业和创业者,在快递物流等方面提供帮助。要强化监管职能。坚持政府监管和行业自律两条腿走路,建立网销产品质量追溯体系,确保网货质量。要完善用人机制。要建立电商人才使用的绿色通道,只要是经过业务部门和组织人事部门认定的电商人才,可以特事特办,为他们搭建发展平台,吸引更多的人才到陇南发展创业,为全市电商发展提供人才保障。二要完善网货供应体系。要对接市场需求,着力研发适销对路的网销产品。立足陇南独特的生态旅游资源、民族民俗文化资源,充分挖掘特色,力争把陇南打造成农产品网货研发中心。政府要引导广大电商瞄准电商销售的热门品类,不断拓宽网销产品类别,提高电商效益。要整合人才、网货、物流、营销等各方面资源,打造市级网货供应平台,为全市电商提供优质网销产品。三要完善配套服务体系。网络服务方面,要扶持边远地区宽带网络建设,提供稳定迅捷的网络服务。快递物流方面,要加强市县区电商物流中心建设,加强乡镇物流节点建设,解决好农产品物流"最后一公里"的问题。金融支撑方面,要针对电商"小、短、急"的资金需求特点,开发专门的电商融资产品。平台载体方面,要努力提升陇南馆的运营能力和服务水平,鼓励和支持各县区建立自己的运营平台,加快陇南电商产业孵化园建设进度,争取更多电商项目落地陇南市。

4.强化"三轮驱动",为电商发展注入强大动力

一要强化电商团队驱动。各县区和有关部门要把握电商发展团队化的大势,改变原来评优奖励的传统工作方式,把电商发展基金用到电商团队建设、企业品牌店打造等方面,鼓励引导各类人才走团队化发展道路,真正把陇南市的电商做大做强。二要强化微媒助力驱动。要进一步壮大微媒矩阵力量,唱响互联网上的"陇南声音"。

要对陇南产品和网店集中宣传,形成网络关注热度。共青团系统的干部要利用自身优势,争先恐后,走到前列。要在微电商发展上积极作为,特别是在宽带没有覆盖的贫困地区,政府可以拿出一定的资金作为移动终端流量补贴费用,鼓励乡镇干部和贫困群众通过开办微店发展电商,增加群众收入。三要强化典型引领驱动。各县区、各相关部门都要把典型引路作为电商发展的重要驱动,及时发现、挖掘、培育、宣传典型。市县宣传部门要与电商部门紧密协作,发挥全媒体优势,集中力量打造一批重大典型,成为陇南电商的标兵和名片,着力营造全社会比学赶超、万众创业的良好氛围。

陇南市重视电子商务发展,与该市的发展战略有关。该市提出的"433"发展战略(图3-2)将电子商务列为"三个集中突破"之首,作为市县"一把手工程"。

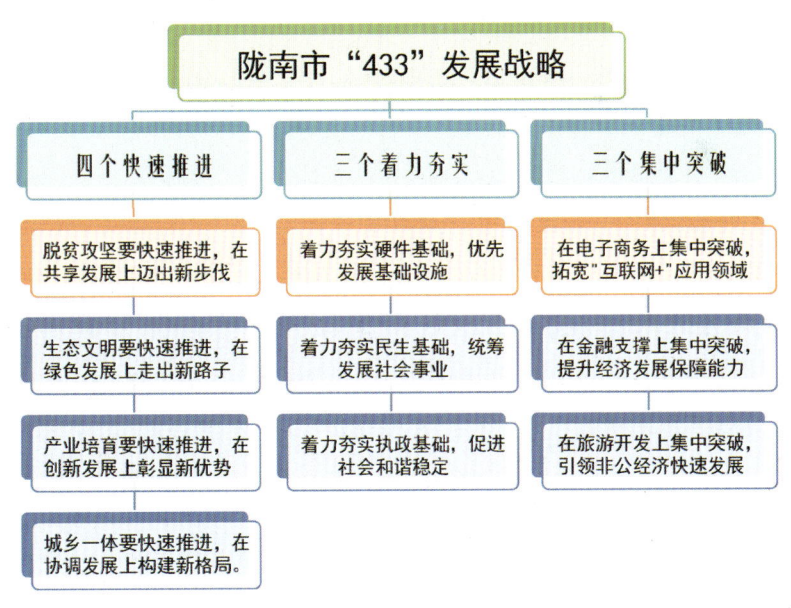

图3-2 陇南市"433"发展战略

陇南"433"发展战略,坚持有所为有所不为,扬长避短,后发赶超,在扶贫开发、生态文明、产业培育、城乡一体等方面快速推进,在基础设施、改善民生、社会治理等方面着力夯实，在电子商务、金融支撑、旅游开发等方面集中突破，全面深化改革，加强党的建设，把陇南建成甘肃向南开放的桥头堡、甘陕川接合部重要的交通枢纽联结地、长江上游生态安全屏障和全国扶贫开发示范区，努力建设幸福美好新陇南。

三、县域电子商务的发展主体

在不同县情条件下，政府、企业、消费者、个体创业者在县域电子商务发展中所起的作用不一样，在县域电子商务不同的发展阶段他们的作用也不一样。在相对贫困、产业基础薄弱的县域，电子商务发展初期政府的行政推动将会占主导地位。随着电子商务的不断壮大与成熟，企业、个体创业者将会成为电子商务的发展主体，并逐渐探索出适合当地实际的商业模式。

下面介绍甘肃陇南市文县畅想电子商务有限责任公司探索的文县优选模式。

文县优选模式是政府扶持企业、企业推动协会、协会为企业培养人才。文县政府以政府购买、委托培训、政策扶持以及购买第三方服务等方式扶持企业发展，为企业发展提供岗位，协会建立电商创业实习基地，培养未就业大学生，为企业输送电商人才。

文县畅想电子商务有限责任公司作为文县扶持的电商企业，成立于2014年12月，是一家以推广文县当地土特产和提供互联网服务为主的电商综合性服务公司。公司以电商协会为主体，整合文县资源，广泛联络县内外企业平台，打造文县县域品牌，推动当地农产品销售。

文县优选网络生活服务平台是文县畅想电子商务有限责任公司

旗下县域电子商务服务平台，该平台由文县优选网络生活超市、文县微生活、文县同城信息服务、文县微商城等几个板块构成。本地用户登录平台可以购买蔬菜瓜果、日常用品，发布便民消息，为用户生活提供便利。

文县优选网络服务平台(图3-3)同时跟各乡镇电商扶贫服务点合作，让农产品通过文县优选商城网络上行到县城，同时县城实惠日常用品也可下行到各乡镇，让农户能切切实实感受到电子商务带来的便利。

图3-3 文县优选网站页面

同时，文县优选当地电商服务平台、旅游业和第三产业融合，解决"吃什么""在哪住""去哪玩""买什么"的问题。

通过本地电商平台，将本地特色美食、乡村景点、旅游线路、农家乐、当地特产、酒店、KTV、电影院、生活服务结合在一起，用户通过平台，就可以轻松订购自己所需服务，方便快捷。

第二节　县域电子商务面临的挑战

县域电子商务虽然取得长足发展，但依然面临很多挑战。这些挑战主要有以下几个方面。

一、电商人才的挑战

1. 电商队伍思想不够解放

在县域，特别是贫困县域，电商人（指直接和间接从事电商相关工作的人，本书统称为"电商人"）对于电子商务的认识还不到位，更不全面和深刻。一方面，县域党政负责人及相关干部内心还不重视电商，认为电商对当地的经济贡献很小，潜力也不大。因此，干部队伍迫不得已被动应付电商相关工作，缺乏主动积极的思考、谋划和落实。另一方面，传统企业对电商还处于观望态度，企业负责人自己不懂，也不愿意学习，对企业触网犹豫不决。一些普通消费者，对于电子商务的畏难情绪和恐慌情绪较浓，担心自己学不会电子商务，以及对电子商务的安全性存疑。

2. 电商干部研究政策不够深入

对电商政策缺乏研究，或研究不透。缺乏申请和制定电商扶持政策的敏感度，申请下来的钱又不敢用，或花不出去。电子商务的一些政策支持基础项目，包括人才、农产品电商、物流，与政府财政体系之前的政策性给予形式差异较大，资金没有参考依据和出处条款。如何规划使用拨付的相关资金，哪些是政府需要掏钱支持的地方，缺乏系统研究。电商扶持政策往往成为政策福利，该扶持的没扶持到,雪中送炭的少,锦上添花的多。有些地区包装项目资金池,操作起来换汤不换药。

3. 电商等对政府的依赖性强

不少电商、网货平台等电商主体开展电商看重的是政府的资金补贴,过于依赖政府的扶持,主观能动性弱。有些电商还不够成熟,热衷于迎合政府做面子工程,摊子铺得大,缺乏有效运营管理。

4. 电商人才培养机制还不完善

县域电商人才是核心主体,培养农村电子商务人才是共识。但操作时,往往将"人才培养"简单处理为"电商培训",培训只是人才培养的一个实施载体和形式。对县域电商的关键角色梳理不够,没有认真分析产品供应商、电商、服务商的特点、作用和需求。他们作为推进一个县域电商的"团队组合",都需要观念、方法、技能上的掌握,才可以相互配合。仅仅培训开网店的创业人员,只是其中的一小部分内容。

人才政策缺乏有效的激励机制。要吸引人,无非是"名"和"利",县域电商将人才的吸引纳入到县域人才的体系中制定与考虑时,激励精准性不够。当然,难以吸引电商人才有些是客观因素造成的。另外,电商主管领导与其他电商主体接触较少,参与营造县域电商氛围不够,在电商上舍得花钱,但舍不得花时间。

二、电商产品的挑战

县域领导最为关心的是农产品上行,也就是将农产品通过电子商务卖出去。但县域电商的网货打造是面临的挑战之一,如何选定和打造县域电商产品是县域电商的发展关键。县域的产品,很多都不算是成形的电商产品,确切说还是农作物。这些产品无法进入电子商务渠道销售，也无法满足顾客需求，很难进行溢价销售。县域农产品在面对电子商务这一新的销售机遇时，其公共品牌的建设、文创包装等成为上行的前置条件。在县域范围内，电商产品的打造很难由个体企业来完成。产品的质量保障体系建设也是挑战之一，没有互联网属性的流通信任依据，大多产品是非标化，需要依赖溯源体系的构建与实施来解决。

同质化竞争加剧。我国电子商务竞争十分激烈，每年有近10%电子商务企业倒闭或者被重组，每年也有许多新的企业进入这个竞争激烈的市场，电子商务的模式和服务也逐渐趋于同质化，面对异常激烈的市场竞争，很多县域缺乏电子商务的产品品牌，难以形成差异化竞争，难以品牌来吸引客户和赢得忠诚。

品牌代表企业或产品的一种视觉的、感性的和文化的形象，存在于消费者心目之中，代表企业产品的全部内容的一种东西，它不仅仅是商标标志，而且是信誉标志，是对消费者的一种承诺。自互联网诞生以来，品牌的理念就延伸到以互联网为服务平台的企业，例如我们熟知的门户网站品牌有新浪、搜狐；熟知的搜索品牌有百度、谷歌等。品牌的建设同样适用于电子商务企业，电子商务企业只有建立一个良好的品牌才有利于长远发展。因此，无论从竞争角度还是从长远发展来说，以互联网为平台的电子商务企业都需要建立一个良好的品牌。

一个良好的电商品牌，一个让大家接受的电商品牌，对于当地的电子商务发展具有强大的推动作用，例如新疆库尔勒的梨、陇南礼县的苹果等。而在有些地区，由于受到地理环境、经济状况、电子商务发展起步晚、基础设施落后等方面的因素影响，当地电商品牌的建设相对滞后。

三、其他挑战

通过国家和地方多年的投入,很多县域基础设施已有较多改善,但与电商发展要求相比,仍然存在差距。

1. 宽带覆盖率、速度及资费标准仍存在不足

县域还存在较多没有覆盖宽带的区域,特别是山区,网络信号不稳定,速度不快,有些地方资费还降不下来。地方政府需要进一步明确宽带作为信息社会基础设施的定位,加大政府投入力度,强化其公共服务性质,提高宽带普及率和上网速率。制定降低资费的阶段性目标,合理确定行业利润水平。

2. 缺乏现代物流体系

物流通达率低和配送成本高,交通不便,道路网络还不够发达,物流通达率较低,许多地方不能被第三方物流覆盖,即便在有物流配送的村庄,物流成本也居高不下。缺乏完善的综合交通运输体系和物流基础设施布局,物流业信息化水平不高。

3. 缺乏电商服务商

县域电商的发展非常需要专业的电商服务商提供专业支持,比如品牌打造、包装设计、摄像摄影、平台选择、网货上架、渠道通路、运营管理等。在有些地方,这些工作最初由政府提供培训,甚至是政府工作人员亲自指导。但随着电商的不断发展,政府无力提供完全的服务,必须发展第三方的电商服务商解决这个问题。

4. 县域电商的供应链尚不成熟

电商压缩了农产品流通的中间环节,但对供应链两端的组织能力提出了更高的要求,线下的供应组织能力是农产品电商发展的关键。

5. 农民增收效益不明显

由于缺乏上网技能和开设网店的经验，普通农户很难进行互联网创业。网络卖家主要是返乡创业者、下乡新农人、转型的经销商或农产品经纪人、合作社等。

本章小结

电子商务对于县域经济转型发展的价值日益显现。一方面电子商务可以促进县域农业、工业的优化升级和现代服务业的创新发展，调整县域产业结构，推进供给侧结构性改革；另一方面电子商务进入农村，能吸引农民返乡创业就业，促进"大众创业，万众创新"，推动农民在当地实现城镇化，并拉动消费，形成新的经济增长点。

同时，县域电子商务的发展也面临着众多挑战，比如，专业人才，优质的电商产品以及物流体系、服务体系等，在发展中应综合考虑各方面的因素，找到县域电子商务高质量发展的解决方案。

第四章
县域电子商务顶层设计

导读

近几年,电子商务凭借互联网本身的开放性、全球性、低成本、高效率,给我国县域经济的增长提供了新出路,同时,随着我国县域电子商务经济的快速崛起,我国县域电子商务生态系统建设的重要性日益凸显。而作为在县域工作的干部,充分了解县域电子商务生态系统,有助于更好地推动县域电子商务的发展。

知识架构

```
                    ┌─── 县域电子商务生态系统构建
                    │
                    ├─── 县域电子商务行政推动体系建设
县域电子商务顶层设计 ┤
                    ├─── 县域电子商务与电子政务
                    │
                    └─── 电子商务发展中政府与市场的关系
```

第一节　县域电子商务生态系统构建

一、县域电子商务生态系统概念

2014年1月21日，阿里研究院发布了国内首份县域电子商务研究报告。报告指出，中国县域电子商务正处在快速崛起阶段，电子商务对于县域经济和社会发展的战略价值日益显现。2014年10月，阿里巴巴集团启动农村淘宝"千县万村"计划，5年内投资100亿元，建立1 000个县级运营中心和10万个村级服务站，将其电子商务的网络覆盖到全国1/3强的县以及1/6的农村地区。

大多数学者使用的电子商务生态系统定义归于商务生态系统的一种，是由电子商务核心交易企业、金融服务企业、物流服务企业、政府等组织机构以联盟或虚拟合作等方式通过互联网平台分享资源，形成的一种生态系统，其成员间信息共享、协同进化，实现自组织和他组织。系统主要由领导种群、关键种群、支持种群等构成。从生态链的角度来看，电子商务生态主体由生产者、传递者、消费者、分解者等构成，其中生产者主要是指卖家和企业，在交易活动中其占主导角色，是生态系统中其他主体的服务对象。传递者主要是指电子商务生态系统中传递信息的媒介和通道，主要包括门户网站、交易平台等，是生态系统中其他主体依赖的信息通道。分解者主要是指为电子商务生态系统中主体提供有价值信息的政府机构、科研机构、进入机构等，通过对信息的分解、分析和加工，为主体提供有价值的信息，包括物流公司、金融机构以及相关政府等。消费者主要是接收并使用信息的组织，主要包括终端消费者和其他。电子商务生态系统中的4个主体有时会出现一些重合,如卖家和企业也同样是一些信息的消费者。生态系统中信息的传递和分解最终目的都是为了末端的消费。大多数学者研究皆以阿里巴巴等大型电子商务平台为主导,主要研究电子商务生态系统的构成和各个种群之间的互动。

二、县域电子商务生态系统构成

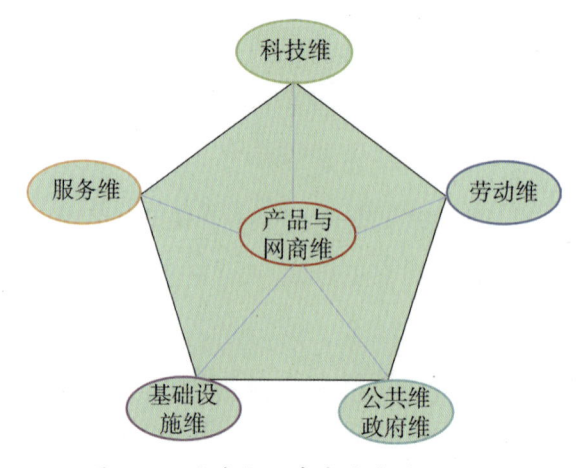

部分学者研究了县域电子商务生态系统的构成。电子商务生态系统的建设对于电子商务发展环境的良性循环具有重要意义,罗龙艳指出,电子商务生态系统的建设将有利于电子商务环境的良性发展,整合与之相关的行业产业链上的各个角色,充分发挥生态系统中角色的作用,并实现每个角色的价值作用"1+1>2"。他还指出,电子商务生态系统将有助于县域经济的可持续发展,使之不依靠过度开发县域生态资源换来短期的经济增长,而是遵循循序渐进的原则保障县域经济的可持续发展,为县域经济的快速增长提供源源不断的动力,这将有利于县域电子商务企业全面健康的发展。县域电子商务生态系统体系模型如图4-1。

图4-1 县域电子商务生态系统模型

1. 产品与电商维

在产业生态系统这一多维服务体系中，第一维为生产维，指的是在地域内聚集的众多相互依存、相互协作的企业，包括专门从事产前的、产中的、产后的、横向的和纵向的配套、协作企业，外围的企业等。在县域电子商务生态系统中，核心维度即该区域内的特色产品及将产品推向各地的最活跃的主体——包括电商企业在内的电商群体。虽然每个县域电子商务发展驱动力不同，如义乌小商品城的电商换市、清河羊绒的电商转身、江苏睢宁从淘宝村到淘宝县的跨越及广东揭阳的大众创业的淘宝村等，但是各个县域所拥有的特色产品和勇于尝试的电商群体是其发展的核心保证。阿里研究院在2015年中国县域电子商务研究报告中显示，中西部"亿元淘宝县"超过120个，通过互联网越来越多的小县域及其特色产品对接到大市场，将产品销往全国各地甚至海外。

2. 科技维

产业生态系统的科技维指的是在系统内形成的科研、设计、实验体系。随着电子商务的发展与成熟，电子商务越来越体现出系统特性，从营销重心逐渐转到多重心发展，包括产品创新、营销创新、服务创新等多维发展。在县域电子商务生态系统中，产品创新带来了越来越多的活力，如安溪电商对茶叶产品进行的不断创新。在这个创新体系中，不仅应包括企业本身的创新，企业更应该与相关院校或科研机构进行合作，巩固该县域内的核心产品的竞争力。

3. 服务维

产业生态系统中的服务维指的是在地域内各种专业为产业提供方便快捷的市场和信息服务、营销服务等的服务型企业。电子商务是随着互联网的发展而发展起来的一种新型商业形态，从一开始它就呈现与信息技术密不可分的特性。因而，随着电子商务的发展，一批服务于电子商务企业的企业不断涌现并发展成熟，目前这些服务企业贯穿了电子商务交易活动的各个环节。包含电子商务交易平台、电子商务信用企业、电子商务认证企业、电子商务物流企业、电子商务代运营企业、电子商务咨询企业、电子商务教育培训企业、电子商务信息技术服务企业、电子商务金融服务企业、电子商务安全服务企业等。电子商务作为基于信息技术的综合性产业，服务其各个层面的服务业兴衰很大程度决定了电子商务的发展水平。因而，县域电子商务生态系统服务维所包含的这些不同层次的服务企业的发展及水平在以一定程度决定着该地电子商务的发展。

4. 劳动维

产业生态系统中的劳动维指的是各配套及相关产业的熟练劳动大军、相关的专业人员队伍、精通相关管理和市场营销、掌握相关业务关系网络的管理人员队伍。电子商务是随着互联网的发展而发展起来的新兴商业形式，是信息技术、基础设施、商业流程、产品和服务等构成的复合体，这样的基因决定了电子商务人才必须是一种多层次、综合型、实践型的人才。然而矛盾的是电子商务实践远远超前于理论的发展及人才的培养，电子商务人才是在持续的实践中成长起来，缺乏有效的人才培养体系。因而，电子商务人才培养一直是电子商务产业发展的瓶颈，而在电子商务新应用不断出现的背景下，跨境电子商务、移动电子商务人才缺乏更是明显。

5. 基础设施维

产业生态系统中的基础设施主要指一个产业发展所需的基础设施，如机场、通信设施对于高新技术产业的重要性；铁路、港口对于运输依赖型产业的重要性。县域电子商务生态系统的基础设施主要指该地区内电子商务发展所需的基础设施,如公共网络、铁路、机场、公路、仓储设施等。电子商务的本质是商务,信息流、资金流、物流仍是电子商务活动的本质。在电子商务模式下,信息流与资金流基本通过信息技术手段完成,因而县域内物流发达水平很大程度上会影响该地的电子商务发展。

6. 公共维或政府维

产业生态系统中的公共维或政府维主要是指为了维护系统内的产业发展,地方政府应提供相关的支持政策、法规与服务,维护良好的产业发展环境和秩序,维护生态环境,并在必要的时候,主导某种适宜的产业组织的壮大和发展;相关的金融、信贷服务机构进行合理的产业园区规划,建设基础设施和公共设施,创建与产业发展相宜的人文氛围。电子商务作为一种新型市场交易模式,存在着安全性不高、竞争机制混乱以及相关法律制度不健全的问题,为有效维护商务市场的健康发展,政府部门必须要加强对商务电子市场的监管。另外,地区电子商务的发展需要地方政府的支持与扶持,需要政府进行宏观规划与协调,并制定有利于本地电子商务发展的优惠政策,真正形成电子商务发展的有利环境。地区政府对电子商务的重视程度可以从政府相关政策及规划看出,而政府对电子商务的引导和支持是县域电子商务发展的保证。随着电子商务对各地经济的影响增大,国家及各地政府也相继出台诸多的电子商务相关政策以加强加对市场的监管。

第二节　县域电子商务行政推动体系建设

县域电子商务发展中，在电商环境发展缓慢的情况下行政推动必不可少。行政推动可以快速将电商发展的相关要素齐备，推动本区域的电商生态建设。本节以电商扶贫行政推动体系建设为例，阐述行政推动体系建设工作思路，如图4-2所示。

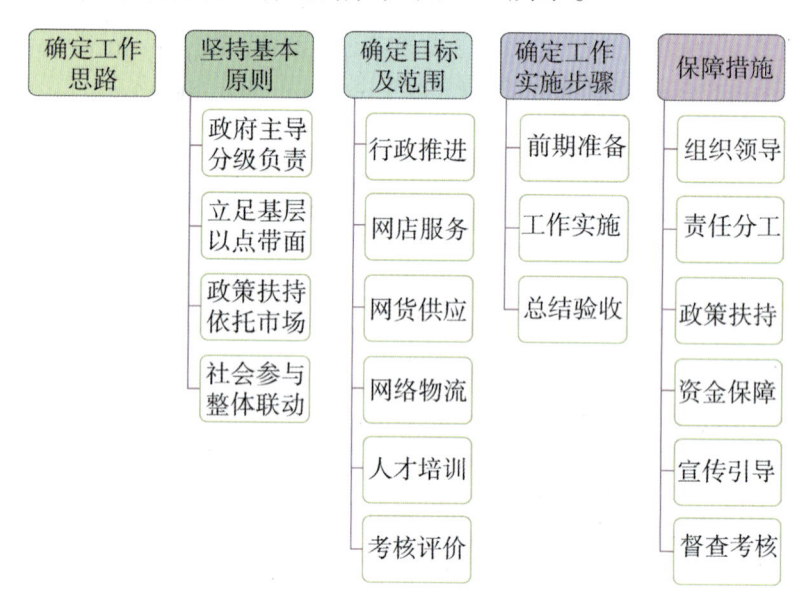

图4-2　电商扶贫行政推动体系工作流程

一、确定工作思路

要按照国家、省、市、县相关县域电子商务发展政策确定工作思路，如以扶贫开发为主要工作的县域，可以将电子商务纳入扶贫开发工作体系，以全县贫困乡镇为重点区域，以建档立卡贫困村贫困户为重点对象，按照科学扶贫、精准扶贫的要求，通过发展电子

· 104 ·

商务推进县域特色农产品销售,宣传推介县域丰富独特的旅游资源,扶持发展当地特色产业,帮助贫困群众增收致富,培育电商扶贫新品牌,为扶贫开发开辟新路径、探索新模式。

二、坚持基本原则

电商扶贫是以行政推动为主要手段,但是政府还是要做到"不越位、不缺位",要有主导、有立足、有依托、有参与,这样才能更好地推进电商扶贫的实施。具体原则如下。

1. 政府主导、分级负责

按照"市抓统筹、县为主体、乡镇落实、到村到户"的原则,充分发挥各级政府在电商发展、扶贫开发等方面的主导作用,促进电子商务与扶贫开发的深度融合,积极创造有利于推进电商扶贫的内外部环境,发挥驻村工作队的作用,调动企业和群众参与电商扶贫的积极性和创造性,加快电子商务在贫困乡村的推广应用。

2. 立足基层、以点带面

坚持以基层实践推动政策体系和工作机制的完善,选择代表性强、社会参与度高的贫困乡、村开展试点,通过试点探索完善电商扶贫措施和路径,形成可复制的电商扶贫工作模式,在更大范围全面推广。

3. 政策扶持、依托市场

政府主要通过完善政策、创新机制、搭建平台以及人才培训、信息服务、技术指导等方式积极推进电商扶贫试点。同时,充分发挥市场机制在农村电商扶贫中的决定性作用,突出企业和市场的主体地位,处理好政府与市场的关系。

4. 社会参与、整体联动

整合政府和其他各方面的社会资源，借助国内主要电商企业的力量和优势，发挥市场化电子商务平台和电子商务服务商的作用，激发贫困群众利用电子商务或参与电子商务产业链的积极性，形成电商扶贫的联动机制。

三、确定目标及范围

通过分析县域发展现状，制定细致的电商扶贫规划，把电商扶贫作为一个系统工程来谋划，通过试点，建立一个完整的县域电子商务推进体系，包括行政推进、网店服务、网货供应、网络物流、人才培养和考核评价，搭建农产品网上销售新平台，拓展农村信息服务新领域，发挥电子商务在扶贫开发中的重要作用，总结积累电商扶贫工作经验。

1. 行政推进方面

在县（区）乡（镇）村建立电商扶贫领导机构和工作机构，层层组建电商协会，专门负责电商扶贫的政策制定、顶层设计、协调指导、工作推进、检查考核等。

2. 网店服务方面

可以通过建立县级电商扶贫产业孵化园，乡镇电商扶贫服务站，每个乡镇扶持发展示范网店。同时，在试点村设立电商扶贫服务点，每个村至少开办1个电商扶贫网店，作为电商扶贫的"码头"，形成完备的电商扶贫服务体系。

3. 网货供应方面

根据贫困村和农户实际确立特色产业主打产品，组织指导标准化生产，提供适宜网络销售的优质产品。扶持农产品加工企业，通过产业化经营模式带动农户从事网货生产加工，建立完善的供应体系；通过认证一批网货供应定点企业，为网店提供丰富充足的货源。

4. 网络、物流方面

加快贫困乡村宽带网络建设步伐，利用无线、有线相结合的办法，扩大通信网络覆盖面。扶持物流企业在贫困乡村设立快递代办点，建立完善的网络物流体系，鼓励发展面向乡村的"草根物流"，降低农村网店运营成本。

5. 人才培训方面

根据工作需要制订培训计划，整合现有各类培训资源，有针对性地开展多层次培训。为每个试点村至少培训1名电商应用人才和合格的信息员，每户至少有1人参加农业实用技术培训，实现电商扶贫管理人员培训全覆盖。与高等院校合作建立专业的电商人才培养基地和师资队伍，为电商扶贫提供强有力的人才保障。

6. 考核评价方面

在考核电子商务发展的主要指标如网店数、销售额的同时，突出考核带动贫困村、贫困户外销农特产品，帮助贫困农户增收致富的情况。把发展电子商务的情况与扶贫开发工作同步安排部署，同步检查考核，同时兑现奖罚。将每项任务进行细化分解，落实到乡镇一级，确保任务的执行力度。

四、确定工作实施步骤

根据县域实际情况，整合资源，按照前期准备、工作实施、总结验收3个阶段，可以使电商扶贫有条不紊地进行，也能充分发挥电子商务促进精准扶贫的作用。

1. 前期准备阶段

制订完成电商扶贫试点工作方案，上报上级部门对电商扶贫实施方案进行专项评估，完成评估后对方案进行正式批复，全面启动试点工作。

2. 工作实施阶段

第一步：编制规划。由本县域围绕试点目标和重点工作任务，制定电商扶贫试点实施规划和工作计划，分阶段梳理需要抓好的重点工作和需要实施的重点项目，明确具体目标，确定各相关部门的职责任务和工作流程，编制电商扶贫试点的项目计划，并抓好试点项目的工作。

第二步：项目实施。按照电商扶贫各项重点工作任务，各级各部门立足各自的工作职能和实际，全面实施基础设施建设、服务体系建设、产业培育发展、人员培训等各类项目。

3. 总结验收阶段

村、乡、县，"由下到上"逐级自查，形成试点工作自查报告。由上级分管进行检查验收，对照试点方案和相关项目规划的指标要求，对试点工作各项预期目标进行考核评估，对工作、成效进行全面总结提炼，形成试点工作总结评估报告，对形成的工作经验和有效方法在其他贫困乡村进行推广。

五、保障措施

电商扶贫是一项系统性工程，涉及面广，任务繁重，必须举全县域之力，齐抓共管，共同推进。

1. 加强组织领导

成立电商扶贫试点工作领导小组，专门负责汇报衔接试点工作相关事项，制定实施方案和地方配套政策，筹措地方配套资金。领导小组下设办公室，负责统筹组织、协调指导、实施项目和资金分配、管理、使用、监督等工作，协调解决试点工作中遇到的困难和问题，整合各方资源和力量，确保试点工作顺利推进、圆满完成、取得实效，各乡镇也要成立相应的领导小组和协调机构。同时，县级政府成立由政府部门、知名电商企业、电商科研机构、公益扶贫机构、新闻媒体等相关力量组成的电商扶贫推进联盟，加强县域电子商务扶贫智库建设，促进电商扶贫跨界合作。

2．严格责任分工

各相关部门围绕电商扶贫试点工作，落实责任、明确分工。财政部门负责做好电商扶贫配套资金保障工作，制定出台财政奖励扶持办法；扶贫部门会同商务、电商部门，做好项目规划编制、立项、实施，抓好信息对接、教育培训、学习交流、资源共享等工作；交通部门负责试点村通村道路的硬化和物流快递点的建设工作；工信部门会同电信、移动、联通等企业，做好试点村网络覆盖工作；农牧、林业、扶贫等部门负责做好试点村特色产业发展的扶持、指导、培育、认证、质量监管等环节的工作；统计部门负责抓好有关数据监测和分析；审计部门负责抓好电商扶贫资金使用、项目建设的审计工作；税务部门负责制定出台电商扶贫税收优惠扶持政策；招商部门负责制定出台电商扶贫招商引资优惠政策，会同扶贫、商务、电商等部门开展电商扶贫招商引资工作；金融办和各类商业银行负责搭建银企对接平台，为电商扶贫提供积极的金融支撑；宣传、广电部门负责抓好相关宣传报道工作；其他部门都要立足各自职能和工作实际，为电商扶贫提供必要的支持和服务。积极争取和鼓励国家定点帮扶单位参与帮扶县区的电商扶贫试点工作，给予人才、信息、技术、资金等方面的支持,并通过网络宣传、推介和销售本地特色产品。充分发挥双联单位和驻村工作队的作用,积极引导贫困群众大力发展符合自身资源的富民增收产业,协调开展技能培训和劳务培训,协助指导贫困农户开办网店,鼓励农户网上销售农特产品,购买生产生活资料,达到增收减贫的目的。

3. 强化政策扶持

找准电子商务与扶贫开发工作的对接点,积极汇报衔接,争取把电商扶贫纳入国家、省扶贫政策支持范围,争取上级扶贫项目、资金和政策支持。积极争取将电商扶贫有关企业纳入贷款贴息项目实施范围,加大金融扶持力度。积极争取国家、省等相关部门在本地进行电商扶贫平台建设、电商扶贫服务体系建设、电商扶贫产业培育、电商扶贫人才培训等方面给予支持。立足电商扶贫工作实际和需求,研究制定电商扶贫规划、财政奖励扶持办法、税收优惠政策、金融支撑机制等地方配套政策。建立电商扶贫工作激励机制,对在电商扶贫工作中做出优异成绩的各级干部,在提干任用、职称晋升等方面给予倾斜;对电商扶贫工作成绩突出的先进乡镇、部门、行业,在年度工作综合考核中加大权重分值;对在电商扶贫中做出突出贡献的社会团体、企业和社会人士,在法律和政策许可范围内给予奖励。

4. 加强资金保障

县级财政根据实际需要,每年将电商扶贫试点工作经费纳入财政预算,由电商扶贫试点工作领导小组统筹安排,建立相应的资金管理、使用机制,确保电商扶贫专项资金安全、高效使用,保证电商扶贫试点工作顺利开展。同时,引导传统金融企业向电商扶贫拓展业务,鼓励、支持银行机构加大对电商扶贫自主创业人员的小额信贷支持和电商扶贫企业的融资服务,合理引导社会资金参与电商扶贫。

5. 加大宣传引导

充分发挥微博、微信等新媒体的作用，灵活运用微博话题、微信栏目，对试点工作持续开展微直播、微访谈、微调查，准确地发布权威信息、定期发布重点工作、适时通报工作进展、及时征询了解各方意见建议等，赢得各界关注、支持，参与试点工作。坚持通过县内外广播电视、报纸杂志等传统媒体，对试点工作进行跟进宣传，号召社会各方积极参与。依托"双联"行动，组织双联单位和干部进村入户开展宣传，发挥村级组织和群众主体作用。组织、鼓励在外务工人员开通微博微信，广泛宣传本地特色农产品、旅游资源和电子商务，提高本地特色产业和电商扶贫的知名度。

6. 严格督查考核

研究制定电商扶贫考核办法，突出考核对贫困乡村和农户的带动增收成效。由试点工作领导小组办公室统筹协调，商务、扶贫、电商、督查部门具体落实，对电商扶贫工作建立健全月督查、季通报、半年分析、全年考核机制，加强日常督查、专项督查、阶段性督查，推动各项重点工作任务落实。各乡镇、县直有关部门，要立足实际和试点工作需要，按照本方案细化制订具体实施方案，确保电商扶贫试点工作取得实效。

第三节 县域电子商务与电子政务

一、电子政务

（一）电子政务定义

电子政务是运用计算机、网络和通信等现代信息技术手段，实现政府组织结构和工作流程的优化重组,超越时间、空间和部门分隔的限制,建成一个精简、高效、廉洁、公平的政府运作模式,以便全方位地向社会提供优质、规范、透明、符合国际水准的管理与服务。

(二)电子政务主要内容

电子政务的主要内容有如下几个方面:①政府从网上获取信息,推进网络信息化。②加强政府的信息服务,在网上开设政府自己的网站和主页,向公众提供可能的信息服务,实现政务公开。③建立网上服务体系,使政务在网上与公众互动处理,即电子政务。④将电子商业用于政府,即政府采购电子化。⑤充分利用政务网络,实现政府无纸化办公。⑥政府知识库。

(三)电子政务特点

相对于传统行政方式,电子政务的最大特点就在于其行政方式的电子化,即行政办公的无纸化、信息传递的网络化、行政法律关系的虚拟化等。电子政务使政府工作更公开、更透明;电子政务使政务工作更有效、更精简,电子政务为企业和公民提供更好的服务;电子政务重构政府、企业、公民之间的关系,使之比以前更协调,便于企业和公民更好地参政议政。

(四)电子政务产生的背景

1. 信息技术的推动

信息经济的辉煌得益于微电子技术、计算机技术、IT、互联网及电子商务,然而国家政府部门如果全面实行政务电子化,由传统政府形式转型为电子政府,无疑会使社会生产力得到更大程度的释放。

如何运用互联网技术构建"互联网+电子政务"、实践电子政务,以电子化、自动化手段提高行政效能和行政管理水平,从而更科学更有效地为企业、公众和整体经济、社会服务,在当今信息时代已成为政府越来越紧迫的一项工作。

2. 社会资源的有效利用

随着改革的深入，越来越多的公民、法人和其他组织迫切希望在网上获取政府信息，享受政府服务。作为有重要价值的国家资源，政府信息属公共所有，政府有必要也有责任向公众提供具有权威性和指导性的电子信息服务。

政府是社会信息资源的最大拥有者，同时也是信息资源的最大使用者。从我国现阶段的情况看，政府的信息资源最多，占总信息资源的80%。因此，政府应当在信息资源开发利用方面先行一步。不仅政府内部需要信息交流，也需要让社会公众及时了解政府的信息。这种大信息量的访问和共享需要一个可靠和稳定的网络环境。

建立社会主义市场经济体制，就是要使市场机制对资源配置发挥基础性作用，使经济活动遵循价值规律的要求，适应供求关系的变化。市场行情瞬息万变，信息比以往任何时候都显得重要。无论是经济结构的调整优化，还是经济全球化的发展；无论是高新技术产业的开拓，还是把农业推向市场，都离不开信息的引导。而先进信息技术的应用，可以大大改善政府的信息采集、加工、传递和利用的方式，使政府在履行职责时，具有良好、充分的技术支持手段，以适应国内经济和社会的发展，适应日益激烈的国际竞争和错综复杂的政治经济环境，更加有效地为公众服务。

3. 信息时代民主政治的需求

信息是理性沟通的基础，而理性的沟通又是民主的前提。信息技术为民主的发展提供了物质技术基础，而这一基础又将把民主推向更高的层次。

在我国，知晓并监督政府的决策是人民当家做主的重要途径，其中最有效、最快捷的方式就是政府行为过程透明，并在广泛的范围内公开，从而吸引社会公众的关注与参与。

实施电子政务，政府能大大拓宽社会公众行使民主权利和参政议政的渠道，在法律允许的范围内，将公众关心的热点、难点、重点问题以及涉及公众利益的问题广而告之，使公众有更多的机会了解政府在做什么、在怎么做，并可以及时地以多种方式表达自己的意见，参与决策过程，获得政府具体、个性化的信息服务。

实施电子政务，可以利用信息技术提高政府的运行效率，使政府的决策建立在及时、准确、可靠的信息基础之上，以便更好地为社会服务。

（五）电子政务的模式

电子政务依施行的对象和工作内容可分为：

第一，政府与政府的电子政务（G2G），也就是政府上下级、部门间利用电子公文系统传送有关的政府公文，以提高公文处理速度；或是利用电子办公系统完成机关工作人员的许多事务性的工作，如下载政府机关经常使用的各种表格，报销出差费用等，以节省时间和费用，提高工作效率。

第二，政府与企业的电子政务（G2B），例如通过网络公布政府采购与招标资讯的电子采购与招标系统，除可减少徇私舞弊的弊端，使政府采购成为阳光作业；对参与政府采购的中小企业来说，也能降低企业的交易成本。更方便的是，企业也可经由电子证照办理系统，通过网络，即可办理各种证件和执照的申请、登记和变更等。

第三，政府与公众的电子政务（G2C），政府通过网络为民众提供的各种服务，例如开设人才中介服务入口网，为求职者提供就业资讯及职缺媒合服务；或者通过政府网站提供医疗保险、医药等资讯；甚至通过电子报税系统申报个人所得税、财产税等；而通过电子证件服务可办理结婚、出生、死亡证明等有关证书。

二、电子政务的发展阶段

电子政务的发展一般经历如下阶段。

1. 网络建设阶段

网络建设阶段，政府部门在统一的标准下建设各自的局域网，实现单个机构内部的信息资源共享，建成政府内部的信息流程。在此过程中，政府在网站上发布和提供的信息逐步增多，并且更加及时和全面。但公民获得的电子服务仍然主要是以政府为中心，即政府与公民之间单向互动。

2. 政府与公民互动阶段

政府与公民互动阶段包括了政府与公民之间的单向和双向互动。如公民可以从政府网站上下载各种所需的文件、资料与申请表格等信息，并且能够通过网络将相关内容及时传递给各部门。但此阶段公民仍然需要在网络上访问多个部门网站，由原本跑多个部门转变为访问多个网站，原先已经存在的职能交叉问题依旧没有得到解决。

3. 垂直整合阶段

垂直整合阶段主要是在政府机构内部进行整合。一般情况下是以部门为单位，并结合机构改革的契机，遵照公民的需求，运用电子政务的信息技术，考察机构内部存在的层级矛盾和体制不顺等问题，进行合理的改革。

4. 水平整合阶段

水平整合阶段主要是在政府机构之间进行整合，即充分运用中央的权威与机构改革的契机，来清理部门之间的职能交叉问题，并运用信息技术加以解决。

5. 虚拟政府阶段

虚拟政府阶段主要是在以上 4 个阶段工作已经完成的基础上，最终得以为公民提供以公民为中心、一站式和无缝隙的公共服务，即公民能够在网站上方便地实现所有与政府打交道的事物。对于公民而言，政府在此阶段才真正由原来的物理实体转变为网络站点，由原来的分散结构转变为一体化的网络门户，由原来的管理主体转变为服务中心。

三、电子政务的作用

推动电子政务的发展，可以带来以下 5 个方面的好处。

1. 可以提高政府的办事效率

依靠电子政务信息系统，一个精简的政府可以办理更多的公务，行政管理的电子化和网络化可以取代很多过去由人工处理的烦琐劳动。

2. 有利于提高政府的服务质量

实施电子政务以后，政府部门的信息发布和很多公务处理转移到网上进行，给企业和公众带来了很多便利，如企业的申报、审批等转移到网上进行，可以大大降低企业的运营成本，加快企业的决策速度，这又从另一个方面促进了经济的繁荣。

3. 有利于增加政府工作的透明度

在网上发布政府信息，公开办公流程等，保护了公众的知情权、参与权和监督权；政务的公开又拉近了公众和政府的关系，有利于提高公众对政府的信任。

4. 有利于政府的廉政建设

电子政务规范办事流程，公开办事规则，加强了和公众的交互，有利于促进政府部门的廉政建设。

5.提高了行政监管的有效性

20世纪90年代中期,我国开始建设的"金关工程""金税工程"等,从近几年的实施看,大大加强了政府部门对经济监管的力度。"金关工程"和"金税工程"的实施大大减少了偷税、漏税和出口套汇等,增加了国家的财政收入;公安部门的网上追逃也取得了显著的社会效益。

四、县域电子商务与电子政务的关系

（一）电子商务对电子政务的推动作用

随着Internet在全球的迅猛发展和广泛应用,电子商务越来越受到人们的关注。相对电子政务而言,我国电子商务起步较早,它的建设与发展,为电子政务奠定了良好的基础,它们之间的发展是辩证统一的。

1.电子商务对电子政务的发展提供经济和技术支撑

电子商务在国民经济信息化中发挥重要作用,一方面其发展有助于巩固电子政务发展的经济基础,同时还为电子政务的发展提供技术支撑。另一方面随着网络技术的不断发展,网络基础设施建设也不断加快,很多技术层出不穷,如电子密钥、电子认证系统的开发,网上支付系统的开发与应用等。这些技术手段都可以直接为电子政务所利用。另外,伴随电子商务活动建立的法律法规等,也是电子政务建设和发展所必需的基础保障。

2.电子商务的实践能够为电子政务建设提供宝贵经验

电子商务在其发展过程中积累了很多宝贵的经验,尤其在一些关键技术应用上,为电子政务建设提供了很好的范例。如电子商务

的标准化建设，企业业务流程重组，企业资源计划，客户关系管理，供应链管理等。这些理念和方法都可以应用或移植于电子政务。

（二）电子政务对电子商务的促进作用

1. 电子政务的发展必然会推动企业间电子商务的发展

在经济交易领域中，企业与企业间的交易是大型的，而且他们之间的交易通过电子商务也容易实现，并能够产生很大的经济效益。但是，如果对于企业而言，信息化程度和水平不高就会严重制约企业与企业之间电子商务活动的开展。目前，政府进行网上采购就是政府与企业之间开展的一种电子商务活动，如果有效地将电子商务引入这个活动中，将会极大地促进企业与企业之间电子交易的发展。这种利益引导比理论劝导更直接、更有效。所以，为了推进企业与企业间电子商务活动的发展，政府可以采用网上采购，以此来带动企业的网上采购。

2. 电子政务的发展必然会促进信息化基础设施的建设

电子政务和信息基础设施建设二者息息相关、相辅相成，电子政务的发展必然会带动政府信息基础设施的建设步伐。对于政府而言，政府信息基础设施建设包括政府信息系统和政府信息网络的建设等。随着电子政务系统的不断完善使得政府不再游离在网络之外，它会成为 Internet 与 Intranet 的一部分，那么企业就可以开展对政府的电子商务，电子政务开展后，也能推进公众网上采购行为的发生，继而也会产生网上采购行为。

3. 电子政务对企业电子商务具有保障和推动作用

电子政务带动了我国信息化相关政策法规、标准规范的研究与制定，为电子商务的发展创造了良好的政策制度环境，极大地保障和推动了企业电子商务的发展。电子政务对电子商务的促进在企业电子商务系统决策模型中,一方面,企业电子商务从电子政务中自动获得政策信息,另一方面要及时跟踪电子商务系统中的政府政策数据,并及时将政策的变动在电子商务系统中反映出来,保证了企业决策的适时性和现实性。

4. 电子政务对企业具有一定的监督与服务作用

政府作为国家管理部门,它是为企业服务的,但同时它也具有监督企业的商业行为,两者之间的这个关系界定如果不清楚,企业就难以得到快速发展。目前,大多数企业通过在电子政务的支撑下,不仅获得许多免费而及时的企业信息,而且可以通过电子政务平台开拓新的市场。

总之,电子商务与电子政务两者之间相互依赖、相互促进、密不可分。在全球信息化高速发展的今天,我们如果采取有效措施,共同实现电子商务与电子政务协调发展。

第四节 电子商务发展中政府与市场的关系

近年来我国电子商务发展迅猛,不仅创造了新的消费需求,引发了新的投资热潮,开辟了就业增收新渠道,为大众创业、万众创新提供了新空间,而且电子商务正加速与制造业融合,推动服务业转型升级,催生新兴业态,成为提供公共产品、公共服务的新力量,成为经济发展新的原动力。与此同时,电子商务发展面临管理方式不适应、诚信体系不健全、市场秩序不规范等问题,本节将探讨在电子商务发展中政府与市场的关系,帮助广大干部理解政府的监管市场,维护企业和消费者的合法权益,推进电子商务网络经济市场的健康发展。

一、电子商务市场发展的问题

近年来，我国电子商务市场发展迅速，涉及电子商务市场的数量不断增多，经营的领域不断拓宽，电子技术、信息技术和网络技术在推动贸易投资活动方面起到了举足轻重的作用。总的来看，我国电子商务市场仍处于初步发展阶段，电子商务市场行政监管相对应的法律环境和法律依据还需加强和完善，加之网络技术的发展创新速度快，新事物层出不穷，每一项新技术、每一种新模式都会给传统市场带来较大的变革，很多问题很难进行准确的定性和量化分析。网络交易行为造成消费者权益保护和网络信息安全等方面的问题。

1. 市场主体方面

各类市场主体的定义以及相关的法律、社会地位、责任、义务不明确或缺失；各类合法的生产、经营及服务行业通过网站自行发布企业的基本信息（工商登记、生产经营资质等），来源复杂，不同的网站对同一企业的基本信息说法不一，相关企业和消费者对其真实性、合法性难以辨别，可信度低。

2. 市场客体方面

各类合法的生产、经营及服务行业发布的商品基本信息，来源复杂，不同的网站对一同商品的基本信息说法不一，相关企业或消费者对其真实性、准确性、完整性难以辨别，可信度低；网上存在大量假冒伪劣商品信息机虚假广告信息，误导消费者，对电子商务市场的发展环境造成负面影响；网络广告泛滥，有的网站还强迫浏览者必须打开或阅读相应个数和相应时间的广告后才能看到该网站的主要内容，很多网络广告存在虚假宣传、夸大功效、价实不符等违法行为。

3. 市场交易方面

网上违禁商品、假冒商品等非法交易时有发生，电子商务中商品质量难以保证。在电子商务活动中，交易双方从浏览商品、协商交易、确认订单和实际支付，都是通过互联网进行。无法像传统交易那样眼见、耳闻、手触，实实在在感受商品的存在，整个过程中，消费者看到的商品并不是实物，所能了解的信息仅限于网上图片及文字说明，所看到的经营者也只是一个代码。商品是否涉嫌假冒伪劣，是否存在严重质量问题，在拿到实物以前，监管部门和消费者都无法做出判断。

二、政府在电子商务方面的促进作用

通过对电子商务市场问题的分析，我国电子商务发展中还存在的影响因素可归纳为标准的缺乏、诚信的缺失以及安全的威胁。而政府的引导和规范可以弥补市场缺陷，纠正市场失败，为电子商务营造良好的发展环境。

1. 制定相应的法律、法规、政策，规范我国电子商务的发展

在信息化建设中，政府的介入是必不可少的。政府干预应致力于促成一个适宜的制度环境，保护公共利益，而且必须明确、透明、客观。为此政府必须建立和完善法律、法规、税收政策、电子支付系统、知识产权保护、信息安全、个人隐私及电信技术等，只有制度健全了，整个国家的电子商务发展才能顺畅地进行。2018年8月31日通过，2019年1月1日施行的《中华人民共和国电子商务法》明确了电子商务经营者，平台经营者，消费者，支付、物流等第三方机构各自的权利和义务，对于个人信息保护、平台监管职责、知识产权保护

等内容有了明确规定。同时，对支付、进出口监管、物流、跨境电子商务、农村电子商务等具体问题也作出规定，有利于进一步促进电子商务的健康发展。

2. 管理、协调电子商务的发展，营造良好的电子商务环境

政府在电子商务的发展过程中应发挥宏观规划和指导作用，通过宏观规划、协调组织，制定有利于电子商务发展的优惠政策，加强政府有关部门间的相互协调，保持与电子商务有关的政策、法规和标准的一致性、连续性，创造适宜的社会环境、竞争环境、管理和服务环境，引导电子商务的发展，为国家整体发展做好铺垫。

3. 积极参与电子商务交易市场

政府是电子信息技术的最大使用者。在世界范围内，随着电子商务的发展，推进政府部门办公网络化、自动化、电子化，实现信息共享已是大势所趋。为了提高社会公众对电子商务的信心与认知度，政府要以身作则，带头利用崭新科技，以电子化的方式为市民提供服务。

如何处理好政府与市场的关系，在县域电子商务的顶层设计中是关键，在县域电子商务发展中，政府要明确自己的位置。这个位置的选择有3个参考标准：一是方向，政府要基于县域基本情况，提出切实可行的发展目标、工作重点和配套措施，要让去做电商的那部分人知道政府的态度，他们才能更好地定位自己的发展，从而与政府合拍；二是助力，政府就像是化学反应里的催化剂，参加化学反应、加速化学反应，却不影响化学反应结果，政府对于县域电子商务发展要学会"扶上马、送一程"，在该扶持的时候扶持，该放手的时候放手；三是保障，政府要为电商企业做好服务，比如企业遇到资金、仓储等问题，要做好协调工作。

本章小结

县域电子商务是一种区域电子商务，在企业集群基础上发展起来的产业生态系统概念更适合对县域电子商务生态系统进行研究与界定。县域电子商务生态系统即电子商务产业在某个县域范围内已形成以产品及电商为核心的具有较强竞争力和可持续发展的地域电子商务多维网络体系。本章从产业生态系统的角度阐述了县域电子商务生态系统。

第五章
县域电子商务发展的基础设施

导读

电子商务必需的基础设施包括通信网络和物流。要想实现真正实时的网上交易,高速网络是必备基础条件,快速高效的物流是保证。

知识架构

```
                    ┌─── 宽带网络建设
                    │
县域电子商务发展的基础设施 ─┼─── 县域电子商务物流园区
                    │
                    └─── 县域电子商务产业园建设
```

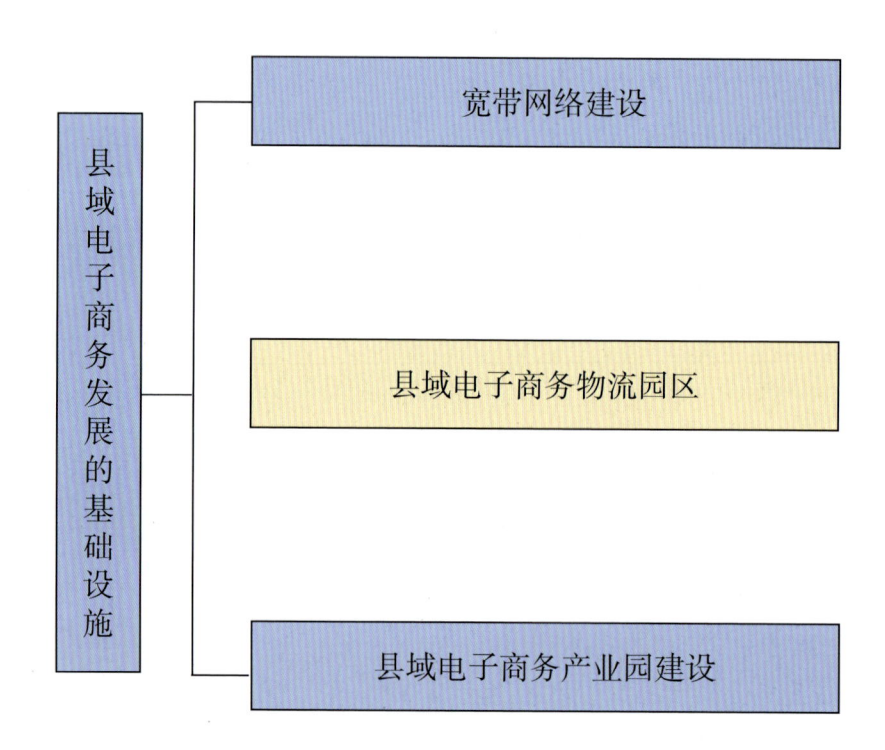

第一节　宽带网络建设

宽带网络技术的发展，惠及千家万户。对于日常大众来说，宽带就是连接千家万户的那根线。然而通过这根线连接了世界，改变了人们生活的方方面面。让人们离不开网络正是电子商务发展的无限广阔的受众基础。"宽带中国"战略让更多的人享受到数字化革命带来的好处。

一、宽带网络的分类

宽带网络可分为宽带骨干网和宽带接入网两个部分。

一是骨干网，又称为核心交换网，它是基于光纤通信系统的，能实现大范围的数据流传送。电信业一般认为传输速率达到了2GB的骨干网称作宽带网。通俗地说就是无线网络，我们通常用的手机网络就是无线网络，到现在发展到4G、5G。智能手机的普及和应用，加快了无线网络的不断迭代升级，还会出现6G等速度更快更绿色的无线网络。

二是接入网技术可根据所使用的传输介质的不同分为光纤接入、铜线接入、光纤同轴电缆混合接入和无线接入等多种类型。接入网络就是我们通常用的家庭宽带网络，一般为有线接入，现在可以通过安装无线转换设备建立无线区域网，把有线网转换成无线网，通过安装无线路由器，可把有线转换成无线网络信号，实现在移动设备端上网。

二、"宽带中国"战略

宽带网络是新时期我国经济社会发展的战略性公共基础设施，发展宽带网络对拉动有效投资和促进信息消费、推进发展方式转变具有重要支撑作用。从全球范围看，宽带网络正推动新一轮信息化发展浪潮，众多国家纷纷将发展宽带网络作为战略优先行动领域，作为抢占新时期国际经济、科技和产业竞争制高点的重要举措。近年来，我国宽带网络覆盖范围不断扩大，传输和接入能力不断增强，宽带技术创新取得显著进展，完整产业链初步形成，应用服务水平不断提升，电子商务、软件外包、云计算和物联网等新兴业态蓬勃发展，网络信息安全保障逐步加强，但我国宽带网络仍然存在公共基础设施定位不明确、区域和城乡发展不平衡、应用服务不够丰富、技术原创能力不足、发展环境不完善等问题，亟须解决。

"宽带中国"战略提出了相关政策支持。根据《2006—2020年国家信息化发展战略》《国务院关于大力推进信息化发展和切实保障信息安全的若干意见》（国发〔2012〕23号）和《"十二五"国家战略性新兴产业发展规划》的总体要求，特制定《"宽带中国"战略及实施方案》，旨在加强战略引导和系统部署，推动我国宽带基础设施快速健康发展。

"宽带中国"战略的发展目标是初步建成适应经济社会发展需要的下一代国家信息基础设施，基本实现城市光纤到楼入户、农村宽带进乡入村，固定宽带家庭普及率达到50%，第三代移动通信及其长期演进技术（3G/LTE）用户普及率达到32.5%，行政村通宽带（有线或无线接入方式，下同）比例达到95%，学校、图书馆、医院等公益机构基本实现宽带接入。农村和城市家庭宽带接入能力基本达到 4~20MB（兆字节），部分发达城市达到 100MB。宽带应用水平大幅提升，移动互联网广泛渗透。网络与信息安全保障能力明显增强。"宽带中国"战略的实施给中国通信基础设施带来了巨大的变化。2020 年，基本建成覆盖城乡、服务便捷、高速畅通、技术先进的宽带网络基础设施；城乡网络宽带的普及率大幅提升，费用大幅下降。

三、宽带网络与电子商务

电子商务的发展离不开宽带网络，宽带网络的发展将会有力推动电子商务的发展。

国家提出的"宽带中国"战略，其中很重要的一个背景就是让贫困人口享受到互联网发展所带来的红利。比如被国务院扶贫办列为电商扶贫示范市的甘肃省陇南市，利用互联网的便捷优势，让电子商务在精准扶贫中发挥巨大的作用，改变山区劣势，把优质的农产品销售出去，"让空间上的万水千山变成网络里的近在咫尺"，促进了工业品下乡，农产品进城。

宽带网络的发展为电子商务发展提供了保障，电子商务的发展又倒逼宽带网络运营商提高网速，降低费用，改善服务，加大投入。随着电子商务的发展，越来越多的人在网上购物，网上销售产品，开设网店，对宽带网络的需求及支出加大，促进了网络宽带的发展。

宽带网络的覆盖催生了许多新生事物，发展了金融代办点，便民服务的发展，改善农村生活条件，使农村融入整个大环境里。政府强力推动县域电子商务的发展，其重要抓手之一就是大力发展宽带网络，建设完善乡村电子商务服务点，然后再由点带面，让农民了解熟悉电子商务，接受电子商务，在服务点进行日常生活用品的网上购买，农民生产的产品通过服务点在网上销售，也可以在服务点缴手机话费、电费等。由此而产生了如农村超市、邮政物流代办点、金融代办点、话费代办点等。

四、县域宽带网络的建设要点

贫困县域建设宽带网络往往会面临很大的困难，如资金不足、山区铺设光缆困难、信号不稳定、乡村的分散导致平均成本很高。要解决这些难题，需要在如下方面重点考虑。

1. 提升民生工程意识

在县域特别是贫困地区建设宽带网络，宽带网络建设往往并不能为中国移动通信集团有限公司（简称中国移动）、中国电信集团有限公司（简称中国电信）或中国联合网络通信集团有限公司（简称中国联通）等建设方带来直接的电信资费收入或较高收入。因此，地方通信公司往往缺乏动力主动积极建设宽带网络。这时，就需要地方政府拿出相应资金，将县域特别是农村地区的宽带网络建设视为重要的民生工程项目，推动宽带网络在县域的普及。在贫困县域，宽带网络对老百姓的边际效用更大，更需要政府的先期支持。

2. 积极寻求政策支持

很多县域地理范围大，百姓居住相对分散，宽带网络线路架设成本很高，所需建设资金是一笔不小的开支。这时就需要相关方面积极争取政策支持。一方面县级政府可以向中央和省市积极争取相关政策，获得宽带建设支持。另一方面，中国移动、中国电信、中国联通、中国铁塔股份有限公司（简称铁塔公司），也可以积极申报和利用相关政策，支持地方宽带建设。宽带建设后，还涉及使用的资费。从事电子商务的老百姓、个体网店主，在其经营之前和初期，往往没有意识、意愿或能力支付网费,这时地方政府可为他们提供必要的宽带资费支持。在乡镇和村级建设的电商综合服务点,也需要宽带建设的政策支持,如有些地区地方政府以一定额度提前支付若干年宽带使用费用给通信运营商,作为其建设费用。

3. 划分不同阶段建设

县域建设宽带需要按照不同的阶段推进,如先建设城市宽带后建设乡村宽带;先在电商基础好的乡镇进行,后在电商基础弱的乡镇进行;先建设重点脱贫乡村的宽带。

4. 注重宽带信号质量

山区因为地理位置、气候条件等因素,宽带建设一定要重视信号质量。这就需要使用高质量的通信设备,选择适当的线路,把好施工质量关,确保宽带的信号质量,降低后期的维修和维护成本。

5. 重点建设无线网络

对于县域宽带,不论是县城、乡镇或乡村,在"最后一公里"端都应该重点建设无线宽带。对于县域,在宽带网络建设上有高的起点,应该重点建设4G、WiFi等无线宽带,为城市和乡村的便捷、高速上网提供支撑。

6. 协调其他相关项目

县域宽带的建设需要与交通、邮政、金融、乡村卫生院、电子商务进农村等其他项目相协调,在项目建设进度上,既要衔接其他项目,又要为其他项目提供及时的支撑。如,公路修到哪,宽带网络就建设到哪。又如,前提条件具备时,宽带网络应该在全年项目建设中排在优先建设的位置,尽早开工,尽早完工,早建设早收益。

第二节 县域电子商务物流园区

电子商务必须依靠发达的物流体系才能快速成长，当前较多县域物流因素成为制约其发展电子商务的最大问题。要激活农村地区的电商潜力，必须合理建设物流节点，逐步完善农村物流"最后一公里"，比如在农村建设物流服务站。同时，要加快智慧物流体系建设，大力发展快递、仓储和物流规划咨询、物流信息系统、供应链管理等智慧物流，培育领军企业。县域物流建设的一个重要抓手是打造物流园区，物流园区建设可带动整个县域物流体系的构建。

一、国内电商物流发展概况

近年来，随着电子商务的快速发展，我国电商物流保持较快增长，企业主体多元发展，经营模式不断创新，服务能力显著提升，已成为现代物流业的重要组成部分和推动国民经济发展的新动力。

快递业发展规模迅速扩大。根据电子商务研究中心统计，2018年，全国网上零售额90 065亿元，比2017年增长23.9%。其中，实物商品网上零售额70 198亿元，增长25.4%，占社会消费品零售总额的比重为18.4%。网络零售市场继续保持中高速增长。据国家邮政局公布的数据显示，2018年1~11月，全国快递服务企业业务量累计完成452.9亿件，同比增长25%。电子商务引发的物流仓储和配送需求呈现高速增长态势，仅一个淘宝网"双11"当天所产生的物流快递，就能使许多物流网点快递堆积如山，一周左右才能完全处理完毕。

西部贫困和边远市县物流速度慢、资费高,已严重制约这些地域电子商务的进一步发展。县域电子商务的发展需求正倒逼县域物流仓储和配送业发展。

物流企业发展呈现多元化。物流企业主体从快递、运输、仓储等行业向生产、流通等行业扩展,与电子商务企业相互渗透,融合速度加快,涌现出一批知名物流企业。

物流服务能力不断提升。第三方物流、供应链体系、网络平台、企业联盟等多种物流组织模式发展加快。物流服务空间分布上有同城、异地、全国、跨境等多种类型;服务时限上有"限时达、当日递、次晨达、次日递"等。可提供预约送货、网订店取、网订店送、智能柜自提、代收货款、上门退换货等多种服务。各种各样的物流快递企业的崛起,提升了服务水平,方便了人民群众的生活,大中城市尤其明显,比如,一个上班族中午网上订餐半小时内就能吃到所定的餐饭,这很大程度上得益于物流快递的发展。即使在地级城市和县级等三、四线城市,其物流也比以前快多了。

物流信息技术广泛应用。企业信息化、集成化和智能化发展步伐加快。条形码、无线射频识别、自动分拣技术、可视化及货物跟踪系统、传感技术、全球定位系统、地理信息系统、电子数据交换、移动支付技术等得到广泛应用,提升了行业服务效率和准确性。

二、电商物流发展趋势

1. 电商物流需求保持快速增长

随着我国新型工业化、信息化、城镇化、农业现代化和居民消费水平的提升,电子商务在经济、社会和人民生活各领域的渗透率不断提高，与之对应的电商物流需求将保持快速增长。同时，电子商务交易的主体和产品类别愈加丰富，移动购物、社交网络等成为新的增长点，这些都给物流提出更高的要求。

2．电商物流服务质量和创新能力显著提升

产业结构和消费结构升级将推动电商物流进一步提升服务质量。随着网络购物和移动电商的普及，电商物流必然会加快服务创新，增强灵活性、时效性、规范性，提高供应链资源整合能力，满足不断细分的市场需求。

3．电商物流"向西向下"成为新热点

随着互联网和电子商务的普及，网络零售市场渠道将进一步下沉，呈现出向内陆地区、中小城市及县域加快渗透的趋势。这些地区的电商物流发展需求更加迫切，增长空间更为广阔。电商物流对促进区域间商品流通，推动形成统一大市场的作用日益突出。

4．跨境电商物流快速发展

新一轮对外开放和"一带一路"战略的实施，为跨境电子商务的发展提供了重大历史机遇，这必然要求电商物流跨区域、跨经济体延伸，提高整合境内外资源和市场的能力。

三、电商物流园区、物流中心及配送中心

为了加速传统商业和储运业向市场化和智慧化方向转变，实现物流在全国范围的合理流通和物流（配送）中心的合理布局，形成一个高效、畅通、网络化的现代商品物流体系，国家制定了促进物流（配送）中心发展的宏观政策。在国家政策利好的大背景下，全国许多地区纷纷提出了建设城市现代物流的发展目标，并大力发展物流园区、物流中心和配送中心等。

1. 物流园区

物流园区是一家或多家物流中心在空间上集中布局的场所，是具有一定规模和综合服务功能的物流集结点。物流园区在一些发达国家被普遍采用，主要基于以下原因：一是物流园区使货运交通更有序，有利于缓解城市交通压力；二是降低物流对城市环境的种种不利影响，如大型仓库与环境相协调问题、废弃物的集中处理问题；三是促进城市用地结构调整，物流园区有利于集约资源和统一管理；四是提高物流经营的规模效益，物流园区可将多个物流企业集中在一起，可实现物流企业的专业化和互补性，同时这些企业还可共享一些基础设施和配套服务设施，降低运营成本和费用支出，获得规模效益；五是满足货物联运发展的需求。

物流园区一般是多个大型物流中心或多个配送中心的集聚地，多以仓储、运输、加工等用地为主，同时还包括一定的与之配套的信息、咨询、维修、综合服务等设施用地。其规模可对市场需求及未来发展做出分析后，规划出一片区域用于发展物流园区，具体规模由市场需求、城市发展水平决定。物流园区建设是现代物流业发展的一个新趋势，正处于迅速发展的过程之中。

2. 物流中心

物流中心的主要功能包括运输、仓储、装卸、搬运、包装、流通加工、物流信息处理等，并与其所处的环境相适应而具有相关核心功能。物流中心的功能可以根据需要向上、向下进行延伸，在实际设计中最为关键的是要确定如何根据情况向上、向下延伸及延伸的范围。物流中心是企业优化分销渠道、完善分销网络、进行业务重组的结果，同时也是第三方物流理论得到应用的产物。

物流中心的建设基于以下因素：一是由于城市规模的扩大，城市间经济往来更加频繁,造成物流量的急剧增加。这个因素是建立综合物流中心的最基本条件。二是通过物流中心管理城市货物的集散可以使原来分散的专用线、货站占用大量宝贵土地资源的压力得到缓解,使综合物流中心之间的干线运输与在城市区域内的配送有效地组合成新型的现代物流系统,从而完善了整个物流。三是城市的可持续发展要求也是建立综合物流中心的重要条件。通过合理的物流规划和物流组织,限制汽车在城市中的运行时间和运行数量。采用综合物流中心的方案,可以为有效地解决这些问题提供可行的选择,因此越来越受到大中城市的重视。四是现在科学技术已经可以给综合物流中心的若干关键领域提供有力的支撑。网络技术、信息技术使物流的低成本、高效集约管理成为可能。

物流中心的有效衔接作用主要表现在实现了公路、铁路等多种不同运输形式的有效衔接。综合物流中心对提高物流水平的作用主要表现在缩短了物流时间,提高了物流速度,减少了多次搬运、装卸、储存环节,提高了准时服务水平,减少了物流损失,降低了物流费用。物流中心对促进城市经济发展的作用主要表现在降低物流成本和降低企业生产成本,从而促进经济发展方面的作用,以及完善物流系统在保证供给、降低库存从而解决企业后顾之忧方面的作用。

3. 配送中心

配送中心是指接受并处理末端用户的订货信息,对上游运来的多品种货物进行分拣,根据用户订货要求进行拣选、加工、组配等作业,并进行送货的设施和机构。物流企业操作指南在对此进行科学完善的基础上,进一步指出了配送中心的设计、流程、模式等。

四、县域电商物流体系建设要点

县域建设电商物流体系的完善对于县域电商的发展具有极大的支撑和推动作用，在建设时需要关注相关要点。

一是积极推进电商物流渠道下沉，支持电商物流企业向中小城市和农村延伸服务网络。结合农村产业特点，推动物流企业深化与各类涉农机构和企业合作，培育新型农村电商物流主体。充分利用"万村千乡"、邮政等现有物流渠道资源，结合电子商务进农村、信息进村入户、快递"向西向下"服务拓展工程、农村扶贫等工作，构建质优价廉产品流入、特色农产品流出的快捷渠道，形成"布局合理、双向高效、种类丰富、服务便利"的农村电商物流服务体系。

二是支持电商物流企业与连锁实体商店、餐饮企业、社区服务组织、机关院校等开展商品体验、一站式购物、末端配送整合等多种形式合作。重视以鲜活农产品、食品为主的电子商务冷链物流发展，依托先进设备和信息化技术手段，构建电子商务全程冷链物流体系。支持医药生产和经销企业开展网上招标和统一采购，按照《药品经营质量管理规范》（GSP）要求，构建服务医药电子商务的网络化、规范化和定制化的全程冷链及可追溯物流体系，确保药品安全。

三是结合新型城镇化建设，依托"电子商务进农村"等工程，整合县、乡镇现有流通网络资源，发展农村电商物流配送体系。鼓励电子商务企业、大型连锁企业和物流企业完善农村服务网点，发挥电商物流在工业品下乡和农产品进城的双向流通网络构建中的支撑作用。支持建立具备运营服务中心和仓储配送中心（商品中转集散中心）功能的县域农村电子商务服务中心，发展与电子交易、网上购物、在线支付协同发展的农村物流配送服务。

四是依托"电子商务进社区"等工程，新建或改造利用现有资源，完善社区电商物流便民基础设施，发展网购自提点，推广智能终端自提设备。支持连锁零售企业、快递企业、末端配送企业、生活服务类企业共同打造便民利民的社区电商物流服务体系，解决"最后一公里""最后一百米"末端配送难题。

第三节　县域电子商务产业园建设

随着"互联网+""大众创业、万众创新"的推出，中小企业发展面临的转型的有利时期。传统产业集群上的企业可以依托以园区为载体的资源平台进行企业转型升级。而电商产业园在传统产业集群的背景下，其作用越来越显著。电子商务的热潮也带动了电商产业园热，电商产业园成了地方政府争相开发的项目。据不完全统计，目前全国以电商命名的园区超过300家，这还不包括其他各种大型园区内的电商园区。如果电商产业园不能实现长久的规划以及明确的盈利模式，则很容易被市场淘汰。

一、电商产业园典型做法

在县域电商产业园的建设中，应该考虑到各县的差异，充分结合地方特色优势。叶万档比较了杭州和义乌的电商产业园，其建设经验对于其他县域建设电商产业园具有启示意义。杭州和义乌电商产业园的典型做法有如下几个特点。

1. 融合产业升级和新业态培育

杭州的电商产业园主要依托阿里巴巴、淘宝等知名电商企业的集聚辐射功能，以及杭州文创、动漫、数字娱乐、信息服务等产业发达优势，为阿里巴巴、淘宝等大企业提供发展配套，推动电子商务全产业链及动漫、网游等信息服务业集聚发展。义乌的电商产业园重点依托义乌作为全球最大的小商品、日用消费品实体市场的优势，重点建设小商品网上虚拟市场和中小电商集聚中心，搭建各类电商服务平台和众创孵化平台，推动线下市场转型升级。

2. 在发展思路上，转变传统产业园建设理念，高度重视功能创新、平台搭建和服务完善

电子商务作为新兴服务业，具有强服务、重数据、轻资产的特点，并且随着互联网的发展，电商在办公空间上具有移动化和离散化的趋势。因此电商产业园建设能突破空间限定，具有虚拟园区概念，是"没有围墙的产业园"。电商产业园的招商也不再高度依赖优惠政策，而更注重创新的功能、优质的平台、完善的服务和丰富的活动来集聚人气，吸引投资，推动集聚。如杭州电子商务产业园围绕电商产业链，形成了产业培育、科技金融、法律保障、人才培育、技术支撑、物业配套六大服务平台，解决企业发展所有环节的需求。义乌幸福里国际电子商务产业园也重点强调平台的打造，建设金融服务、政务服务、项目输出服务、物业配套服务四大平台。

3. 在产业培育上，围绕电商上下游及配套产业，构建完善电商生态产业链

电商产业发展会衍生出一系列服务需求，电商产业园应该是各种服务集成的枢纽，既服务于本地电商发展，又能辐射周边区域。由此形成的电商生态产业链是一个整体系统，任何环节的缺失都会造成效率低下和成本偏高。义乌幸福里国际电子商务产业园、义乌网商创业园在建设中特别注重电商全产业链打造，入驻企业涉及进

出口代理、电商代运营、商务代办、网络营销、网店模特、网店摄影装修、电商培训、物流快递、IT技术外包支持等各类领域，以及金融、会展、法律、财务、人力资源、媒体广告、咨询服务等商业服务领域，着力为企业营造低成本、便利化、全要素、开放式的发展空间，提升园区竞争力。

4. 在运营模式上，运用微商、众筹、众创等互联网思维，着重突出创业孵化服务

互联网时代，大众生活方式正逐渐互联网化和网络化。电商产业园也要运用互联网思维，在园区创立、品牌塑造、产品推广时充分利用微商、产品众筹、股权众筹等概念，成为"大众创业、万众创新"的载体；同时电商产业园也是全新的创业孵化载体，是"众创空间"。如义乌网商创业园围绕创业创新，打造众创孵化社区，通过创业辅导、商业模式重塑、创客工场、解决方案、投资路演、共创共筹等方式推动孵化和项目产业化运作，实现园区自我培育和自我发展。

5. 在环境优化上，完善各类软硬件配套，重点强调人才政策支撑

人才被认为是电商产业园的核心竞争力，电商从业者大都以年轻人为主，因此园区服务配套要按照年轻人的需求设计，充分考虑年轻化、个性化要求。杭州、义乌两地园区在人才集聚上都是各出高招。如义乌幸福里国际电子商务产业园与阿里学院、淘宝大学等联合成立园区电子商务学院，实现人才自我培育，同时与浙江工业大、义乌工商职业技术学院等高校合作，建立大学生培训、实习基地，与专业人力资源机构合作，推动人才引进。义乌网商创业园搭建了浙江唯一的专业电商人才网站——电商人才网，依托网站推动电商人才招聘、人才评估、猎头服务及大学生实习就业服务等，为园区企业提供人才支撑。

二、陇南华昌电子商务产业园建设案例

陇南华昌集团开发建设的陇南华昌电子商务产业孵化园，总投资9亿元，总占地面积246亩，总建筑面积约35万平方米，停车位1 450个。项目位于陇南市成县四大开发区之一的南坝区，东接当地汽车站与第一人民医院；南邻当地仓储物流园，与十天高速互通出口；西面是大型住宅群及学校；北面依着省道205沿线与成县日晷公园，地理位置优越，交通便捷。2015年6月，项目被商务部确定为"国家电子商务示范基地"。

（一）项目建设情况

陇南华昌电子商务产业园首期总建筑面积6.5万平方米，支持电子商务双线经营、实体店经营、网货展示供应、电子商务培训孵化、电商创业就业等多种经营模式。是集农特产品、农资用品、苗木花卉、家居建材、五金机电、汽车配件、小商品家电、日用百货、文化用品、电子商务主题酒店、餐饮休闲、仓储物流等为一体的大型综合商业体。该园目前已基本完工，并于2016年11月开业。

项目二期总建筑面积8万平方米，其中包括电商大厦B座以及会展中心等重要工程。业态分布以立足"互联网+"的概念为基点，加大农特产品区的经营面积，同时开设农资农具经营区、五金机电经营区等多种功能区域。另外，电商大厦B座将更大限度满足入驻企业的办公需求，尤其是会展中心的建成可以为陇南各类大型展会提供专业的场地，将成为带动区域经济发展的标志性建筑。

（二）项目定位

陇南华昌电子商务产业园将作为陇南市电子商务发展过程中政企对接、产业联合协作的公共服务场所，其目标是成为陇南市电商

企业的孵化中心。陇南华昌电子商务产业园计划通过实现服务配套、服务商及品牌孵化、运营数据化、人才培养、创业就业扶持、主流电商平台落地等功能，为服务商提供服务与企业对接的平台，以此为企业带来咨询、培训、便捷政务服务、人才、运营托管、专业推广优化、营销活动策划、仓储服务等一站式电子商务服务。同时，推动公共服务模式的创新，整合公共资源，实现电子政务与电子商务的有机结合，创新服务与监管机制，为陇南市相关企业开展电子商务活动提供长期性、专业性的服务。

（三）项目首期区域规划

通过与国内其他国家级电子商务示范基地的沟通交流、参观考察，结合来园区参观调研的众多专家领导的意见建议，项目首期规划为综合商业区、农产品电商区和建材家居电商区3个区域。

综合商业区包括电商大厦A座及其裙房，电商大厦A座1层为电商大厦接待大厅，4~8层为餐饮娱乐休闲区，9~16层为陇南除成县以外的七县一区电商综合办公区。电商大厦A座裙房共3层，全部为O2O家居商城。

农产品电商区包括A1、A2、A3三栋三层建筑，主要做农特产品线下供货展示、便捷电商政务、电商大数据中心、电商培训、第三方电子商务服务（TP平台）、青年创客基地、电商企业办公等功能使用。

建材家居电商区主要作为招商入驻区域。

（四）相关工作重点

园区开业以后，建设方在以下3个方面重点展开工作。

1.帮助贫困农户

淘宝陇南馆和贫困农户进行长期合作，通过淘宝陇南馆线下供货平台、蚂蚁市集以及开展众筹活动，帮助贫困农户将农特产品销售出去。

2.扶持返乡青年创业

扶持鼓励返乡青年"先学习，再创业"。第一，通过园区内的电商培训中心为返乡青年提供专业的电商培训；第二，园区内的创客中心将提供免费的办公场所、电脑和网络供创业者使用。同时，第三方电子商务服务平台也会为创业者提供免费培训以及后续网店服务，分享现有成熟网店运营团队拥有的丰富网店经营经验，借此来支持帮助返乡青年创业。

3.孵化中小电商

陇南华昌电子商务产业园面向中小电商推出了丰厚的优惠政策，包括两年免房租，免费提供电脑一台，免费提供网络等优质基础服务。另外，陇南华昌电子商务产业园的培训中心、第三方电子商务服务平台等园区内的专业服务平台也为中小电商的发展保驾护航。

本章小结

宽带网络是电子商务的必备基础条件。电子商务就是利用网络进行的商务活动，如果没有宽带网络，就无从开展电子商务。

随着国民经济全面转型升级和互联网、物联网发展，以及基础设施的进一步完善，电商物流需求将保持快速增长，服务质量和创新能力有望进一步提升，渠道下沉和"走出去"趋势凸显，将进入全面服务社会生产和人民生活的新阶段。

在县域电商产业园的建设中，应考虑到各县域的差异，充分结合地方特色优势，因势利导，进行精准建设。

第六章
县域电子商务的产品管理

导读

　　县域电子商务的健康、发展，离不开电子商务产品管理。发展县域电子商务，要在供给侧结构性改革的大背景下，既要充分发挥县域特色产品优势，又要加强产品管理，提高供给质量。中西部县域的电子商务产品以农产品居多，一般为初级农产品、初加工农产品、手工产品；东部沿海经济较为发达的县域，其工业基础较好，电商产品以工业品和深加工农产品占多数。

知识架构

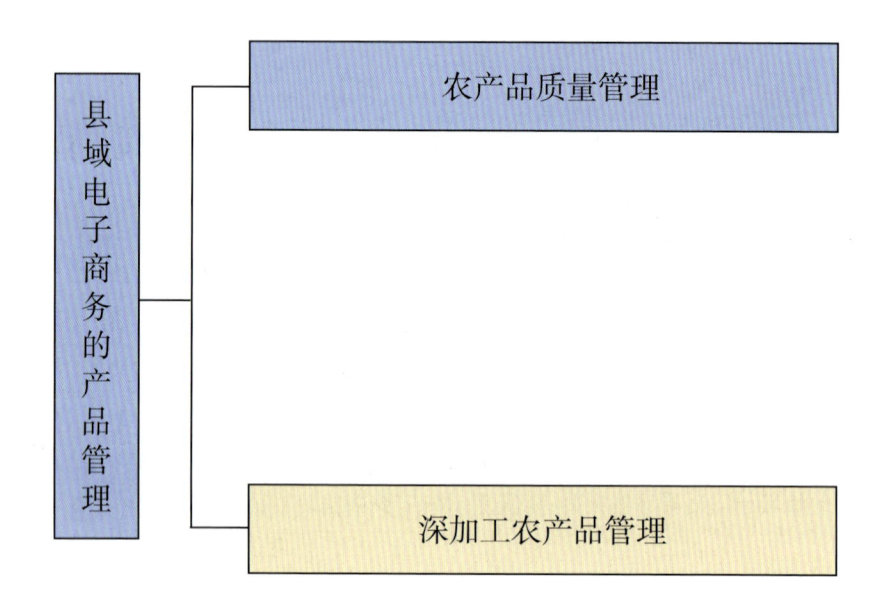

```
县域电子商务的产品管理 ┬── 农产品质量管理
                      └── 深加工农产品管理
```

第一节　农产品质量管理

农产品由于生产的地域环境、气候条件、生长周期的原因很难像工业品一样组织化、规模化、标准化的生产。所以，农产品质量管理的难度也非常大。

一、农产品质量

农产品质量指农产品适合一定的用途、满足人们需要所具备的特点和特性的总和，即产品的适用性。它包括产品的内在特性，如产品的结构、物理性能、化学成分、可靠性、精度、纯度等；产品的外在特性，如形状、外观、色泽、音响、气味、包装等；产品的经济特性，如成本、价格等；以及产品其他方面的特性，如交货期等。农产品的不同特性，区别了各种产品的不同用途，满足了人们的不同需要。可把各种产品的不同特性概括为适用性、可靠性、安全性、经济性等。

农产品质量管理是有差别的，农业县因为没有大规模地发展工业，农产品生产的环境优良，没有工业污染，一般来说农药和化肥使用的量是符合产品质量要求的，产品的质量能得到保证。这些农产品一般是大宗的农产品，如粮食、蔬菜、水果。对这些农产品的质量管理就是加强农药、化肥使用的跟踪服务，指导减少使用量，推广无公害无残留农药。还有一些农产品生长在山区，应加强初加工过程中的质量管理，如中药材加工过程中就强调不能使用硫黄烟熏，山野菜的保存加工不能使用工业盐。

农产品质量对县域电子商务发展的影响是至关重要的。农产品是食品,农产品作为在网上销售的商品,质量必须高于市场销售的要求。互联网是一把双刃剑,它既帮助商家因为产品质量优良而快速建立品牌,也能让质量不过关的商家顷刻关门。人们对食品质量要求越来越高,所以农产品质量管理也要越来越高。如果产品没有品质保证,电子商务就会陷入困境,不注重产品质量的县域电子商务之路也不会走远。一旦消费者认为质量有问题,通过网络的扩散而造成的损失就是难以挽回的。因此,产品质量管理必须从生产环节、流通环节、消费环节层层设置严格的质量标准。

二、农产品质量安全

农产品质量安全是农产品管理的最主要的内容。农产品质量安全要求农产品质量符合保障人的健康、安全的要求,既包括涉及人体健康、安全的安全性要求,也包括涉及产品的营养成分、口感、色香味等品质指标的非安全性要求。农产品质量安全是农产品的内在品质与外在因素对人体健康的影响状况,广义的农产品质量安全还包括农产品满足储运、加工、消费、出口等方面的要求。农产品质量安全一般指农产品的可靠性、实用性和内在价值,包括在生产、储存、流通和使用过程中形成、合成留有和残存的营养、危害及外在特征因子,既有等级、规格、品质等特性要求,也有对人、环境的危害等级水平的要求。

农村电子商务的发展,极大地拓展了农产品销售渠道,拓宽了农民增加收入的道路,同时改变了农村在县乡村的熟人社区的市场模式,把农民的视野放宽到全国各地。县域电子商务的各个环节都要牢固树立质量安全管理的意识,在农产品生产最开始阶段就要筑牢质量安全的防线,这是县域电子商务和农村电商的重要任务。

对于农产品质量的"非安全性要求",有部分指标需要法规标准规范,如生鲜奶蛋白质含量、油料作物脂肪含量等。多数口感、色香味指标没有法规标准规范,需要通过生产者树立产品品牌、全社会评价和消费者认可来决定。

三、农产品质量安全特点

农产品生产过程的特点决定了农产品质量安全的特点,所以有必要弄清农产品质量安全特点,然后根据特点做好管理工作。农产品质量安全特点主要有危害直接性、危害隐蔽性、危害累积性、危害多环节性及管理复杂性。

1. 危害直接性

农产品质量安全直接影响人体健康与生命安全。因此,农产品质量安全管理工作是一项全社会公益性事业,确保农产品质量安全是政府的重要职责。

2. 危害隐蔽性

农产品质量安全仅凭感观难以辨别,需通过仪器设备检测,甚至还需进行人体或动物实验。由于受科技发展水平等条件的制约,部分参数或指标的检测难度大、检测时间长,质量安全状况难以及时判断,具有较强的隐蔽性。

3. 危害累积性

不安全的农产品对人体危害往往通过较长时间的积累,如部分农药残留在人体积累到一定程度后才导致疾病的发生。

4. 危害多环节性

产地环境、投入品使用、生产过程、加工、流通、消费等环节均有可能对农产品产生污染,导致农产品质量安全问题。

5.管理复杂性

农产品质量安全管理涉及多学科、多领域、多环节、多部门,控制技术复杂,面对生产规模小、分散程度高的千家万户农民,管理难度极大。

四、初级农产品质量管理体制

农产品质量安全是关系人民生命财产安全的大事,国家从法律层面给予农产品各个环节给予了质量安全层层保障,《中华人民共和国农产品质量安全法》是一部农产品质量法,是种植、养殖农产品质量安全的总要求。农产品质量管理还有产品认证、产品质量溯源体系等。初级农产品的质量管理体制主要包括"三品一标"、农产品质量安全追溯系统、产品质量安全投诉举报系统等。

1."三品一标"

无公害农产品、绿色食品、有机食品和地理标志产品(简称"三品一标")是政府主导的安全优质农产品公共品牌,也是农业系统主推的4个官方品牌。

"三品一标"以标准化生产为载体,在推进农产品生产规模化、基地化和保障农产品质量安全方面发挥了非常重要的引领、示范作用。

2.农产品质量安全追溯系统

近年来,政府多次出台重农强农的政策措施,逐步实现推进农业信息服务技术发展,重点开发信息采集、精准作业和管理信息、远程数字化和可视化、农产品安全预警等技术,从而不断促进农产品相关企业生产经营信息化。农产品追溯系统(又称溯源系统)作为国家科技基金重点扶持的农业高新科技,目的是打造让老百姓安全的饮食环境,充分利用射频识别(RFID)等物联网技术手段,研发一系列食品安全追溯生产管理系统。农产品追溯系统可为消费者打通一条深入了解食品生产信息的可信通路,解决供需双方信息不对称、不透明的问题,为食品安全保驾护航。

3. 产品质量安全投诉举报系统

国家出台了相关举报投诉办法,鼓励人民群众举报投诉食品质量问题,解决执法部门力量不足、监管不到位的问题,设立举报电话,专人处理举报信息,接待投诉,按照一系列的程序处理相关问题。生产环节主要由农业部门监测检测,从农药、化肥的使用等方面进行管理控制;加工、流通环节由工商、商务、质监等部门管理;消费环节主要由食药监部门监测管理;其他部门配合管理,严格把关。

4. "新农人"对农产品质量管理的探索

"新农人"是指那些为了创业理想而投身到农业之中的创业者,他们通过承包或者其他方式获得拥有使用权的土地,然后在此基础上进行养殖、种植的创业,并通过团队的智慧进行管理,进行科学化、系统化的生产创业活动。他们植根于农村,创业于农业,成功于农业,但是他们不一定居住在农村,他们正以知识、眼光、技能改变着传统农业。

"新农人"多是城市青年下乡或乡村进城求学后回流的高学历者以及有经营工业、商业的成功者,也有进城务工、在外参军退役回乡的青年农民。他们的出身、能力、阅历、经历、理念、追求都具有较大的差异,但是对农业这一古老产业的探索和突破,对传统个体农业经营方式的组织和融合,对传统乡村生活的认可是共同的。

"新农人"利用网络为城市人们发掘原生态的产品、健康的产品。一是以网络为主在大平台营销生鲜,如"阳澄湖大闸蟹""褚橙"。二是"新农人"自己建设经营农场或牧场,通过网络定制、网络众筹、网上认领等多种方式,以网络远程视频系统建立起消费者与产品的实时监控,对质量的监督。传统的产业需要不断探索和创新才能重新唤起生气,传统的农业经营组织需要注入新的现代要素才能焕发出新的力量,乡村需要加入新的生力军才能再度呈现出勃勃生机。因此,"新农人"的出现将会对农产品质量管理发挥巨大的作用。

第二节 深加工农产品管理

对农产品进行深加工可以增加农产品的附加值,充分开发利用相关资源,减少运输成本,有利于在县域形成产业链。农产品深加工是指对农业产品进行深度加工制作以实现效益最大化,与农产品粗加工概念相对应。为了确保深加工产品质量,国家法律规定深加工产品需要有加工的组织机构,如工厂、公司,通过生产许可证件的申领和年检制度提高对深加工产品的进入门槛,规定质量标准、质量体系认证等确保对产品质量层层把关。

一、深加工农产品证件办理

深加工农产品需要办理相关证件。营业执照、组织结构相关证件在县工商、质监等部门办理,只要符合条件就能很快办理。但是申请办理生产许可证对于县域的加工企业来说是一次质量的检阅,完成生产许可证件的办理,说明相关生产条件和程序符合国家有关加工生产的要求。

1. 申请商标的程序

商标的申请程序一般经历5个阶段。首先对商标进行查询，如果没有相同或近似的，就可以制作申请文件，递交申请；申请递交后的1个月左右，商标局会给你下发一个申请受理通知书（这个时期又叫形式审查阶段）；形式审查完毕后，就进入实质审查阶段，这个阶段需1~1.5年；如果实质审查合格，就进入公告程序（这期间是3个月，也叫异议期间）；最后，公告期满，无人提异议的，就可以拿到注册证了。

2. 商标的作用与分类

著名商标对于企业来说有着很重要的作用：一是有利于企业树立品牌形象，因为认定过程就是宣传商标和扩大商标知晓程度的过程；二是有利于增强企业商标的市场竞争力，认定驰名、著名商标能增强消费者对该商标所标示商品的信任程度，从而选择购买；三是有利于规范企业的商标使用行为，因为认定过程是对企业学习和掌握商标法规、商标知识的有利推动，也是对企业管理商标、规范使用行为的检验过程；四是有利于保护企业的商标专用权。因为驰名、著名商标是各地工商行政管理部门的保护重点。如《中华人民共和国商标法》《驰名商标认定和保护规定》以及各地工商行政管理部门的著名商标保护条例及规定等，都对驰名、著名商标制定了不同于普遍商标的保护规定。

二、质量管理体系认证

质量管理体系认证是指所有经认可的认证机构所发放的认证证书的过程。发展电子商务，产品质量至关重要，产品产业要发展，要走出县域，走向全国乃至全世界的市场，应该重视质量管理认证体系。通过国际质量认证体系等认证，也是走向更广阔市场的通行证。一般说来，质量管理体系认证的作用分内外部：内部可强化管理，提高人员素质和企业文化；外部可提升企业形象和市场份额。

1. 强化品质管理，提高企业效益；增强客户信心，扩大市场份额

负责ISO9000品质体系认证的认证机构都是经过国家认可机构认可的权威机构，对企业的品质体系的审核非常严格。对于企业而言，可按照经过严格审核的国际标准化的品质体系进行品质管理，真正达到制度化、科学化的要求，提高工作效率和产品合格率，提高企业的经济效益和社会效益。对于客户来说，当得知供方按照国际标准实行管理，获得ISO9000品质体系认证证书，并且有认证机构的严格审核和定期监督，就比较信任该企业是能够稳定地提供合格产品或服务，从而放心地与企业订立供销合同。

2. 获得国际贸易的通行证，消除国际贸易壁垒

许多国家为了保护自身的利益，设置了种种贸易壁垒，包括关税壁垒和非关税壁垒。其中非关税壁垒主要是技术壁垒，技术壁垒中，又主要是产品品质认证和ISO9000品质体系认证的壁垒。特别是，在世界贸易组织（WTO）内，各成员国之间相互排除了关税壁垒，只能设置技术壁垒，所以，获得认证是消除贸易壁垒的主要途径。我国加入WTO以后，失去了区分国内贸易和国际贸易的严格界限，所有贸易都有可能遭遇上述技术壁垒，企业应高度重视，及早防范。

3. 节省第二方审核的精力和费用

在现代贸易实践中，第二方审核早就成为惯例，又逐渐发现其存在很大的弊端：一方面，一个组织通常要为许多顾客供货，第二

方审核无疑会给组织带来沉重的负担；另一方面，顾客也需支付相应的费用，同时还要考虑派出或雇用人员的经验和水平问题。ISO9000认证可以排除这样的弊端，因为作为第一方申请了第三方的ISO9000认证并获得了认证证书以后，众多第二方就不必要再对第一方进行审核。这样，不管是对第一方还是对第二方都可以节省很多精力或费用。如果企业在获得了ISO9000认证之后，再申请UL、CE等产品品质认证，还可以免除认证机构对企业的质量管理体系进行重复认证的开支。

4. 在产品品质竞争中占据优势

国际贸易竞争的手段主要是价格竞争和品质竞争。由于低价销售的方法不仅使利润锐减，如果构成倾销，还会受到贸易制裁，所以，价格竞争的手段越来越不可取。20世纪70年代以来，品质竞争已成为国际贸易竞争的主要手段，不少国家把提高进口商品的品质要求作为奖出限入的贸易保护主义的重要措施。实行ISO9000国际标准化的品质管理，可以稳定地提高产品品质，使企业在产品品质竞争中获得优势。

5. 有利于国际的经济合作和技术交流

按照国际经济合作和技术交流的惯例，合作双方必须在产品（包括服务）品质方面有共同的语言、统一的认识和共守的规范，方能进行合作与交流。ISO9000质量管理体系认证正好提供了这样的信任，有利于双方迅速达成协议。

三、网货供应平台建设

为了给电商创业者提供良好的发展环境，应提升网货质量和包装档次，解决网店无货的问题，县域地方政府可按照"政府引导，企业运作"的原则推动建设网货供应平台。

政府可引导有实力的农特产品企业作为网货供应平台的运营企业，整合网货资源，建设网货供应平台是电商扶贫网货供应体系的重要部分。让供货商和电商都发挥作用，使农产品走得更远，带动农民脱贫致富，打造农产品品牌，建设由企业运营进行集中发货，处理售后的网货供应平台尤为重要，见图6-1。

图6-1 网货供应暨网上交易平台

全国许多县域对网络供应平台建设进行了探索，并形成了相应的运行机制。比如甘肃陇南文县，该县选择有基础实力的企业作为网货供应平台的运行企业，政府相关部门着重理顺供货商、电商和物流服务商等相关方的利益关系，建立网货供应机制，在协调引导的同时，加强监督管理。

1. 企业收购销售农特产品，发挥带贫作用

网货供应平台运营企业购销全县农特产品，能有效解决农特产品销售的问题。政府可引导企业以略高于市场价收购精准扶贫重点村和电商扶贫试点村的农产品，发挥带贫作用，增加农民收入。

一是乡镇电商扶贫服务站和村电商扶贫服务点提供当地产品数量和销售情况，联系电商扶贫网货供应企业收购农户产品。

二是企业根据产品规格，以市场价格或者略高于市场价格优先收购农产品，企业做好收购贫困户产品的台账，最大限度保护贫困户的利益，增加贫困户收入。

三是乡镇工作人员做好协调工作，企业和乡镇电商扶贫服务站的工作人员要及时了解产品供需数据，避免农产品滞销。

2．企业对农产品进行代加工，发挥技术支持作用

网货供应平台运行企业设备先进，技术成熟，可以按照要求为电商和农户代加工产品，把关质量，提供包装；也可以按照企业生产标准为电商贴牌加工产品。

一是乡镇电商服务站与企业签订代加工合同，按照相关政策给予加工贫困户产品的企业一定的补贴，用于包装等费用。

二是电商或农户通过乡镇电商服务站登记备案后把产品集中到企业进行加工包装，企业根据乡镇电商扶贫服务站出具的证明，可以按不同比例减收或免收包装费用。

三是建立供货机制，确立供货流程、货款收结流程，企业做好服务。

3．网货供应平台运营企业给网店和移动电商创业者提供货源，做好发货和售后服务，电商做好销售，扩大宣传

一是选择销售业绩好的网店和移动电商创业者推荐给供货企业。

二是由供货企业登记网店详细情况，然后与网店店主签订供货协议，明确产品价格、产品运费，货款收结，退换货处理等。

三是供货企业提供给电商相关产品的图片和产品描述等资料，帮助装修网店。

四是供货企业做好微商城微分销等平台，为移动电商创业者提供分成比例，优惠激励机制。

五是供货企业将微分销平台二维码提供给县电商中心进行推广宣传。

发货和货款收结流程是：①电商有订单后，发信息给企业联系人。②企业确认后指定物流公司从仓储中心直接发货，将电商所发信息作为收取运费和货款的原始凭证。③发货后企业把运单号、运费和货款等信息反馈给电商，作为电商与企业定期核对凭证。④电商收到货款后，按照企业反馈的信息定期把款项转给企业。

4. 优化政策，扶持奖励

对网货供应平台运营企业提供政策支持。在人才扶持方面，政府加大对企业特别是电子商务企业的人才支持力度，加强企业人才配置和储备，充分调动高校毕业生到企业服务的积极性，引导普通高校毕业生到基层企业锻炼服务，充分发挥大学生的才能。在资金扶持方面，用"以奖代补"形式加以补贴。企业从农民或者农产品经销大户手里收购农副产品，再将农副产品按照不同等级、不同规格进行加工包装。政府根据企业提供不同产品、不同包装规格包装的加工包装费用明细，研究以奖代补的形式给予购销包装补贴，根据销售数量和网货发货订单数给予供货企业或者物流公司以物流补贴。集中购销企业做好相关台账，避免弄虚作假。

四、分销平台

分销平台是指由某个网络运营商研发及提供的，用于帮助供应商搭建、管理及运作其网络销售渠道，帮助分销商获取货源渠道的平台。有赞、腾讯、微店都可视为分销平台，这些分销平台在用户、成本和效率方面具有较大优势。有些企业也会在自己的网站上构建分销平台。

在用户优势方面，平台分销商可以向更多用户传递自己的产品和服务，通过网络分销无疑可以向更多人传递自己的产品和服务。例如航空公司与电子商务网站深度合作，大量手机厂商自己建立电子商务平台销售产品，虽然方式不同，但其目的都在于借助互联网平台去捕获更多的用户。如小米手机利用网络运营饥饿销售取得了巨大的成功，后来的手机厂商纷纷效仿采用网络销售，大量发展用户。对企业而言，如果在网络分销上能快人一步，无疑将在竞争中获得优势。

在企业最关心的成本问题上，网络分销同传统分销相比具有很大优势。以刚才提到的航空公司为例，传统的线下网点一般来说一张机票提成为5元，这就是一张机票的传统分销的成本，这还不包括其他成本。假如采用网络分销，这部分钱基本可以省下来，用于企业减轻财务负担，或者是回馈给消费者以扩大市场。手机销售企业，如小米等采用的网络销售比起传统分销依然会节约不少开支，包括店面费用、库存费用等成本。当前的经济下行压力不断增多，世界经济复苏乏力的大背景下，企业可以采用网络分销的营销模式降低成本。

在有效地控制好成本之后，企业诉求将转移到效率上。首先，效率会直接影响到用户体验，对于客户而言，在最短的时间用最便捷的方式获得服务是他们关心的重要问题；其次，高效的运作方式能让企业在相同时间内销售出更多产品和服务，获得更多的收益，提升企业的运作效率。

网络分销的优势在于：打破了时间和空间的束缚，只要能上网就可以促成交易。比如，只要你能接入互联网，进入小米公司的手机专卖店网址，就可以了解购物流程，最终实现购买。这种高效方便的购物方式不但大大方便了客户，还能增加公司的销售量，同时提升销售效率。

农产品电子商务也可以利用分销系统的优势，特别是随着移动电子商务的发展，基于手机端的移动分销系统日趋成熟。比如微商，利用微信平台发展大量的分销商。分销商不需要囤货，不必占用资金，甚至不需发货，只要花时间宣传产品，提高用户的体验，就能打开销路。县域发展电子商务可以借鉴微商和微分销的成功之处。

本章小结

随着农村电子商务的发展，越来越多的优质农产品销往全国各地，农民在发展电子商务中得到了好处，尝到了甜头，有些产品出现供不应求，在这样的条件下，政府作为电子商务的推动者、服务者，也要做好管理者，避免出现以次充好、只顾眼前、不顾长远的短视行为的发生，必须在初级农产品、深加工农产品方面加大质量管理力度。

第七章
县域电子商务的营销

导读

　　县域电子商务营销是根据县域农产品特点及现状，选对产品，树立县域农产品品牌，做好品牌定位，构建高效的电子商务宣传平台，利用各种媒体，全民参与的方式推广品牌，促进营销。无品牌，不电商，县域电子商务营销必须重视品牌意识。县域电商需要有思想的网货，有品牌的意识，懂得数据分析，善于定位，能将品牌与营销结合起来，从而树立良好的农产品品牌。

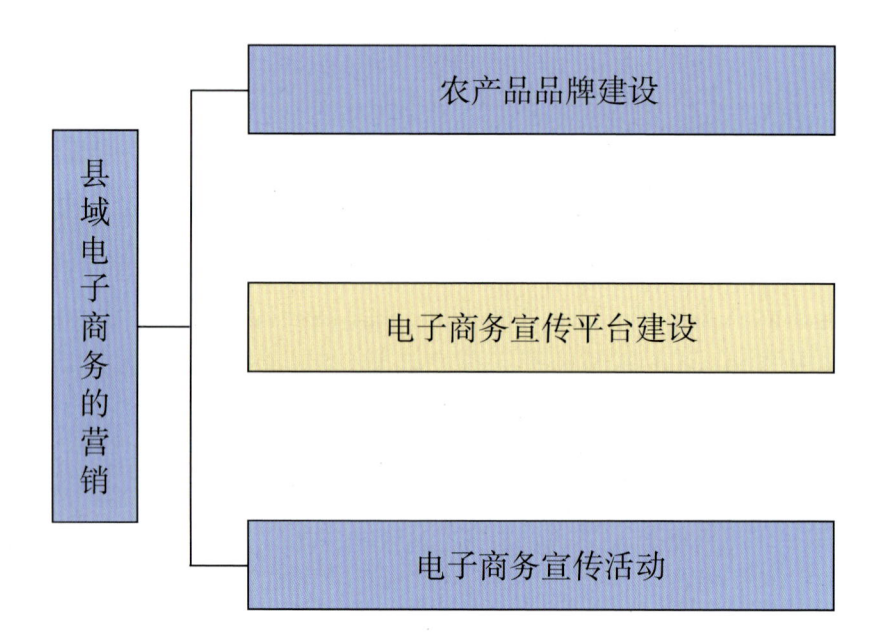

知识架构

```
                    ┌─── 农产品品牌建设
                    │
县域电子商务的营销 ───┼─── 电子商务宣传平台建设
                    │
                    └─── 电子商务宣传活动
```

第一节 农产品品牌建设

品牌是一种名称、术语、标记、符号或图案,或是它们的相互组合,用以识别某个消费者或某群消费者的产品或服务,并使之与竞争对手的产品或服务相区别,它更是产品质量的外延,是产品无形的效益。品牌对企业的发展、对产品的销售起着很重要的作用。品牌建设是提高企业综合生产能力和产品市场的竞争力的重要手段。随着中国经济的快速发展和人民生活水平的提高,农产品需求量的不断增大和人们对健康品质的追求,农产品品牌日益受到人们的重视。农业产业化的发展促进了农业生产的规模化和标准化,为我国农产品品牌战略的实施奠定了基础。农产品市场的激烈竞争,也使得农产品电子商务品牌竞争越来越激烈。

一、县域农产品品牌分类

当今时代是一个品牌制胜的时代,中国经济持续发展,中国人的餐桌越来越丰富,加上电子商务时代的到来,催生了许多县域农产品品牌,目前比较有影响力的有沁州黄小米、乌江榨菜、湘村黑猪、仲景香菇酱、天人和豆腐、礼县苹果等县域农产品品牌。农产品品牌一般有下面几种模式。

1. *产地品牌*

产地品牌是指拥有独特的自然资源以及悠久的种养殖方式、加工工艺历史的农产品,经过区域地方政府、行业组织或者农产品龙头企业等营销主体运作,形成明显具有区域特征的品牌。

一般的模式是"产地+产品类别",如"西湖龙井""库尔勒香梨""赣南脐橙""文县纹党"(图7-1)等,该类品牌的价值就在于生产的区域地理环境,至于这个区域哪家企业生产的,并不重要。一般这种有特色的产品品牌都已注册地理标志,受《中华人民共和国商标法》的保护,是一种极为珍贵的无形资产。

图7-1 文县纹党国家地理标志认证

2.品种品牌

品种品牌是指一个大类的农产品里的有特色的品种,既可以成为一个品牌,也可以注册商标如"水东鸡心芥菜"。有的品种到现在为止还没有注册成品牌,但是也广为人知,如红富士苹果。

品种品牌一般的格式是"品种的特色+品类名字"。例如,"彩椒"就是彩色的辣椒,这是外观的特色;"糖心苹果"就是很甜的苹果,这是口感的特色;"文县绿茶"(图7-2)是颜色的特色,"云南雪桃"是文化特色等。只要产品有特色,都可以注册成商标,也便于传播。

图 7-2　甘肃文县绿茶

3. 企业品牌

企业品牌是指以农产品企业的名字注册商标，作为品牌来打造，见图 7-3。例如中粮和首农就是企业品牌，打造的是企业整体的品牌形象。

图 7-3　企业品牌商标

企业品牌可以用在一个产品上，也可以用在多个产品上，例如"雀巢"这个企业品牌，有"雀巢"咖啡、"雀巢"奶粉、"雀巢"水等。

对于农产品流通领域来说，还有一种渠道品牌，也属于企业品牌这一类。渠道品牌就是一个渠道的名字，例如"天天有机"专卖店，里面卖的都是有机绿色食品，店里可以有几百个甚至上千个的产品品牌。

4.产品品牌

产品品牌是指对于单一一个或者一种产品起一个名字,注册一个商标,打造一个品牌,例如大连韩伟集团的"咯咯哒"鸡蛋(图7-4),这种模式大家日常生活中比较常见。

图7-4 大连韩伟集团的"咯咯哒"鸡蛋

二、用整合的思维建设品牌

1.思想整合

大多数县域特色农产品分布于各个乡镇村,而且都是各乡镇村的主导产业。传统的销售模式基本是各自为政,互不干涉,大多以原产地为主要产品标识。电子商务作为销售特色产品的新手段,需要特色农产品规模化、多元化、系列化、丰富化。各乡镇村特色农产品的单一性很难满足电子商务的发展要求,因此,可把各乡镇特色农产品集中起来,并统一命名。这需要各乡镇在思想上放弃各自为政的传统特色农产品销售观念,积极参与到县域统一的销售品牌的整合中,为形成县域品牌做出贡献。

2. 资源整合

资源整合方面主要涉及人才、资本、技术、管理和农业合作经济组织等的整合。一是人才整合。要集全县之力，吸纳各地最优秀的管理人才、信息人才、营销人才、财务人才、物流人才，引进各类具有实际工作经验的优秀人才，进行大整合，充分调动人才的最大潜能。二是资本整合。先集中进行一处或两处电子商务平台建设的试点，相对充裕的资本才能在一处或两处电子商务平台上发挥作用，做大做强后再向更多地方推广扩大。三是技术整合。电子商务的技术要求相当高，稍有不慎便会带来严重的后果，技术整合可以大大降低电子商务的经营风险。四是管理整合。电子商务是一项系统工程，涉及各个方面，强化管理的整合，才能保证电子商务最大效益的发挥。五是农业合作经济组织整合。县域特色农产品地域的独特性决定着一品一个农业合作经济组织，加强各特色农业合作经济组织间的协调、联合、沟通，确保特色农产品货源的充足。

3. 产品整合

电子商务表面看是虚拟交易，但核心仍是产品交易，对产品高质化、标准化、绿色化、特色化、服务化、多样化、专业化的要求更高，必须要有丰富多样的产品，才能满足不同消费者的需求。县域主要产品就是特色农产品，要克服特色农产品地域性、季节性和分散性的特点，必须把各乡镇不同种类的特色农产品进行整合，按消费者需求层次的不同来设置产品，形成多层次、多系列、多品种、多类别、多档次的多元产品，并按照特色农产品的特性打造出独具一格的县域打包式（多种特色农产品的组合）系列农产品，形成产品销售的联动效应。

4. 品牌整合

品牌是产品的标签，是宣传地域的助推器。县域各地特色农产品各有优势，各有品牌，并都以各自产地为主打品牌。这种形态在传统销售模式中具有独特优势，但在电子商务中就有很大弊端，最容易造成品牌产地的混乱，使消费者产生误区，不利于产品和地域的宣传推广。因此，加大产地品牌整合，形成具有鲜明标识的区域品牌，这既有利于产品的销售，品牌的树立，又有利于宣传县域文化旅游等多元化推广。

5. 物流整合

物流是为满足消费者需要而进行从起点到终点间原材料加工、库存、产品有效流动实施控制管理的过程，是对运输、装卸、包装、保管、信息及流通服务的统称。物流整合可以有效整合商品移动、有效整合流通信息、提升流通效率、降低流通成本、提高为顾客服务的水平。物流整合在普遍降低运作成本的同时，还能提供高效、优质的综合服务来满足消费者的各类需求。有些偏远县区运输条件相对差，产品运输能力整体还相对不发达，处在电子商务建设的起步阶段，为防止低水平重复建设、浪费资源，有必要提前进行物流整合，为建设一流物流平台奠定好坚实的基础。另外，物流整合其实质就是服务、整合，良好的服务是电子商务成功、县域商贸做大做强的基础，物流的整合不仅是服务的拓展，更是产品的延伸，是电子商务内涵的丰富和外延的扩张，是县域品牌走向国内、迈向世界的先导。

建设品牌的五要素简图见图7-5。

图7-5 建设品牌五要素

导入案例

"三千禾"——农产品电子商务的"加速度"

通榆县隶属吉林省,位于北纬45°,距离阿里巴巴总部所在地杭州2 000多千米。在这片广袤的黑土地上开创的政府搭台、企业唱戏、统一品牌的通榆模式为全国县域农产品电子商务走出一条新路。

作为政企共同培育的"新生儿","三千禾"的快速成长不仅为当地众多品牌、企业做出示范,也让其创始人——吉林云飞鹤舞农牧业科技有限公司董事长莫问剑(牟文建)有了更大的信心和目标。从大米、杂粮扩张到畜禽、养生产品等东北农特产品,短短1年,莫问剑及其团队完成从品牌到平台的全产业链布局。深耕原产地,围绕消费者需求,莫问剑将两端间的互通、互联作为创业支点,通过互联网、移动互联网等工具,开始撬动县域农特产品这块大蛋糕。

1. 造品牌:"三千禾"的示范效应

2013年10月,"三千禾"天猫旗舰店上线。店铺首页上的一封"通榆县致淘宝网民的公开信"正式开启政府背书、企业唱戏、统一品牌的县域电商新模式。通榆县政府和吉林云飞鹤舞农牧业科技有限公司联手以"三千禾"为品牌,将原产地农特产品集中推向市场。

通榆县拥有600万亩耕地,是世界杂粮杂豆黄金产区之一,盛产葵花、绿豆以及草原红牛肉、羊肉等农副产品。但是,长期以来,当地农户完全依赖上门收购的传统销售方式。信息不对称,产销分离,渠道匮乏以及品牌、标准的缺失,成为产品规模市场化、实现优质优价的掣肘。

缩小原产地和消费地之间的信息鸿沟、快速打造扁平化的供应体系成为互联网时代的新商机。和众多新农业领域的创业者一样,莫问剑也瞄准了这片蓝海,开始他的东北"垦荒"之旅。莫问剑的"垦荒"并非是真的开疆辟土,而是从消费端需求出发,挖掘、整合通榆的优质农特产品,统一质量、包装、品牌,进行标准化、规模化输出。结合自身的农业情怀以及对"三农"的深入了解,莫问剑借助互联网、移动互联网等工具,对农产品产业链进行全新改造,包括技术、流通、市场、土地等。

"三千禾"是第一个尝试走出通榆县,面向全国市场的通榆县本土品牌。在它的示范作用下,通榆县企业、农户触网积极性高涨,形成了"千村万店"的网店集群效应。一大批"三千禾"正陆续从这片黑土地上成长起来。

然而面对尾随者和竞争者,模范标兵"三千禾"的下一步该怎么走?

2. 建平台:打造独有产业链

"面对竞争最好的方式不是建立门槛或者壁垒,而是比对手跑得更快。"下一步，莫问剑计划打造移动端APP"放心粮"，在该平台上复制、孵化覆盖多个品类的"三千禾"集群。除了"三千禾"，以畜禽产品为主的"大有年"以及以养生产品为主的"云飞鹤舞"等自有品牌已完成筹备。2014年年底，企业已完成大米、杂粮杂豆、养生产品和畜禽等4个细分品类体系的构建。另外，更多原产地优质品牌、企业将陆续入驻"放心粮"。

从品牌到平台，最初的模范生开始向领导者角色转变，尝试在产业链的两端夯实竞争力。

莫问剑为平台勾勒出清晰的发展规划：在原产地与消费地之间搭建一条"云高速"，一端是生产地的优良产品，一端是市场对优质产品的需求和反馈。形成两端间短、平、快的供需协同是"云高速"的内核。莫问剑要打造的是"基地整合＋全渠道营销＋流量＋交易＋供应链服务＋口碑营销"的闭环。在产业链前端，莫问剑表示，原产地要想与消费地互通、互联，有3个前提：第一，必须出产优质的农特产品；第二，是优质农产品的最好原产地；第三，具备直供的可能，有足够大的体量。"只有符合这些条件，原产地的农产品才具备走向大市场的价值。入驻'放心粮'的品牌必须符合这三点要求。"

当调性一致的品牌汇聚在一起，"放心粮"将成为优质原产地直供品牌集合地。

"三千禾"天猫旗舰店上线以来，不断完善、壮大其渠道体系：以"三千禾"天猫旗舰店为起点，迅速扩张到1号店等其他线上渠道，形成网店集群，并地产商联手，推行社区O2O直供。同时，整合幸福9号、拉卡拉等终端，构建独特的原产地直供体系以及用户体验。

"互联互通的环境下不能完全依赖单一渠道，而是要挖掘每个渠道的价值。比如说，要打响一个区域品牌，综合性的电商平台较有优势，但针对老年人群体，幸福9号的黏性最强。""三千禾"的渠道攻势很猛，一边布局线上，一边强化线下资源的深度开发。未来，"放心粮"将成为移动端的主要阵地，实现品牌与用户的深度互动。

3. 重服务：以消费需求为导向

渠道建设的本质是为了让产品快速流通，而产销分离一直是农特产品市场化遇到的一座大山。了解消费端的需求是莫问剑强调的重点。在他看来，纯粹以定向采购的方式与原产地合作是不够的，聚合用户需求对产业链进行反向整合、改造才是打造产业链闭环的关键。

"与其说我们在做原产地的产品销售，还不如说我们正在提供市场对优质产品的需求服务。其实，我们是服务商。"莫问剑自我定义。他对服务的解读是：第一，教会消费者学会正确判断；第二，提供新鲜的食材；第三，提供最优质的物流解决方案。

"消费者学会了判断后，我们只需要提供优质的农副产品以及快捷的物流解决方案。当这些都做得足够好之后，就坐等消费者选择我们。"莫问剑并不赞同划分消费者，他认为，在消费者选择时代，服务的价值大于单纯的售卖。服务的背后既是用户体验的设计，也是消费需求的聚合。"消费者可以不买我的米，但要教会消费者如何判断什么是他们所需要的。聚合用户的行为、消费需求之后，就能以市场为导向来指导前端的资源整合与开发。"莫问剑说。

以需求为导向的C2B模式改变的不仅是产品与用户的供给关系，也改变了生产者在产业链中的地位以及生产方式。在与"三千禾"合作的过程中，通榆县东木村的葵花种植大户邢波尝到了甜头。让原本只能将葵花盘上的瓜子剥下来散卖的他没想到的是，"三千禾"以高价收购整个葵花盘。当年，他卖出了3 000多头葵花盘，收入增加了1万多元。邢波只是一个缩影。

传统小农思维下的耕种方式比较保守，很多农民种植的种子都是自留的，影响了产品的品质和产量。莫问剑选择和农科院合作，在当地建立"三千禾"合作社联合社。联合社由十余家合作社组成，莫问剑出任理事长。

由"三千禾"影响联合社，然后由联合社引导农民，从而更好地进行品质把控、规模销售以及统一服务。同时，通过"聚土地"等私人定制形式获取精准的用户需求。

将"三千禾"的服务理念延伸到"放心粮"就可以发现：未来，通过平台标准化的服务体系实现清晰的用户画像，从而引导原产地企业科学、合理地种植。

这是通榆模式的复制和延伸。

4.走出去：复制通榆模式

从品牌到平台搭建，从买进卖出到契约式的战略合作，通榆模式爆发出不一样的"通榆速度"。走出通榆，并将通榆模式进行复制和创新，这是莫问剑做大农业的野心。

"三千禾"之后，"大有年""云飞鹤舞"等品牌相继问世，这不仅是品类、品牌上的扩张，也是地域上的跨步。

选择产品资源最丰富的三四个县进行品类结构的完善是走出通榆的第一步。莫问剑说，具有差异化竞争优势的品类是首选。

在行业大佬们几经折腾却迟迟未能得手的农业领域，莫问剑的勇气与自信来自他对"三农"、商机的理解。

第一，不能简单地只看到商机。首先，对"三农"要寄予一定的情感，熟悉行业背景。如果对"三农"缺少了解和尊重，纯粹靠资金是很困难的。"农村电商，必须将农民的利益放在第一位。脱离这一点,这块沃土就不可能得到发展。"

第二,不是所有的原产地都适合直接对接消费地,关键在于品类的选择。现在很多农产品电商,尤其生鲜电商难以盈利的原因在于,很多人都奔着商机而去,缺少长期的发展考虑,对原产地的理解不到位,错误地进行原产地和消费地的对接。"很多产品的体量不大,本地消化就够了,没必要走向大市场。"

第三,农产品电商是一个系统工程,要整合各方社会资源,包括当地政府。"单纯地依靠企业用商业思维方式运作是纯粹的市场化运作,很难将农产品电商做大。新型农民组织以及新流通方式的形成,新技术手段的出现,包括将移动互联网嫁接到传统的产业中去,需要集合各方力量。"

三、县域品牌建设存在的困难

1. 农产品经营者缺乏品牌定位意识

特色农产品品种众多,但由于受传统农业生产经营观念的影响,当前许多农业生产者经营的核心不是品牌而仍然是产品。他们重生产、轻品牌、忽视名优农产品品牌的创立,生产出来的农产品大多数没有商标,只能以"原字号""土字牌"进入市场,产品规模偏小。从经济发达地区农产品品牌创建的经验看,多为先有规模后有品牌,规模支撑品牌。由于县域龙头企业数量少、规模少,龙头企业产品大多停留在初级阶段,从事初级或半成品加工。生产、加工等技术装备落后,科技含量和加工附加值低,致使企业效益差,品牌认知度不高,销售范围狭窄。当前县域农产品加工企业普遍为作坊式经营、家庭式管理、封闭式发展,精通质量管理的技术人才较少。农产品品牌营销缺乏足够的技术和人才支撑,限制了农产品价值的提升,创立和稳定自己名优品牌的后劲不足。如甘肃文县的纹党参、碧口镇的绿茶、贾昌村柿饼和中庙镇的小花生，以及分布于全县的"大红袍"花椒、核桃和土蜂蜜等，虽然产品质量很好，但产量规模偏小，地理位置较为分散，其品牌效应还没得到充分发挥。农产品品牌创建是一项长期的系统工程，需要地方政府集中打造，持之以恒地发力。品牌的三要素见图7-6。

图7-6 品牌的三要素

2．品牌差异化不够

差异化是建立品牌的基础。针对差异化问题，我们要从过去以数量扩张和价格竞争为主转向以质量型、差异化竞争为主的消费市场。特别是在市场同质化竞争里面创造差异化，强化品牌的差异化，强调产品的品牌诉求，因地制宜引导本地农村电子商务生态圈的发展方向，加快形成统一透明、有序规范的县乡村电子商务市场环境，开发具有地方特色的产品，形成产品集群的生态圈，才能使产品差异化给卖家带来可持续的收益。

文县隶属于甘肃省陇南市，因沿用古文州之"文"而得县名，位于甘肃省最南端、与四川省和陕西省交界处，地处秦巴山地，是甘肃的南大门。文县素有甘肃的"西双版纳"美誉，也是"大熊猫的故乡"，在甘肃白水江国家级自然保护区内的大熊猫数量约占全国数量的十分之一。文县的风景名胜有文县天池、铁楼藏族乡白马藏羌村寨、甘肃白水江国家级自然保护区等。在这样一个山清水秀的地方，盛产多种高品质的名优特产，如花椒、松茸、羊肚菌、文县纹党参、木耳、茶叶等。文县农产品品种丰富（图7-7），并有"文县纹党参""文县绿茶"等地理标志产品。但同一种产品有多个品牌，每个品牌的推广成本较大。一些农产品以乡村为经营范围，以分散的单个农户经营，产业规模较小，增加了品牌开发难度。因此，虽然文县有很多品质很好的农产品，但仍不为外界熟知。尽管如此，有些品牌与扶贫公益等相结合，在品牌差异化方面走出了自己的特色，比如文县的"陇上春"茶叶、"任和"系列农副产品、"山哥水妹"系列农产品、"青果""贾昌柿饼""中寨纹党"等品牌。

中庙小花生　　文县花椒　　天地红辣椒

图 7-7　甘肃文县部分农产品

3. 品牌精神内涵单一

有些县域农产品品牌缺乏富有地方特色的精神内涵，品牌文化内涵单一，没有独特的品牌故事。若能结合当地的文化特色，赋予农产品文化内涵，可使普通农产品变得生动，富有灵性，农产品品牌变得更为丰满，富有韵味，更能吸引消费者，增加销售量，提高市场竞争力，见图7-8。我国广袤的地域，五千年文明发展史，创造了许多文化历史积淀深厚的美食，留下了许许多多与吃有关的趣味故事和历史名人。这些历史人文沉淀在美食中，让品牌与品牌饮食文化相连，大大增强了品牌的价值。例如：山西小米沁州黄是中国著名小米品种、地域名品。在品牌策划公司的帮助下，沁州黄开始打历史文化牌。沁州黄小米因为受到康熙皇帝的青睐，被奉为皇家贡米，赐为"四大名米"之首。以"黄金产区，皇家贡米"为品牌价值诉求，提炼"源于北纬36°世界小米黄金产区"的价值支撑，并以"鼎"为载体，把"小米"两字融合进去，设计了全新的品牌标识，大气、厚重，彰显文化品位。

图7-8 品牌共性

4. 品牌的传播手段落后

有些偏远县域经济相对封闭,部分农产品企业和个人对日新月异的科技和商业信息不够重视,既不注意收集、传递信息,更不注重提炼、运用信息。特别是在部分农村,信息承载量大、传递速度快的互联网还未通达,信息相对封闭,无法根据市场的需求及时调整种植结构,无法从市场信息中受益。有些县农副产品同质化比较严重,只有品牌的宣传力度到位,才有可能抓住消费者;只有抓住了消费者,市场占有率才有可能上升;只有持续的产品创新,才能长期留住忠实的客户。传统农副产品推广渠道平台是以口碑相传,电视、报纸、各地的季节性展览会为载体。这些宣传有的成本高昂,有的很难确认广告受众的真实信息,有的传播时间太短,有的传播的内容太少,有的信息更新不及时。若能突破传统的传播手段,用事件营销、病毒营销、体验营销、网络营销等手段,将大大有益于县域农产品走出来,成为全国的知名农产品地域品牌。

四、县域品牌建设的路径

(一)因地制宜,选好产品

陇南虽然山大沟深,交通不便,但境内气候温润、海拔较低,出产的花椒、油橄榄、核桃、苹果等特色农产品品质较优,网上重点推广的产品选得好,注重品牌与营销的双重关系。

由于农产品的非标性和同质化,若要提升产品价值,品牌化是重要手段。尤其电子商务是网上销售,更需要品牌化来打造辨识度和信任度。

近年来,甘肃省陇南市的各县区不断强化农产品品牌建设,积极引导企业深入推进"三品"认证,开展商标注册,实行品牌化营销,提升品牌效益。例如,"贾昌柿饼""山里宝核桃"获得绿色认证,"文县纹党""文县绿茶"被评为国家地理标志产品。农产品品牌建设取得良好成效。

(二)做好农产品的品牌定位

农产品品牌定位的目的是创造鲜明的农产品企业个性,树立独特的农产品企业形象,并挖掘企业农产品的具体产品理念,突出其核心价值,在本质上展现其相对于竞争者同类产品的优势,以求在众多同行企业的竞争中脱颖而出,独树一帜,赢得更多消费者的认同。

随着收入和生活水平的提高,消费者的品牌意识在不断增强,对品牌的依赖程度不断加深。在他们看来,有品牌的产品代表着安全、健康、绿色、优质,在经济能力不断提升的情况下,他们更愿意去购买那些有品牌的产品。

品牌是产品进入市场的名片,对产品营销具有重要的推动作用。加快农产品品牌开发,是推动农业产业升级、促进农村经济发展的重要举措。近年来,部分县域紧紧围绕具有地方特色的时鲜(干)果、茶叶、养殖、中药材、林业特色产业,集中精力,实行政策倾斜,寻找重点突破,培育和发展了一批具有一定带动力的产业龙头,打造了一批具有市场竞争力的品牌农产品,但由于受地理和历史等诸多因素影响,在农产品品牌建设中还存在一些突出问题,有待寻找破解之策。农产品品牌定位流程如下。

1. 农产品市场定位

农产品市场定位的实质是取得目标市场的竞争优势,确定企业及其产品在顾客心目中的适当位置并留下值得购买的印象,以便吸引更多的顾客。因此,市场定位是企业市场营销体系中的重要组成部分,对于提升企业市场形象,提高农产品市场竞争力具有重要意义。

农产品市场定位基本流程：第一，确定市场消费者欲望和需求；第二，对比竞争者所提供的产品，分析自己产品所提供的利益；第三，决定哪些利益对消费者是最重要的；第四，研究竞争者提供的利益及消费者的看法；第五，调整自己所提供的产品，使之更好地满足消费者的需要；第六，开展促销活动，使产生一个自己希望市场理解和认识的形象。

农产品市场定位的方法有很多，但由于农产品具有与一般产品不同的特点，因而其定位方法有其特殊性。第一，根据农产品的质量和价格定位。农产品质量和价格本身就是一种定位，一般来说，价高质优。对优质农产品实行高价，使其与普通农产品区别开来，满足消费者对优质农产品的需求，从而达到市场定位的目的。第二，根据农产品用途定位。同一种农产品可能有多种用途，可直接食用，又可以加工增值，当发现一种农产品有新的用途时，可以用这种定位方法。第三，根据农产品特性定位。农产品特性包括种源、生产技术、生产过程、产地等，这些特征都可以作为农产品定位的因素。

农产品品类繁多，要想迅速切入市场，占领消费者心智，实非易事。而在资源有限的情况下，从某个单品切入，努力做到聚焦、简单、极致，实现单品突破，不失为一个好办法。极致营销的前提是细分市场、精准定位。

2. 农产品形象定位

（1）形成农产品形象定位的要求　"好酒不怕巷子深"的时代已一去不复返，再好的商品如果不进行强有力的宣传，将难以被社会公众认知，更难成为有口皆碑的名牌。提高产品的知名度和美誉度，促进名牌的形成，可以从以下几个方面着手：第一，加大广告投入，选择好的广告媒体。广告是企业用来向消费者传递产品信息的最主要的方式。广告需要支付费用,一般来说投入的广告费用越多,广告效果越好,要使优质农产品广为人知,加大广告宣传的投入是必要的。可利用广告媒体,如报纸、杂志、广播、电视和户外路牌等来传播信息。第二,改善公共关系,通过品牌名称塑造品牌形象。通过有关新闻单位或社会团体,无偿地向社会公众宣传、提供信息,从而间接地促销产品,这就是公共关系促销。公共关系促销较易获得社会及消费者的信任和认同,有利于提高产品的美誉度,扩大知名度。第三,注重产品包装,提升产品价格。进口的泰国名牌大米,如金象、金兔、泰香、金帝舫等,大多包装精致。而我国许多农产品却没有包装,有些即使有包装也较粗糙,这不利于名牌的拓展。包装能够避免运输、储存过程中对产品的各种损害,保护产品质量;精美的包装还是一个优秀的"无声推销员",能引起消费者的注意,在一定程度上激起购买欲望,同时还能够在消费者心目中树立起良好的形象。第四,根据产品特点塑造品牌形象。第五,依靠科技打造品牌。科技是新时期农业和农村经济发展的重要支撑,也是农产品优质、高效的根本保证。因此,创建农产品品牌,需要在产前、产中、产后各环节全方位进行科技攻关,不断提高产品的科技含量。一是围绕市场需求,在农作物、畜禽、水产的优良、高效新品种选育上重点突破,促进品种更新换代,以满足消费者不断求新的需求;二是围绕新品种选育,做好与之相配套的良种良法的研究开发与推广工作,要着力解决降低动植物产品药物残留问题,保证食品卫生安全,以消除进入国际市场的障碍;三是围绕产后的保鲜、储运、加工、包装、营销等环节,开展相应的技术攻关,加大对保鲜技术的研究,根据消费者购买力和价值取向设计开发不同档次的产品，逐步形成一个品牌、多个系列，应用现代营销手段扩大品牌知名度，培育消费群体，提高市场占有率。另外，围绕国际市场注重技术引进，积极引进国外新品种、新技术、新工艺，并通过技术嫁接，推动国内品牌的创建。

建立品牌形象的简图见图7-9。

图7-9 建立品牌形象的路径

（2）农产品形象定位的重要性　品牌形象定位是品牌推广的关键，是有效营销过程中的第一步。如果不能找准自己品牌的定位，那么就会使很多推广的努力大打折扣，或者偏离方向。品牌定位就是给品牌找一个位置，主要是指品牌给消费者的一种感觉，使消费者感受到一种结果（图7-10），比如品牌的档次、特征、个性、目标人群等。在产品越来越同质化的今天，品牌定位已是举足轻重，要成功打造一个品牌，以差异化为指导的定位路线显得越来越重要。差异或定位使产品或服务具有的一个特殊的形象，然后把这一特殊的形象植入消费者的头脑中，从而在消费者心中有一个独特的位置。它让产品的品牌富有个性，诉求消费者关心，且是竞争对手所没有的东西，在消费者心中建立品牌，促成消费者的购买。

图 7-10　品牌形象与消费者体验（本图引自淘宝大学）

3. 农产品人群定位

很多企业理解的人群定位是指使用人群，然后对这个消费人群的年龄、消费能力进行分析。其实，给产品做人群定位的时候，不光考虑使用产品的人群，还需要进行更进一步的细分，产品不同，买单的人也不同。范志峰认为在给产品策划人群定位的时候应考虑4类人群，目标消费人群、潜在消费人群、目标购买人群、潜在购买人群。不能把购买人群和消费人群混在一起，还需要分析有没有潜在的人群，人群定位准确，产品的销量就跟着上去了。

4. 农产品价格定位

（1）高价格定位　高价格是一种高贵质量的象征。只要你的农产品属于高质量的类别，高价位就不会使顾客感到惊讶，而是合乎情理。尽可能在产品的生命初期，在竞争者研制出相似产品之前，尽快收回投资，并且取得相当的利润。然后随着时间的推移，再逐步降低价格使新产品进入弹性大的市场。一般来讲，对于全新的产品、受专利保护的产品、需求价格弹性小的产品、流行产品、未来市场难以测定的产品等，可以采用高价格定位。

（2）低价格定位　在同一质量和服务水平上，低价格位是吸引顾客的有力武器。企业在产品上市初期，利用消费者求廉的消费心理，有意将价格定得很低，使得新产品以物美价廉的形象吸引顾客，迅速占领市场，以谋取远期的稳定利益。

（3）市场平均价格定位　对于已经存在的农产品品牌，它已经有了一定的市场，我们可以对市场进行调研，分析目标消费群体，根据消费者对产品价格需求来定位。农产品品牌没有达到其准确市场定位的目标，定价过高或定价过低，均会给其品牌的发展带来非常不利的影响。主要表现为3个方面：一是没有有效地进行农产品品牌的市场定位，导致其目标消费者群体不清晰；二是不能有效地确定和竞争的农产品品牌的无差别区间，在和竞争对手品牌的价格定位上常常出现价格差异幅度不当的问题；三是对于顾客转移率或行业内产能淘汰率估计过高，常常导致了农产品品牌厂商不恰当地运用价格战的竞争方式，破坏了既有的农产品品牌的价格定位，也给其品牌其他产品的发展带来非常不利的影响。

总之，以市场需求为导向构建农业产业体系，必须正确运用定价策略（图7-11），切实解决农产品品牌定价过程中存在的主要问题，加强农产品品牌建设，进而实现质量效益目标。

图7-11　价格定位方式（本图引自淘宝大学）

（三）县域农产品品牌营销

1. 农产品品牌策划

（1）农产品品牌策划的网络化　以烟台苹果为例，其品牌已经打响，需要做的就是通过品牌营销策划使其更好地与网络化模式相融合。具体方法以烟台苹果为主导产品的相关主体选择合适的交易模式，构建公平、开放、自律的交易平台，补足基础服务，深入品牌营销策划推广，开发新型模式，推动产业升级。

相比之下，新西兰的猕猴桃产业在品牌营销策划方面做得就很成功，其成功主要源于政府的政策支持，政府组织果农成立股份公司，聘请专业人员进行管理，并立法规定任何果农和组织不得擅自出口，所有出口产品必须有统一的品牌、质量标准，深入结合网络化进行统一营销推广。

（2）农产品品牌策划的定位与发展　在进行农产品品牌营销策划时，大型农业企业利用资源优势切实为广大农民服务，借鉴新西兰模式，放弃盈利目的，改成公益性，组织农民入股，引入第三方监督。而对中小型农业企业而言，应立足长远，真正为产业而服务，生产合作社模式是大势所趋，农民要真正获得生产流通效益，农产品流通的中间环节就要减少。农产品的网络化在进行品牌营销策划时，要通过控制生产环节来控制整个产业链，让新型资本从生产入手进入农业领域，走出一条品牌化道路。

还是回到烟台苹果的例子上，以烟台苹果为代表的农产品要想实现网络化，在品牌营销策划中就要建立多对多的公开市场，建立实体贸易平台，实现农产品现货交易的健康发展。而目前现状却是没有可以有效服务烟台苹果实体贸易的模范平台，现有平台存在一个短板：交易场所想取代各级批发市场成为集中交易地点，但是并未提供相应水平的物流服务，变相否定了农产品批发市场的价值，集中交易成了只有虚拟博弈没有实体交收的投机场所。在目前农产品品牌营销策划中，这一现状是需要重点改变的。

2. 农产品品牌市场营销手段

最常用的农产品市场营销手段有：网络营销、事件营销、体验营销、病毒营销等，见图7-12。

图7-12 市场营销手段

（1）网络营销　网络营销是现阶段比较流行的一种销售方式。但农业产品的网络销售，尤其是初级产品的销售，与时节关联较大，它不像其他的深加工产品可以常年销售，网络销售目标非常明确，就是一线城市及省会城市。

（2）事件营销　事件营销正成为农产品品牌塑造和传播的主要手段。事件营销是企业通过策划、组织和利用具有名人效应、新闻价值以及社会影响的人物和事件，吸引媒体、社会团体和消费者的兴趣与关注，以求提高企业或产品的知名度、美誉度，树立良好的品牌形象，并最终促成产品或服务的销售目的的手段和方式。

事件营销之所以越来越受到重视，关键在于它的独特魅力。首先，与目前高额的广告费相比，具有产出投入比高的特点，不失为一种推广产品的较好选择。据有关人士统计分析，企业运用有创意的事件营销手段取得的传播投资回报率约为一般传统广告的3倍，能有效地帮助企业建立商品品牌的形象，直接或间接地影响和推动商品的销售。其次，事件营销是以新闻事件的形式出现在大众眼前，消费者的信息接受程度较高，能得到更好的传播效果。再次，事件营销传播的效果一般会随着事件的发展而持续影响受众，形成更深层次、更有影响力的二次传播。同时，相对于无限的信息来说，人的注意力是有限的、是稀缺的，一些大的企业都不得不面对"广告的尴尬""公关的困境""终端的苦战"，更何况发展不久的农产品企业。

事件营销通过借势与造势策略的成功运用，抓住了公众"注意力"这个稀缺资源，使企业在公众头脑中形成一个记忆点，从而保持长久的生命力，牢牢树立自己的品牌形象。事件营销之所以效果显著，是因为抓住了消费者的好奇心理，如能很好地策划、利用某一事件激发人们的好奇心理，营销者将会收到良好的市场促销效果。

目前农产品的生产经营相对于其他产业来说比较特别，农产品对自然资源和自然条件的依赖性非常高，农产品与人们的日常生活紧密联系，其目标消费群体目前只是局限于一些低收入者。所以如果采用工业品那种品牌经营模式来运作农产品品牌，还存在很多难题，并且效果也不太理想，而在农产品品牌塑造过程中采用事件营销策略则会起到很大的作用。

由于农产品营销在我国起步较晚，运用事件营销获得成功的例子还很有限。借鉴其他产品的成功经验，有三种策略可供塑造农产品品牌使用：一是借势，二是造势，三是整合营销传播。

第一,借势策略。借势策略,即企业及时抓住广受关注的社会新闻、事件以及人物的明星效应,结合企业或产品在传播或销售中欲达到的目的而展开的一系列相关活动。最常见的借势策略有如下4种。

第一种,新闻借势策略。利用社会上有价值、影响面广的新闻,或者与相关媒体合作,不失时机地把自己的品牌、新闻事件和消费者身边的热点问题联系在一起,发表大量介绍和宣传企业产品或服务的软性文章进行报道,以理性的手段传播自己,从而吸引公众的视线。

第二种,体育赛事借势策略。体育赛事是品牌最好的广告载体,具有沟通对象数量大、传播面广和针对性强等特点。企业可以借助体育赛事,冠名、赞助广受人们关注的重大体育活动和体育比赛来推广自己的品牌,以吸引消费者和媒体的眼球,达到传播自己品牌的目的。

第三种,明星借势策略。崇拜和模仿明星的行为是人类的一种心理习惯。根据消费心理学,当消费者不再把价格、质量当作购买障碍时,可以利用明星的知名度去加大产品的附加值,培养消费者对产品的感情、联想和追捧。农产品品牌大多历史悠久,文化底蕴深厚,有很多历史名人典故,如能挖掘整理出来,则可以借历史名人为该产品代言。

第四种,公益性借势策略。关注公益事业,开展公益活动,可以降低炒作的嫌疑,容易赢得更为广泛的受众的关注和好感,树立良好的"公民"形象。普洱茶的"马道·瑞贡京城"活动,组织者以"马背托起希望"为主题,利用某茶叶公司捐赠的5 600片普洱茶茶饼,在云南马帮沿途经过的昆明、成都、西安、太原、北京举行义卖义拍,将所得款项用来兴建希望小学,扩大了普洱茶的知名度和美誉度,提升了品牌形象，有力地弘扬了普洱茶文化。

第二，造势策略。"造势"则是指企业或社会团体通过精心策划组织，围绕企业或产品，制造有新闻价值和广泛关注度的新闻事件，达到受众关注的目的。常用的造势策略有：①舆论策略。企业通过与相关媒体合作，有针对性地发表大量介绍和宣传企业产品或服务的软性文章来传播自己。广东凉茶利用媒介来宣传自己产品具有清热解毒的作用，通过功能诉求"怕上火就喝王老吉"，从而使受众形成了凉茶是降火良药的认识。②活动策略。是企业为推广自己的产品而组织策划的一系列宣传活动，以吸引消费者和媒体的眼球达到宣传自己品牌的目的。通过各种活动来宣传地理标志农产品品牌，可提高知名度，引起消费者的注意，达到广告等所达不到的效果。③概念策略。是企业为自己的产品或服务所创造的一种新理念、新潮流。地理标志农产品具有丰富的文化内涵，其生产、加工往往体现了当地居民的传统知识，承载着当地居民的知识创造，从而形成有关农产品的传统生产方式和制作工艺，该产品往往具有物态符号。

第三，整合营销传播策略。农产品企业在开展事件营销塑造品牌的过程中应充分发挥整合营销传播的优势，有"势"就要借，如果没"势"，那就需要自身去"造"。企业通过整合本身的资源，通过策划、组织和制造具有新闻价值的事件，吸引媒体、社会团体和消费者的兴趣与关注。著名白酒品牌"水井坊"曾多次参与和举办宣传活动，如举办水井坊之夜新年音乐会，邀请享誉世界的维也纳青年交响乐团给消费者带来优雅欢乐的音乐；策划水井坊美酒之旅，邀请消费者代表和水井坊酒文化使者到西方的美酒圣地法国干邑取经，让美酒西游成为中西文明的欢乐之旅。这一系列的活动吸引了目标顾客和媒体的眼光,达到了企业传播、树立品牌形象的目的。

运用事件营销塑造农产品品牌应注意的问题:

第一,事件营销的目标要明确。开展事件营销进行品牌塑造,这个事件的影响力和农产品自身特性有没有真正的联系?它的消费对象是谁?市场目标是什么?企业中长期的战略目标是什么?企业只有先对这些问题有了清晰的定位后,当外界有事件发生时才能迅速地做出判断:究竟有没有必要搭乘这样的便车,避免陷入凡是大活动都要参与的盲目状态。

第二,进行事件营销找到合适的切入点是关键。切入点的选择与事件和品牌的核心紧密相关。大企业有比较常规的切入点,比如捐赠、赞助。这些方式固然好,但花费很大,捐款的额度往往与影响力成正比,大多数农产品企业目前规模还比较小,还不能承受较大金额的花费。因此农产品企业要独辟蹊径,创造一些新的切入点,并确定一个主题,在统一的主题下,进行分阶段有计划的运作。

第三,事件营销要求事件与产品有高度的相关性。开展农产品事件营销必须围绕品牌的核心价值,将公众的关注点、事件的热点与企业的诉求点统一起来。在制订方案规划时,一定要将企业和品牌的特点进行准确的提炼,以之为诉求。将公众的关注点融入事件之中,通过事件的传播来实现企业的诉求,达到品牌核心价值的传播。农产品在事件营销过程中应将自己的核心价值,比如绿色、有地域特色、口味独特等融入事件之中,通过事件的传播塑造自己的品牌。

第四,开展事件营销要有长期战术规划,切忌生搬硬套。事件营销的成败还有一个关键点就在于品牌、产品、企业与事件的关联性,运用得当,增辉添彩,运用不当,则费力不讨好,甚至落下笑柄。

事件营销虽然从单个事件来看属于短期战术行为，但从长期来看则属于企业品牌塑造链上的一环，是一种有关品牌塑造的战略行为，品牌的主题概念与事件的统一性及连续性是成功事件营销的重要保证。然而，很多企业只追求短期轰动效应，结果造成投入大量人力物力却未获得长期效应的局面。农产品企业应以自身资源状况和目标消费群体的喜好和心理特征为依据，来制定事件营销的原则和执行策略，形成品牌自身的事件营销的特色，使得企业的事件营销能够贯穿品牌成长的全过程，形成农产品品牌自身的特色。

第五，避免事件与企业品牌、产品互不融合。不少企业在事件营销中盲目跟风，只要产品品牌与事件能牵强附会地搭上关系，就生搬硬套将二者连到一起，不考虑产品与事件的相关性，最终只会导致产品形象混乱、目标市场模糊。特别是农产品，以其自身的独特性，一些热门事件可能是一些企业进行事件营销的良好切入点，但其实未必适合。

第六，注意活动的参与性。策划事件营销，如果能让更多的公众参与到事件活动中，激发公众的感情或兴趣，从而吸引消费者的行为，会达到事半功倍的效果。

第七，提前做好事件营销的风险预测与防范工作。凡事预则立，不预则废。方案的策划和实施必须学会从最坏处着想，向最好处努力。由于事件本身具有时效性、不确定性和高风险性，企业在借社会热点事件、新闻之势或通过企业本身策划进行造势来达到传播企业信息的目的时，可能暗藏着风险。企业一旦决策失误，就极有可能陷入痛苦的泥潭。因此有必要对将要运作的事件做一次全面的风险评估。

（3）体验营销　在热火朝天的营销中，客户悄然被"谋杀"，是谁惹的"祸"——体验式营销。体验营销是通过看、听、用、参与的手段，充分刺激和调动消费者的感官、情感、思考、行动、联想等感性因素和理性因素，重新定义、设计的一种思考方式的营销方法。运用体验营销的企业很多，因为企业可以通过创造营销"体验"，增加市场对核心产品的需求，或者成为潜在客户建立关系和达成交易的起点，而且，这种营销方式的效果比较明显，成功运营体验式营销的企业也很多。

（4）病毒式营销　病毒式营销是通过社会人际网络，使信息像病毒一样传播和扩散，利用快速复制的方式传向数以千计、数以百万计的受众。也就是说，通过提供有价值的产品或服务，"让大家告诉大家"，通过别人为你宣传，实现"营销杠杆"的作用。病毒式营销已经成为网络营销最为独特的手段，被越来越多的商家和网站成功利用。

导入案例

文县山哥水妹电子商务有限公司营销

文县山哥水妹电子商务有限公司是一家以政府为主导，协会为主体，整合文县资源，广泛联络县内外企业平台，打造"山哥水妹"品牌，推广文县当地土特产和提供互联网服务为主的综合性电子商务服务公司。公司以"互联网＋多平台运作"的模式，依托专业的服务团队、最新的开发技术、丰富的建设经验，促进文县电子商务事业的快速发展，为文县电商扶贫事业添砖加瓦。山哥水妹公司自2016年5月运营以来，在诸多方面取得了一定的成效，主要做法与措施有以下4个方面。

一是完善县域优质网货平台，打造山哥水妹县域品牌。山哥水妹公司对全县网货进行了摸底、分类、讨论，共整合网货30多种，在统一标准、统一质量、统一包装、统一价格的基础上，开发网货新包装，确定了以"山哥水妹"为形象代言人的县域网货产品，为全县2016年35个电商扶贫村级站点建设统一配送网货，有效地避免了站点建设中网货参差不齐等的情况，发挥了县域网货平台整合作用，让"山哥水妹"品牌走出陇南，走向全国。

二是网络销售与实体销售相结合，促进销售额不断增长。第一，企业店铺销售业绩人气旺。公司淘宝企业店铺上线半年销售额接近80多万元，取得了良好业绩。公司产品主要分为四大类：本地特色产品、中药材、菌类、旅游产品。主打产品主要是：纹党参、羊肚菌、天麻、花椒、核桃、蜂蜜等，得到了广大消费者认可。第二，线下销售走俏。旅行社组织全国各地行至此处的游客参观文县电子商务中心一楼农产品展示大厅，购买文县绿色农特产品花椒、蜂蜜、核桃、香菇、木耳、辣椒面、阴平党参酒等及文化旅游产品。游客回家食用后，对产品满意即可通过网络下单再次购买，公司稳定了许多回头客，提高了产品的销量与人脉。第三，网店详情页介绍，吸引线上顾客到文县旅游。山哥水妹特产店店铺装修突出了文县白马民俗文化主题，将美丽的自然风光与原生态农产品结合起来，吸引店铺顾客去九寨沟旅游的同时，体验文县碧口古镇、铁楼藏族乡草河坝村、石门沟、天池镇天池等景点旅游观光，体验独特的风土人情，互联网与旅游深度融合带动了当地产业的发展，给文县经济插上了腾飞的翅膀。

三是以电商扶贫为引领，开创旅游电子商务O2O模式。山哥水妹公司在电商扶贫站点建设中，主动与当地贫困户取得联系，优先并以高于市场价格收购贫困户农特产品，随后进行包装与销售。公司开创了旅游电子商务O2O模式,突破传统销售格局,借助丰富的旅游资源,通过线上和线下的协调运作,极大地拓展市场空间。"互联网+旅游+农产品"的发展模式取得了良好的效益,利用线上带动线下销售模式,农产品卖上了好价钱,老百姓得到巨大实惠,提高了文县农特产品知名度。山哥水妹公司旅游电子商务O2O模式是一种"智慧扶贫"模式,为文县的扶贫事业注入了活力和动力,开创了新篇章。

第二节 电子商务宣传平台建设

县域电子商务的营销离不开宣传平台。县域电子商务营销建设需要构建高效的电子商务宣传平台,发挥媒体作用,示范引领作用,加大电子商务主体参与度,形成良好的互动沟通体系。

一、构建高效电子商务宣传平台

打造规范高效的宣传推介平台,应用微博、微信、抖音等各种新媒体营销手段,营造浓厚电子商务氛围,是宣传县域电子商务的有效手段。通过制订县域特色农产品宣传推广方案,依托文化创意、乡村旅游等,对民俗文化产品、农特产品等进行广泛的营销推介,对县域电子商务的发展起到很大的促进作用。

社交媒体在电子商务企业优化营销方面的作用日益显现,主要表现在以下几个方面。

1. 利用社交媒体,电子商务企业便于了解客户需求

低成本的社交媒体承载着大量有效的信息,便于电子商务企业

准确了解客户需求。电子商务企业利用社交媒体可以更好地了解客户的需求，并及时做出反馈，从而不断调整营销策略。社交媒体互动性自然提高了电子商务企业内外部信息沟通的双向性，也使得电子商务企业与消费者之间、消费者与消费者之间有了更为及时、准确和高质量的沟通与反馈。电子商务企业通过这种廉价、高效的社交媒体，可以获得真实准确的客户需求信息，从而提供更好的服务。

2．通过网络营销吸引顾客并增强客户黏性

社交媒体的发展使电子商务营销的渠道更丰富，社交媒体的互动性使电子商务营销更加人性化。因此，电子商务企业通过网络营销可以吸引顾客并增强客户黏性。电子商务企业可以利用社交媒体创造的信任度来吸引潜在顾客，还可对不稳定的顾客增加黏性。如我国电子商务零售企业"凡客诚品"通过"凡客达人"这一社区迅速发布并扩散企业新品信息，获取客户需求。与此同时，达人们要想维持大量"粉丝"访问和留言，自己首先要不断购买新的产品来更新自己的社交网络内容，并吸引新的消费者，企业通过这种方式，进一步增强了客户黏性。

3．运用社交媒体，电子商务企业可提升自身的品牌形象

社交媒体中的每一个参与者都具有一定的传播属性，有可能成为一个信息源，当这些信息渗透到各自的网络中，就可能形成大规模传播之势。顾客在互动的过程中采取给予产品服务好评等方式，实际上也是在为企业做免费的广告。在逐渐走向成熟的社会化营销中，社交媒体的广告效果日益显现。同时，电子商务企业利用社交媒体可以迅速进行危机的"微化解"。社群化营销实例见图7-13。

图 7-13　甘肃陇南市在微博上通过礼县苹果讨论社群化营销

二、发挥媒体作用

在媒体作用发挥方面，甘肃陇南的经验值得借鉴。该市通过壮大微媒矩阵力量，唱响互联网上的"陇南声音"，有力助推电商发展。相关微媒矩阵对陇南产品和网店集中宣传，形成很高的网络关注热度。共青团系统的干部利用自身优势，争先恐后，走到前列。在微商发展上积极作为，特别是在宽带没有覆盖的贫困地区，政府拿出一定的资金作为移动终端流量补贴费用，鼓励乡镇干部和贫困群众通过开办微店发展电子商务，增加群众收入，微媒助推电子商务发展，提高陇南知名度。陇南市有 2 900 多个政务微博、561 个政务微信公众平台、385 家政务网站、27 家商业网站以及众多个人微博、微信，组成"微媒矩阵"，集体发声叫卖陇南产品，助推电子商务发展取得了显著成效。

三、发挥示范引领作用

发挥示范引领作用就是要优先支持那些已经取得成绩、发挥典型引领作用的电商。社会上许多企业、合作社、创业人员都在看，看什么呢，就在看电子商务发展形势，要不要参与进来，从哪里能看出来呢，就是这些发挥典型引领作用的电商。因此，县域各级政府可优先支持好现有的优秀电商，同他们一起谋划发展、解决难题，帮助他们扩大规模、扩大影响，让他们发挥"母鸡带小鸡"的作用，用发展的实绩引领本行业、本地区更多的人投身电子商务。政府除了加大对优秀电商政策支持力度外，还可在评选荣誉、参政议政等方面给予倾斜，通过组织电子商务企业和个人，学习先进地区的营销推广经验，总结创新营销手段，对全县电子商务成功企业、成功案例进行重点宣传报道，真正起到示范引领作用。

四、加大电子商务参与度

通过组织县域优秀电子商务企业、个人及村点参加电商扶贫创业大赛，众筹扶贫大赛、购物节等，可扩大县域电子商务的影响力，促进电子商务进一步发展。将文化融进营销，创意举办以农事为主题的节庆文化活动，可以调动大家对电子商务的参与度和积极性，提升县域电子商务的知名度、影响力和美誉度。比如甘肃陇南文县的白马文化艺术节、礼县的苹果节（图7-14）、成县的核桃节等，吸引了很多电商主体的参与，促进了电商产品的品牌传播。在节日里，可通过行业论坛、产品推介、文娱表演、比赛评选、参观体验、销售促销等一系列活动，对产品和品牌进行塑造、宣传和提升，将企业有特色的重大生产经营活动礼仪化、程式化，也是挖掘传统文化、塑造品牌内核、传播品牌形象的好载体，让更多的消费者参与进来体验，更进一步了解产品特性。

图 7-14　甘肃陇南礼县苹果节

五、形成互动沟通体系

通过宣传推介及开展培训等工作，有利于县域内网店业主树立互联网思维，从产品售卖、产品流通、产品售后等方面加强与用户的沟通交流，根据用户意见和需求，优化产品包装、储藏、运输等重要环节，提高网店信用度和电子商务运营水平。

成千上万到店的消费者信息，是做网店的重要资源。淘宝店主能够获得消费者的基本资料和联系方式，能够了解消费者的需求爱好及习惯，能够把消费者分门别类进行管理，能够有的放矢针对这些消费者进行互动营销，这是线下渠道很难轻易做到的。

店主可以利用订单里的信息建立简单的档案，比如购买了什么商品、地址在哪、性别、大致年龄、淘宝旺旺号码、QQ号、邮件地址、手机号码、电话号码等。订单里一般没有用户的性别、大致年龄、

QQ号、邮件地址等信息，但是这些信息可通过发货前或者刚发货就让售后部门联系消费者而获得。

有了规范的档案就可以通过以下工具来加强与消费者的互动。

1. 短信应用

短信（包含彩信、语音短信）直达用户手机,到达率、阅读率很高,使用得当效果非常好。在给用户发短信前要判断这些用户的大致喜好，档案越详细的，消费喜好越好判断，如果档案不够详细，可以从他所购买的商品做初步判断。比如对已经购买核桃的消费者进行分析，第一陇南的核桃油多，营养丰富，是老树核桃，口感好，味道浓，产品被消费者认同；第二核桃是持续消费品，吃完后会产生二次消费；第三若两斤包邮，大约30天吃完。所以，可选择30天前购买过核桃的用户作为群发目标，发布核桃的最新促销信息。有人群发了约300条，经过统计，一轮短信实现的二次消费能达到12%以上。

2. 邮件营销

很多商户都在用邮件营销，如何能够提高邮件群发效果？首先同上需要先分析用户档案，判断用户喜好，互动营销的核心工作就是用户行为分析。对用户做基础判断后，根据人群特点来选择推荐商品。有核桃电商曾在某年8月对购买过青皮核桃的消费者开展了邮件营销。在群发前，他们分析购买过青皮核桃的消费者，认为这些消费者喜欢青皮核桃的口味；群发了大概3 000封邮件，统计有约2%产生消费。邮件营销还需要注意以下技巧，标题一定要清晰、明确、有针对性，让消费者一目了然，有打开阅读的欲望。邮件开篇（第一段）也要简洁明了，让消费者迅速了解邮件主要内容，有读下去的兴趣。邮件切忌长篇大论，图文配合为佳，图片也一定要精美。

由于邮件里的图片需要下载，图片全部下载完会消耗一些时间，有些读者没等图片下完可能就不看邮件了，所以为了尽可能减少消费者跳出量，邮件的开篇（第一段）尽可能用简洁的文字，而不是图片。

3. 淘宝旺旺、旺旺群、QQ 及 QQ 群好友管理

淘宝旺旺管理这里就不用说太多了，淘宝卖家已经用得很娴熟了，只是提醒大家一定要分好类别管理，这样容易判断该给这些用户推荐什么产品。

首先解释一下为什么要用 QQ 和 QQ 群。有人会说，我都已经有买家的旺旺账户了，为什么还要他们的 QQ 号？其实不然，由于大多数淘宝买家在没有消费需求的时候还是习惯登录 QQ，毕竟 QQ 的里的联系人更广泛，使用人也更多，而且上线频次要高，所以不能被动地等消费者上旺旺后才告诉他最新的促销信息，要建立与好友保持日常联系的沟通渠道，因此有必要加好友的 QQ。另外建群有讲究，如果你对自己的产品和服务很有信心，那么你就放心大胆建群，通过群的交流能够粘住客户，了解客户情况，大大促进销售，降低推广成本。如果对自己的产品和服务没有什么信心，那么群对你来说就很危险，群里很有可能都是投诉的用户。旺旺、QQ 的交流方法也很重要，既然是好友，那么就要有好友在一起的气氛，一定要注重感情交流，相互关怀，坦诚交流。广告内容不是不能发，而是要有讲究，不要急于求成，逐步与好友建立感情，感情没有建立起来狂发广告，结果就是被拉进黑名单。而建立了良好的好友关系不仅能促使其消费，还能够促使他帮助传播，都是好友了，自然生意就好做了。另外，通过交流还能获得更多有价值的消费者信息，比如有的好友刚做妈妈，有的好友准备结婚等，这些信息都有利于商家有的放矢地推荐商品。

4. 微博营销

微博的应用需要重视,粉丝数不设上限,维护好的话影响力巨大。如果你不是名人,也没有什么内幕可以爆料,所以不能指望自然流量,要树立权威与专业度,加强与粉丝的互动,让人觉得你的微博对他有帮助,愿意跟随你。专业指专注于在某个领域,比如农产品领域,话题大多与该领域有关,这样能吸引对该领域有兴趣的人群,避免话题分散、人群分散、粉丝增长缓慢。不要贪多,能够在一个领域里做大就够了。权威指在某个领域有深刻的认识,如你能把握时尚潮流,有丰富的装扮经验等,研究越深入,话题越有分量、有参考性,那么粉丝就会越信赖你,成为你的忠实粉丝。

5. 论坛互动

论坛的数量众多,涉及的领域各不相同,商家可以根据自己的实际情况来决定是深度传播还是广泛传播。深度传播是指在某个专业领域的权威的、热门的论坛里传播,传播范围不用太广泛,抓住几个重点论坛即可,论坛传播需要注意以下事项:论坛文章标题一定要吸引眼球;文章内容要求草根,要求生动,可读性强;要重视图文配合,尽量少发广告;在管理员或版主配合下可以搞一些活动;要重视回复,通过回复制造话题,提升网民参与的积极性;回复量也不可忽略,回复量越大,参与互动的人数也越多;回复的频次也很重要,每个论坛的热度不一样,根据论坛的热度设定相应的频次计划,就能保持文章始终在论坛版块的首页;另外有条件的还可以置顶和加精,不过有时候加精帖还不如普通帖的访问量大,所以加精也要配合回帖量来执行,这样效果才会更好。

总之,要在竞争惨烈的网络营销中胜出,与消费者的互动极为重要,要让消费者记住你、了解你、喜欢你,就是拥有一批忠实的粉丝，能做到这点，即使某天网店关张了，你也一样可以继续做业务，一样能挣钱。

第三节 电子商务宣传活动

县域开展电子商务宣传活动能加快农村电子商务的快速发展，通过电子商务宣传活动，提高广大群众对农村电子商务的知晓率及普及率，做到电子商务知识家喻户晓，创造良好的电子商务氛围。

一、电子商务宣传活动的重要性

在宣传活动中，工作人员向过往群众发放电子商务宣传资料的同时，积极向他们解答什么是电子商务，普及电子商务应注意的有关事项，鼓励广大群众加入到农村电子商务这个"大家庭"中。通过电子商务平台，推广该街道有特色的农产品，引导群众通过电子商务增加收益，让电子商务成为广大群众脱贫致富的有效举措。积极营造"电子商务+农村""全民电商"的浓厚氛围。

二、电子商务宣传活动的类型

县域各乡镇开展电子商务宣传活动类型有悬挂宣传横幅、张贴宣传专栏、展出宣传图片、发放宣传资料、现场讲解有关政策等多种形式，广泛宣传农村电子商务相关知识。宣传月期间，利用报纸、网站、电视、短信、宣传栏、政府部门联合企业举行一些线下体验活动，举办扶贫创业大赛、众筹扶贫大赛、参加各种展会、节会等多种形式的宣传活动和多渠道宣传，广泛宣传电子商务相关知识和政策，提升县域对"互联网+电子商务"的知晓度、参与度和执行力，促进县域电子商务跨越发展。

另外，还要加大对县域典型电子商务企业、电子商务服务企业、平台企业和电子商务创业农户的宣传力度，进一步发挥典型的引领示范效应，营造大众创业、万众创新的氛围和激情。注重宣传效果，将宣传活动重点放在社区、农村和学校，加强对基层群众电子商务知识的普及，实实在在让群众了解电子商务知识、参与电子商务创业。

三、电子商务宣传活动的效果

通过多种形式、多种渠道进行的电子商务宣传活动颇有成效，形成了人人懂电子商务、人人用电子商务的良好氛围。例如，通过有效的网络宣传推介活动，陇南初步形成了成县核桃、礼县苹果、武都花椒、陇南油橄榄等网络搜索量排名靠前的知名网货品牌。通过开展"讲好陇南电商故事"活动，陇南深度挖掘各县区优秀网店和优质农特产品背后的文化和故事，为网店和产品赋予更多的文化内涵，并进行全方位、多角度、多渠道的系列宣传，切实提高了陇南优秀网店和优质特产的知名度和美誉度。

导入案例

文县尚德"果园小镇"的电商扶贫之路

文县尚德镇地处白水江畔，位于县城东南，全镇东西长达30千米，212国道穿境而过。是文县蔬菜、水果的主要生产基地，被称为"蔬菜水果"之乡。2016年建档立卡贫困户372户1 319人，是扶贫难度较大的乡镇。近年来，尚德镇党委、政府按照市县"433"发展战略和"1333"发展思路，强化措施，多措并举，狠抓电商扶贫工作。立足当地产业优势，因地制宜，逐步走出一条适合本乡镇发展的电商扶贫之路。

一是整合优势资源，扩大网络销售。组织镇电商办对全镇21个村、69个村民小组、67个合作社的特色产业进行全面摸底。重点整合开发了红橘、冬枣、土蜂蜜、窝窝桃、土鸡、花椒、核桃、枇杷、中药材等19种网货产品，深挖产品内涵，设计网货包装。其中尚德红橘已具有很强的地域品牌影响力，在淘宝网、微信建立分销体系，为全县电商供货，解决了有网店、无网货的困难。

二是突出区域特色、创新扶贫模式，深度融合电商扶贫。尚德镇党委、政府抢抓陇南被国务院列为电商扶贫示范市的机遇，主动适应当前发展形势，以电商扶贫为抓手，利用区域优势，创新扶贫模式，不断探索学习运用新技术、新知识。第一、充分运用微媒助力，积极营销。在有条件的村推广村级微媒体的同时，抓住春节和寒暑假民工和大学生返乡高峰，在各村进行摸底培训，引导大家开微店、做微商，动员全民参与电商扶贫事业，发动和培育一批贫困人员做农特产微商，由镇政府或对应部门进行重点帮扶，实现电子商务精准扶贫，真正体现了"大众创业、万众创新"的新局面，营造全民创业的良好氛围，进一步转变村民的思想观念，赋予广大群众互联网思维。第二，加强宣传，多平台发展。采取悬挂宣传横幅、村级广播、发送手机短信、发放宣传页等方式，广泛宣传电子商务政策，向群众介绍电子商务的发展前景以及电子商务与传统商务相比较存在的显著优势。尚德镇除了通过微博、微信、淘宝网、众筹网等销售推广尚德特产之外，还在惠农网、中国农业信息网、中国蔬菜网等专业农业网站发布供货信息,多平台全面宣传推介尚德镇特产。第三,优化服务。全镇电子商务工作人员组织农民合作社、种养殖大户等召开座谈会,主动上门宣传电子商务,手把手帮助当地百姓开设网店。同时,与村"两委"结合购置电子商务读物,依托远程教育站点、农家书屋等载体,组织群众集体"充电",促进全镇电子商务发展。

三是强化人才培训孵化,注重全产业链的发展。第一,联合多部门开展技能培训。尚德镇针对电子商务人才缺乏的困境,逢会必讲电子商务,并邀请电子商务讲师为村"两委"干部、大学生村官、专业合作社负责人、种养殖大户等进行电子商务培训。使农业新技术在群众中广泛传播,不断促进农村的专业化分工,引导更多的群众将尚德红橘、冬枣、土鸡等本土产品在网上销售,不断打开销售市场,在一定程度上减轻贫困户销售负担。尚德镇与人社局、农牧局、林业局开展以经济林果栽植、病虫害防治管护为主要内容的技能培训班5期,共计培训525人,并积极鼓励推荐贫困劳动力、优秀电商、残疾人参加县上的专业技术培训。第二,积极发展专业合作社,培育优质优势产业,带动全产业链的发展。电子商务的发展,倒逼产业发展,促进全产业链的发展,尚德镇建成马泉村千亩优质露地蔬菜示范点,水坝等村千亩柑橘、水蜜桃瓜果基地和横丹等村千亩冬枣、冬桃基地,屈家沟流域千亩核桃高接换优示范基地,大中山千亩油橄榄基地;建成具有示范效应的农业示范点12个,结合退耕还林,发展特色产业2 200亩。打造形成一批集林果、蔬菜、蜂蜜、服务等种养一体的专业合作社典型。第三,支持未就业大学生电子商务创业。根据国家省市县出台的大学生创业扶持政策,尚德镇积极组织未就业大学生创建电子商务创业团队,进行各种技能培训,培训孵化本地电子商务人才，发挥示范引领作用，并联系人力资源和社会保障局为未就业大学生自主创业的给予10万元的贴息贷款，优化创业环境，留住当地人才。

四是运用众筹方式，拓宽销售渠道，优化特色产业结构。从2015年秋季开始，尚德镇党委、政府积极探索新的销售渠道，依托红橘种植合作社和电商扶贫创业团队开展红橘众筹2次、草莓采摘体验众筹1次、窝窝桃众筹1次、冬枣众筹1次，共发起5次众筹，线下线上创收120万元。线下带动线上，往年无人问津的大路货成为各路客商争抢的香饽饽，尚德红橘价格由原来的1元/500克上涨到4元/500克左右，300多亩红橘为果农增收近百万元，2016年春季果农自发种植红橘800多亩，红橘种植面积扩大为1 200多亩。尚德镇以草莓采摘体验、窝窝桃众筹、冬枣众筹等集旅游观光、客户体验于一身，初具"互联网+生态观光农业"的发展雏形，带动了产业结构的调整。通过这些电商扶贫众筹实践，不仅突破了电子商务发展的瓶颈，更拓展了尚德镇电商扶贫的工作思路，还带动产业结构升级，为进一步实现电子商务精准扶贫提供了借鉴。

五是创建电商扶贫创业团队，发展路边经济，开创"旅游+农产品"O2O销售体验模式。开展电商扶贫工作以来，立足本乡镇实际，依托212国道九寨沟旅游风情线的区位优势，组建了一支以大学生村官、待业青年为主的电商扶贫创业团队。近年来，精心打造"果园小镇"，利用"小活动、大宣传"效应，经过品牌营销和网络推介、尚德红橘O2O现场体验活动等模式，农业品牌的知名度渐渐提升，附加值也大大提高。尚德镇利用旅游沿线优势，积极发展路边经济，向过往游客推介本地瓜果蔬菜、山野菜、旅游文化产品等，积累老客户，线下助推线上以"互联网+"、微博、微信等新媒体为信息传播平台,将农业与休闲旅游相结合,开创"旅游+农产品"O2O销售体验模式,达到了意想不到的效果。

本章小结

电商是一种销售模式,更是一种发展趋势,县域经济要发展,务必紧跟潮流,将利于当地经济发展的模式引进,发扬光大,县域要成功地利用电商进行转型升级,要抓住关键点,结合当地实际情况,挖掘出自己的特色路径,县域电商要提升竞争力,不仅仅要打造品牌,而且还要做好宣传活动。占据消费者心智,通过降低产品成本,采购成本,物流成本,耗材成本,人工成本,销售成本等方式降低电商综合成本,方可提升营销竞争力。

第八章
县域电子商务的服务支撑体系

导读

县域电子商务发展，人才是关键。在国家"互联网+"政策的出台和大力扶持下，我国县域电子商务的发展正在迎来历史最佳时期，如何解决专业的电子商务人才缺口问题显得更加重要和必要。

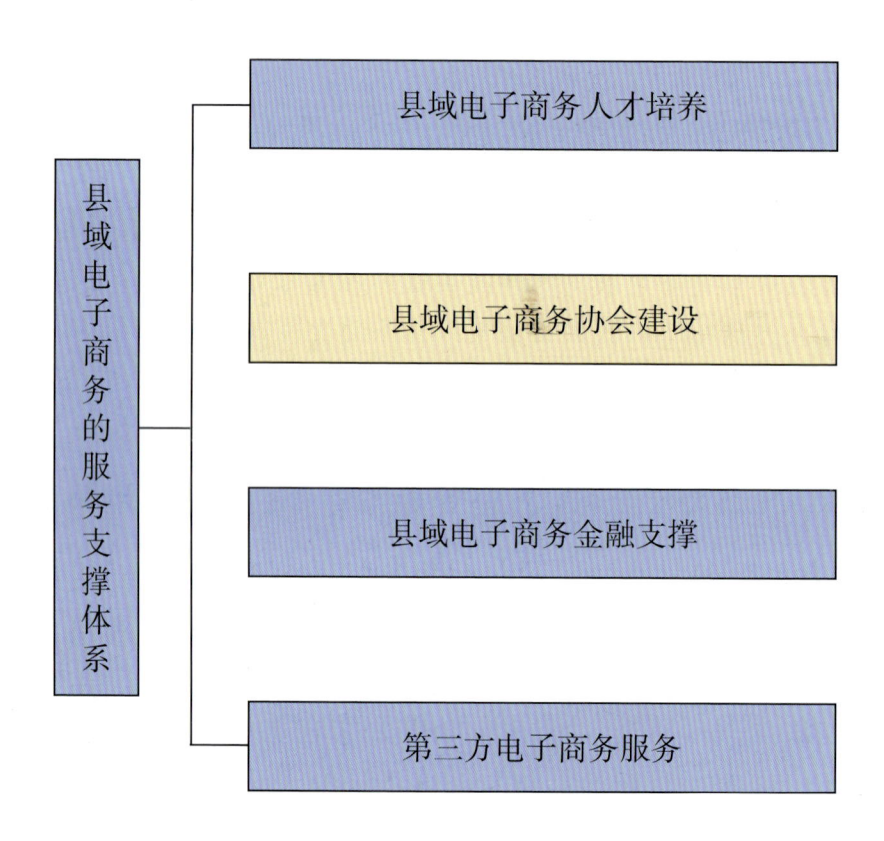

知识架构

```
                    ┌─── 县域电子商务人才培养
                    │
县域电子商务的        ├─── 县域电子商务协会建设
服务支撑体系         │
                    ├─── 县域电子商务金融支撑
                    │
                    └─── 第三方电子商务服务
```

第一节 县域电子商务人才培养

县域电子商务起步阶段，通过快速培训，输送了一大批电子商务人才，发挥了重要作用，取得了显著成效，县域许多优秀电商都是经过最初的培训后脱颖而出的。初期的培训内容大多数是普及性和短期性的，适合刚入门的初学者，而在县域电子商务的中后期发展阶段，常常遇到培训内容不能满足需求的问题，一方面许多电子商务从业人员越来越感到严重的知识瓶颈，另一方面他们参加的培训感觉"不解渴"。

一、县域电子商务人才现状

近年来，随着我国传统企业转型升级进程的加速，传统经济电子商务化已然成为趋势，县域电子商务园区发展迅猛，数量规模不断扩大。尤其是以农业为主的县域，电子商务的发展和当地农作物销售需求的不断增长，农产品电子商务正在成为推动县域经济发展的重要引擎，农村青年纷纷上网，开办网店成为他们的创业首选。然而，在区域电子商务、县域电子商务园区快速发展的同时，电子商务人才的需求也相应猛增，人才的匮乏正在成为许多区域县域电子商务企业乃至当地电子商务园区发展的重要制约因素。

据阿里研究院的实地调研和分析表明，79.1%的县域电商缺乏运营人才，60.4%的县域电商缺乏美工设计人才，分别比城市电商高1.5%和6.4%。在我国一些区县尤其是偏远地区，由于人才缺失，虽然在响应国家政策的大环境下，区域电子商务园区也办得看似红红火火，但同样面临人才难求、招聘难度大的局面，进而影响了这些园区的电子商务企业的正常发展，区域电子商务要发展，人才要先行，人才问题成为谋求良性发展亟待解决的现实问题。

面对这样的问题，从政府到企业的社会各界需要在电子商务人才方面加以重视并加大投入，电子商务的人才培养和教育培训工作需要尽快普及。

二、破解瓶颈，引进人才

县级政府若要立足县域大力推进电子商务发展，则需强化电子商务人才队伍建设，大力引进电子商务专业人才。随着电子商务产业的快速发展，越来越多的传统中小企业开始转向电子商务平台，这使得电子商务企业相关人才的缺口进一步扩大，电商人才短缺的压力不断增加，人才问题成为电子商务市场发展、行业发展和广大中小企业发展面临的瓶颈。电子商务发展迫切需要运营、美工、视觉、创意、客服、品控等方面的高层次专业人才，县域电子商务部门中，同样需要专业的人才。县域本地进行人才培训培养的能力还不强，这时需要政府大力支持，制定相关优惠政策，对引进电子商务专业人才、发展电子商务的企业给予扶持，对来本县发展电子商务的个人给予工商注册、医疗、子女入学等各方面的便利条件，帮助其企业引进一些复合型的电子商务人才、具备开拓能力的业务型人才、既懂理论又具有实际能力的管理型人才。

三、培养本土电子商务人才

人才是发展电子商务关键，地方政府需要结合本县域实际情况，综合考虑多方面因素，制定县域人才培养中长期规划，为电子商务人才储备奠定基础，同时在以下方面加强人才队伍建设。

1. 高端人才培训

要把培训资源的大部分投向高层次、专题性的培训，通过分析电商队伍当前的能力短板，聘请业内实践经验丰富、业绩突出的高水平从业人员，有针对性地设计培训内容，可以设置成互相关联递进的专题，规模上不求大求全，要求精求实效，让参训人员特别是那些正在爬坡过坎、处在发展关键期的电商学有所获、学以致用，见图8-1。

图8-1 甘肃文县讲师在甘肃农垦分享陇南模式

2. 专业人才队伍

加强专业人才队伍建设，需要紧盯一批发展形势好、成长速度快的电商，制订个性化的培养方案，帮助他们组建壮大团队、创造走出去学习机会、聘请电子商务导师进行一对一指导等，不断提高电商能力，适应持续加快发展要求。可发动相关大专院校，针对电商需求开设高质量的精品课程，同时还可走出课堂，走入一线，主动与市场主体开展对接，与电商进行合作，在实践中检验和丰富培训成果。

3. 促进人才交流

促进人才交流，既要加强电商之间的交流，还要加强电商与行业主管部门、金融机构、物流企业、产业龙头企业及经营大户之间的交流。交流分享是电子商务行业的特性，也是电商学习提高的重要途径，见图8-2。

图8-2　甘肃文县电子商务骨干学成归来交流心得

4. 建立信息库，宣传培训与专业培训相结合

采取宣传培训与专业培训相结合的方式，对有参加培训班意愿的人进行建档立卡，收集人员信息，便于有培训时通知。对咨询开网店人员、入住孵化创业的企业和个人建立信息卡，采用一对一帮扶的方式进行长期孵化。建立县域电子商务骨干人才培训信息库，便于了解县域电子商务人才发展状况及开店情况问询，以便更好地发挥培训作用。培训方式：一是进村入户宣传培训，利用全县各种会议宣传电子商务知识，例如政协、党校对政协委员、党员干部培训时加入电子商务知识，开展电商普及培训，见图8-3；二是针对性的专业培训，注重专业电子商务知识的传授和专才的培养，比如当前县域电子商务尤其紧缺的运营推广人才、美工设计人才、数据分析人才培养等，该项课程设置更加注重电子商务从业者对某一或者某几方面专深知识的掌握，更加强调实操性和孵化作用。

图 8-3　甘肃文县入乡进村宣传培训

5．联合培训

联合培训至少有 6 种形式可供参考，见图 8-4。一是与人社部门联合培训，对返乡创业青年、未就业大学生等开展多期提高培训，带动社会就业率增加；二是与组织部门联合开展大学生村官"建一带一"培训活动；三是与农牧系统联合开展"一对一"帮建活动，由农技人员带动专业合作社开办网店；四是与残联合作培训残疾人，

图 8-4　甘肃文县各部门联合培训

·215·

开展电子商务助残活动，给残疾人开辟足不出户的致富之路；五是与职业技术学校联合办学，开设电子商务专业班，加强电子商务学科专业建设和人才培养，为电子商务发展提供更多的高素质专门人才；六是邀请国内知名电子商务专家为电商、企业授课，鼓励企业和相关人员参加行业协会和其他相关社会培训机构举办的各类交流和培训活动。

6．区域人才交流

随着经济社会区域合作的发展，区域性人才交流开发一体化蓬勃兴起，成为一个新亮点。明确区域电子商务合作发展的方向、重点和途径，坚持资源共享、政策协调、优势互补、互利互惠的原则，有利于将区域电子商务人才交流合作的优势发挥好。

县域之间可联合推动电子商务人才市场的统一开放，探索推进电子商务人才市场与其他人力资源市场的联网贯通，充分发挥国家级电子商务人才市场在人才交流服务中的示范作用和在区域合作中的骨干作用。

建立起运转协调的区域人才沟通机制，促进人才信息互联互通，联合打造人才发展论坛、联合招聘会、合作项目洽谈会等具有较强影响力的区域人才合作项目，形成县域人才合作品牌。建立起比较完善的区域人才合作机制，确立差异化的人才发展定位，搭建辐射全国的人才服务平台，培育一批具有一定规模的人力资源服务企业，建立相对统一的人力资源市场，实现整体联动。建立起政策均衡、产业协同、创新要素流动、人才交流密切、市场化程度较高的区域人才发展新格局，拓展发展空间，更好地辐射、带动周边地区人才发展。例如，甘肃文县与大连海事大学合作建立县域电子商务人才培训基地；与湖北十堰、甘肃农垦等地和四川大学、义乌工商职业技术学院建立培训人才合作项目等。甘肃文县还通过人才交流实施区域直通车计划，先后与辽宁大连、甘肃兰州、湖北十堰、陕西西安、浙江青田等地取得农特产品供销合作，并通过云端会客厅邀请专家就文县农特产品的市场定位、品牌包装等进行研讨。文县同时发挥双联帮扶优势，依托甘肃省教育厅双联"一品一培"项目，联合甘肃火锅专业委员会，开通运营了文县双联电商精品食材兰州线下体验店，已组织12家优质农产品企业进驻两家体验店。同时，积极与农村电子商务发源地浙江省青田县取得前期对接，资源互享，优势互补。

四、校企合作，定向培养人才

县域电子商务企业和电商可与各大电子商务专业院校合作，为企业"量身定做"专业电子商务人才培养方案。学校根据培训需求，个性化定制培养电子商务人才。需要针对不同层级不同背景不同能力的电商或有兴趣从事电商创业的群体进行周期性的培训，与相关院校和机构建立合作关系，成立电子商务实训基地，采取"互联网＋人才培训学院"的教学思路，制定针对性的电子商务培训课程和一系列的人才培养计划，从本地电商团队组成和知识需求结构下手，根据不同的电商人才需求，对所需电子商务从业者进行有针对性的定向培养，见图8-5。

图 8-5　文县农业职业技术学院开展的电子商务培训

五、创建电子商务人才激励机制

我国创新创业生态体系不断优化，创新创业观念与时俱进，出现了大众创业、草根创业的"众创"现象。在"互联网+"时代，电子商务相关的创业已成为"众创"最常见的形式之一，如何激励人才发展县域电子商务，成为政府引导人才在"大众创业、万众创新"背景下创新创业的新课题。下面通过对县域电子商务人才发展现状进行简要分析，探索激励电子商务人才发展的途径。

（一）电子商务人才发展现状

1.起步晚，信息化水平较低

有些县域开展信息化建设时间相对较晚，且在网络基础设施建设方面投入不足，网络的基础设施建设规模不够、水平不足，难以适应电子商务进一步快速的发展。除此之外，县域内企业的信息化建设水平较低，不少企业目前还处于新旧经营模式的转换阶段，落后的经营模式和陈旧的经营理念制约着信息化的进程。

2.人才总量少，专业面偏窄

电子商务是信息技术与商务的有机结合，需要大量的掌握现代信息技术和现代商贸理论与实务的复合型人才。而当前企业缺乏的人才，不仅仅指精通计算机与网络技术的商业人才，也包括物流、法律等相关专业的人才。

3.自然条件制约人才进入

例如，甘肃陇南地处西部边远欠发达山区，相对地缘生态优势，陇南地处长江中上游流域，气候湿润、农产品种类凸显出多样性特点，陇南有各类特色产品1 000多种，特色产业的总体面积达到1 015万亩，产量达到332万吨，产值达到99亿元。陇南核桃、花椒、油橄榄、中药材、茶叶等国家地理标志产品10多种，这些优质农产品在省内外都有很好的影响。由于历史上多处于传统农业种植区域，改革开放30多年来虽然经济社会发展较快，但基本上处于工业化边缘地带，生态资源保存呈现出原始状态。但该区域相对偏远，不少人才对该区域的具体情况不了解甚至根本不知道这个地方。也有人才不愿意到这些地方工作，认为发展空间小，不能充分施展拳脚。

4.激励措施不够精准

对于人才激励机制方面，不少县域还是停留在初级阶段，主要是资金、经营办公场所等方面的优惠政策，这些政策在其他县域也可以享受到，但创新创业的电子商务人才量身打造的激励措施不精准，故而无法激起他们创新创业的热情。

（二）建议措施

1.走出去请进来，加强区域间交流

县域可派出本地电子商务人才，赴发达地区电子商务成熟型企业"顶岗实习"，通过寻找企业间运转模式上的差别，不断总结提升个人实践能力。也可以通过举办电子商务人才交流会，开办淘宝大学课堂，邀请精英人才、领军人才作为嘉宾亲临现场授课解惑，交流先进经验和成功做法。

2.加大招才力度，开展人才培养资助

县域可引入专门的电子商务人才中介机构，为电子商务人才介绍岗位，为电子商务企业推荐人才。也可引入和管理电子商务园区的人才中介机构，依托区电子商务示范基地公共服务平台，为电子商务园区和企业提供全面的服务。人才培养方面，既可以通过在各类高校开设电子商务专业，讲授相关课程来培养本专业人才，也可以采用在职培训、远程教育等多种多样的形式，使各部门、各单位现有的业务骨干掌握电子商务的应用技能和相关知识，为社会输送真正有用的专业人才。

3.加大宣传力度，打造新媒体名片

加大宣传力度，提高宣传策划水平，创新宣传形式，适时举办宣传推介会、文化论坛等宣传推介活动，建立形式多样的宣传推介机制。创新推介形式，坚持政府主导与企业参与相结合、品牌形象宣传与产品路线推介相结合，联合推介，捆绑营销。

4.拓宽激励渠道，丰富激励形式

对引进的电子商务企业高级管理人才、高端运营人才、核心技术人才，根据年度缴纳个人所得税额地方留成部分给予相应补贴奖励。对符合高新技术企业和软件企业认定条件的电子商务企业，享受高新技术企业或软件企业优惠政策。鼓励电子商务企业技术创新，企业在开发新技术、新产品、新工艺方面发生的研究开发费用及购进软件费用，享受有关资产核算优惠政策。

第二节 县域电子商务协会建设

县域电子商务协会担负着促进县域网络经济与实体经济高度融合、服务企业和服务社会的重要职责。

一、成立县域电子商务协会目的

成立县域电子商务协会的目的是建设专业的组织机构和科学的运行模式，在政府职能部门引导下，积极开拓电子商务服务工作的新领域。县域电子商务发展非常迅速，发挥中介组织和社会团体作用，对推动县域电子商务的拓展、交流、合作将起到积极影响。电子商务协会应该成为电商企业的"家"，这个"家"要温暖、团结、和谐、包容。例如，截至2017年上半年，陇南市各县区和乡镇逐级建立电子商务协会327个，其中，市县区电子商务协会12个，乡镇电子商务协会167个，行政村电子商务协会148个，见图8-6。

图8-6 甘肃文县电子商务协会第一次全体会员大会

二、县域电子商务协会的成员

县域电子商务协会成员应为当地行政区域内从事电子商务相关

业务，依托协会发展的企业、事业单位及个人，通过开展调查研究、经验交流、业务培训、学术研讨、咨询服务、行业自律等活动，发挥桥梁和纽带作用，履行行业代表、行业自律、行业管理、行业协调、行业服务等职能，为会员和政府服务，努力维护会员的合法权益，促进会员间的交流与合作，推动本土电子商务产业的健康发展。

目前，部分县域电子商务协会活力不足，要让真正把电子商务搞得好的带头人、龙头企业、专业合作社、创业青年等充实进来，作为骨干，切实发挥好协会的作用，促进行业内部交流和对外交流。县域电子商务协会之间应主动交流，经常性组织电商和相关部门"登门取经"，交流经验，分享信息，共享资源，支持优势互补的电商跨区域合作发展。电子商务协会的组织架构见图8-7。

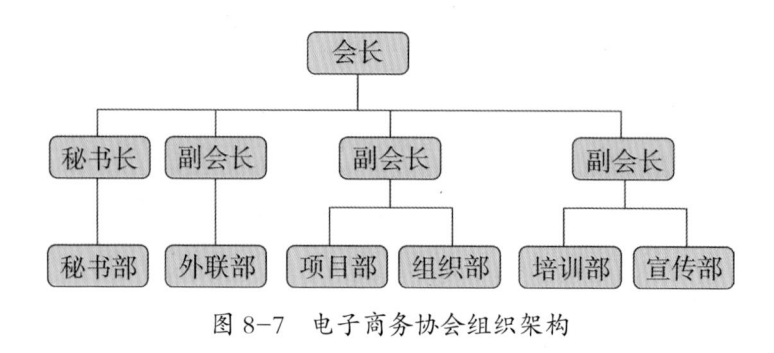

图8-7 电子商务协会组织架构

三、县域电子商务协会对县域电子商务发展的作用

电子商务协会可以推动信息化及电子商务应用与发展进程；营造电子商务应用、发展的环境和氛围；以凝聚人才、共谋发展、促进行业的管理和自律为己任；在政府和企业之间、企业与企业之间、企业与社会之间发挥纽带和桥梁作用，服务企业、服务政府、服务社会，推进信息化及电子商务广泛应用与发展。

1. 塑造电子商务协会的新形象

电子商务协会要努力担负起促进县域网络经济与实体经济高度融合的重要职责，使网络经济与实体经济相契合、与社会不同经济主体相衔接。电子商务协会可通过开展电子商务知识和应用培训，扩大电子商务参与面，特别是要帮助众多中小企业跨入电子商务门槛，降低生产成本，提高企业生存和发展空间，全力服务企业、服务社会，展示县域电子商务协会的良好形象。

2. 推动构建电子商务的新体系

作为社会性团体，县域电子商务协会要充分发挥桥梁和纽带作用，面向社会各界，将最广泛的电子商务参与者团结和凝聚起来。同时，要紧紧结合县域实际，在政府相关职能部门的引导下，借新一轮跨越式发展，全力推进县域电子商务发展步伐，推动协会的健康发展。

3. 努力开辟电子商务的新领域

服务是协会生存和发展的根本，只有广大电子商务参与者满意，协会才能发展。要坚持以人为本的原则，紧密围绕电子商务发展需求，积极开拓服务工作的新领域，积极开展专业化课题调研，准确摸清县域电子商务发展现状，为县区政府提供决策参考；积极推荐有实力的企业，积极建设专业化的第三方电子商务服务平台；开展网络专业化服务外包合作，使企业和社会不同主体对应用电子商务的需求能够在协会得到最大满足，使协会真正成为广大电子商务参与者的大家庭。

4. 努力开创电子商务发展的新局面

电子商务正日益广泛深入地渗透到生产、流通、消费等各个领域，改变着传统经营管理模式和生产组织形态，突破国家和地区局限，影响着世界范围内的产业结构调整和资源配置，加速经济全球化进程。协会要本着自愿、开放、公平、诚实、信任、共享与发展的原则，积极探索，为社会各行业、各单位开展电子商务提供优越的发展环境，以开创全面共赢的新局面。

第三节 县域电子商务金融支撑

一、政府搭建平台扶持电子商务企业

地方政府可设立电子商务发展基金，重点用于扶持小型企业的贷款担保和贴息及股权投资支持、创业孵化基地建设、众创空间建设等。同时，鼓励金融服务机构为小微电子商务企业提供免担保、免抵押等贷款业务，支持电子商务企业通过多层次资本市场进行直接融资。例如，甘肃陇南市设立了500万元的电子商务财政专项扶持资金，甘肃其他各县（区）也安排50万~100万元专项资金，以贴息、以奖代补等方式对发展电子商务有成效的个人、企业、单位给予支持，并将农村网店发展纳入惠农贷款支持范围。

二、优化电子商务金融支持环境

1.破解电子商务融资难题

发展产业需要资金，形成一定规模后更需要资金，发展电子商务同样如此。县域农村电子商务发展的主体还是农村的创业青年和合作社，大一点的合作社尚有一定的融资能力，中小合作社和创业青年的融资难问题就比较突出。电商融资的用途主要是货源的储备、团队的建设，部分交易规模比较大的电商还需要一定的固定资产建设投入。没有充足优质的货源、没有优秀专业的团队、没有一定的生产仓储条件，就难有电子商务的快速发展。破解融资难，可从金融机构、政府、电商3个方面共同着手。

电子商务是当前发展速度最快的行业之一，作为金融机构应该可以敏锐地看到这一点。很多县域，既有丰富的产品资源，更有丰富的政策资源，电子商务发展蕴含着巨大的潜力。金融机构可深入研究电子商务行业的特点和要素，研究电商的经营发展规律，大胆创新开发适合电子商务发展的金融产品，特别是根据电商的线上销售能力来评估授信，对一些被看好的优秀电商可适当加大融资支持力度。对这类金融产品可尽量给予较低的利率，降低融资成本，并且要方便快捷，好用管用。

2.有效利用财政资金杠杆作用，为电子商务融资创造更好的环境

地方政府的金融平台可为优秀电子商务企业融资提供服务，可从电子商务专项扶持资金中专门安排一部分贴息资金，支持优秀电商融资，这样可以撬动相当一部分资金。地方政府可与金融机构积极沟通协商，多种方式为电商解决担保、质押等方面的困难。

3.强化电商能力

县域电商应努力向规范化、规模化发展，提高网店经营水平，完善各类资质证照，增强自身融资能力，同时，还要特别注意自身的信用建设。电子商务对许多金融机构还是业务新领域，电商和金融机构间要加强联系，加深了解，努力实现共赢。

4.建立金融合作战略

2015年9月，四川省仁寿县政府与京东签订了互联网农村金融战略合作协议，京东金融向四川福仁缘农业开发有限公司发放了首笔近百万元贷款，用于丰收季枇杷的收购。同时，京东金融联合福

仁缘推出"仁寿京农贷",向当地农民发放贷款500多万元,有力解决了农民贷款难、农产品销售难问题,激发了农民种植积极性。"仁寿京农贷"也成为中国互联网企业在四川向涉农企业提供的第一个农产品供应链金融方案。2016年金融合作战略也将全面升级,福仁缘再次向京东金融提出2 000万元的整体授信申请,用于缓解企业收购季资金压力,及帮助当地枇杷种植户扩大生产种植。同时,京东金融也联合福仁缘通过众筹的模式打造当地的生鲜品牌,树立行业标准,让城市里的消费者可以认领自己的枇杷树,让更多的互联网金融创新在仁寿落地,帮扶当地产业发展,打造农户致富闭环。

第四节 第三方电子商务服务

一、第三方电商服务是电商生态体系的重要组成部分

在电子商务生态系统日益多元化的时代背景下,针对电商的第三方衍生服务也愈加成熟。《电子商务发展"十一五"规划》首次正式提出"电子商务服务业",强调以大力发展第三方电子商务服务为切入点,发展新型服务,形成国民经济新的增长点,年均增速超过20%,使电子商务服务业成为重要的新兴产业。

(一)什么是第三方电子商务服务

第三方电子商务服务,亦称第三方电子商务企业,泛指独立于产品或服务的提供者和需求者,通过网络服务平台,按照特定的交易与服务规范,为买卖双方提供服务,服务内容可以包括但不限于"供求信息发布与搜索、交易的确立、支付、物流"。第三方电子商务按照其业务范围、服务地域范围及一些标准,可以划分为不同的类型。

电子商务第三方服务受到关注，与电子商务市场发展进程直接相关。随着电子商务行业的发展，传统企业"触网"已是大势所趋。不过，传统企业"触网"并非全部一帆风顺，在建站、运营推广及供应链管理等方面，都可能因为技术或互联网理念的缺乏而形成瓶颈，尤其是对于中小零售企业而言，由于自身资金能力有限，单凭一己之力很难搭建出完备的前端网站及后端支撑系统——这为第三方服务商带来机会。

第三方电子商务服务受益于中国大量制造业及零售业传统企业的"触网"需求，同时，国内大型电子商务平台开放化战略的实施，也为第三方服务提供了合适的落脚点。上海商派、E店宝、熙浪均与淘宝网、拍拍网等电子商务平台已达成合作关系。随着大型电子商务企业开放化步伐的加快，传统企业开展电子商务业务的需求进一步被释放，而电子商务平台对第三方服务商也普遍持欢迎态度，这将进一步扩大电子商务服务外包企业的市场空间。

（二）第三方电子商务服务的专业化道路

1. 普及应用、人才孵化

教育培训作为电子商务公共服务的一部分，既区别于我国早期提出的四大公共服务，即基础公共服务、经济公共服务、社会公共服务和公共安全服务，又包容了四大公共服务，电子商务培训是一个全产业链的培育过程，涉及机关干部、职能部门、基层党员、中小企业主、网创青年、大学生村官等。电子商务发展迭代很快，决定了培育过程的持续性、创新性。从县域政府中心组织学习提高认识、统一思想再延续至传统企业升级转型最后到网创青年创业培训是一个系统的工程，需要更多社会资源介入，社会化和市场化的两化结合是切实可行的有效手段。

2. 产品开发，思维武装

产品种类分2类：一类是传统产业的标准化产品，二是待开发完善的非标准化产品。第一类实施的主体应当是需要转变思维模式的传统企业，很多企业在电子商务发展浪潮中表现出了不适应，市场份额越来越小，原有的采购商联系少了，被很多不知名的小企业抢占了原有的市场份额，这一类企业更需要发展电子商务，通过与市场的直接对接来及时了解市场动向，把握瞬间即逝的商机，通过大力发展电子商务来倒逼企业的产业链调整，自杀重生、他杀淘汰，迅速调整思路、改变策略，顺应时代的发展，同时也增强企业自身的市场竞争力。第二类的主体是服务商，需要将产品变成网货，符合网络消费群体的消费习惯、消费价值观，传统产品在电子商务发展浪潮中的不顺，是从包装到文案再到物流和消费者体验无法满足市场需求，从好产品到好网货再到好销售是服务商在这一环节需要重点发力的地方，需要很好的引导和鼓励社会资源投入这一方面的力量。

3. 渠道贯通，营销推广

积极打通第三方平台的营销专区、合作渠道。阿里巴巴产业带、淘宝特色中国、京东商城、上海1号店、中粮我买网、沱沱公社、本来生活等，从大平台到小平台、从广袤市场到专业市场要加快布局。服务商需要在众多的第三方平台中因地制宜地选择最适合自己的平台全力突破，产生合作，树立自己的网络地位，将前期梳理过的优势产品通过与第三方平台的合作营销出去，通过单品突破来带动区域产业链的提升和发展，进而带动其他特色小众产品。

4. 三级布局，双向流通

结合当前国内轰轰烈烈开展的电子商务进农村综合示范县的工

作，可以明确的一点是在2015年中央一号文件中，再一次提出了开展电子商务进农村综合示范，进而促进双向流通、解决创业就业、助农增收。在这一层面少不了县域电子商务服务商的工作，如何建设县、乡、村三级服务中心、服务站、服务点，如何开展电子商务普及应用，如何整合万村千乡、邮政、传统商贸、政务信息等各个环节的资源，进而统一布局、合理建设，是县域电子商务服务商需要承载和实施的。如何收集产品信息、如何开发产品、如何帮老百姓把产品卖出去，是需要县域电子商务服务商付出和引导的。

5. 产品溯源，品质监控

作为定位为县域电子商务服务商，在电子商务销售领域，增强产品特别是农产品的市场溢价能力和竞争力是服务商必须重视的一环。如今的电子商务产品尤其是农产品非标化问题非常突出，这是一个社会问题，需要社会的力量来解决，但是在产品溯源体系建设和品质监控体系建设中，可以结合当地实际情况具体地开展工作，农业、商务、平台都有一些意见和做法值得学习和借鉴，不可忽视，晚做不如早做，早做不如现在做，这是一个趋势，值得服务商深入探讨。

6. 小金融，大市场

对于小微金融而言，农村市场是个广袤的大市场，人口广、需求多、要求低、服务易。如何整合地方金融资源、对接平台金融服务是需要关注的，蚂蚁金服非常不错，类似的也有很多，可以借力，为现代农村发展输血、造血。提供有效的服务是服务商这一阶段的命脉所在。

（三）电子商务服务商的崛起

自2009年12月淘宝公布"合作伙伴"计划以来，各类别的服务商数量已从23家发展到几十万家,随着众多专业的电子商务服务商的加入,电子商务服务行业已经往分工专业化、产品服务多样化的方向发展,整个电子商务生态圈呈现出大爆发的态势。

二、县域电子商务从业者现状

目前有些县域没有专业的电子商务服务机构,网络管理、技术服务等全部依托政府电子商务服务中心,由于人员技术有限,势必影响县域电子商务工作的发展进程,形成对网货供应企业命令多、服务少的局面。县域可引进或鼓励第三方服务商建立互联网技术服务公司,建立专业化培训机构,培训专业化队伍。一方面要为初涉电子商务的企业培训专业化团队;另一方面要为本地培养高精尖的电子商务人才,从专业的角度帮助传统企业进入电子商务领域,并且将运营风险和成本降到最低,以破解电子商务人才缺乏的难题,实现县域电子商务提质增效的目的,开创县域电子商务发展新局面。

三、县域第三方电子商务服务范围

县域第三方电子商务服务范围主要分为服务运营类、培训服务类、软件服务类等。无论是哪一种服务,都是电子商务发展所催生出来的必然的产物。县域发展电子商务离不开四大服务:第一,人才服务,体系化人才孵化培育;第二,运营服务,主要指地方特色产品的打造和销售;第三,园区服务,涉及产业园区规划以及运营;第四,公共服务,主要指电子商务公共服务中心和服务平台。

四、第三方电子商务服务市场发展潜力

随着电子商务迅速发展,电子商务对周围环境和服务的要求也在提升,对一些从事代运营或运营的第三方电子商务服务机构而言,市场发展空间很大。阿里巴巴于2014年年底大力推动阿里巴巴跨境电子商务生态圈的建立,其中最重大的一个战略点就是引进国际站第三方服务商,这预示着国际站平台及加入国际站外贸企业从以前的野蛮生长状态朝品牌化方向在发展。在这样的形势下,谁先整合了优势资源,谁就占了市场先机。

我们看到电子商务服务业虽然现在还处于初级发展阶段,但是旺盛的市场需求和已经相对比较完善的环境可以看出在今后的时间中,电子商务服务业会快速发展起来,并且越来越完善,这对于外贸企业或者第三方服务商,都是一个发展的机会。

本章小结

县域相关机构应积极对接先进地区的优秀电子商务企业、网店和知名电子商务运营专家,对优秀网店进行"一对一"的培训指导,有计划地带领大家走出去考察、学习、培训,进一步提高网店运营水平。培训是初步的、短期的,培养是深度的、持续的,要创新培训工作,将培训转变为培养。

县域可通过电子商务协会,将最广泛的电子商务参与者团结和凝聚起来,为一切有志于电子商务发展的主体和个人搭建施展才能、展现风采的广阔舞台,引导广大电子商务参与者为县域经济发展增光添彩。

推动县域电商"大众创业、万众创新",将网上农产品打造成"质优价高"的产品需要有相应的金融支撑。

随着电子商务在社会经济生活中广泛应用和深入渗透,传统商务中的物流、金融、IT、数据、研究咨询等服务产业也逐步映射到电子商务交易环境中来。

第九章
县域残疾人电子商务

导读

县域残疾人电子商务，主要是发展基本掌握计算机操作、具有本县户籍、持有第二代残疾人证的残疾人，通过从事电子商务创业就业，足不出户，一台电脑，一个鼠标，就可以点亮未来生活的希望。政府及相关部门提供一定的政策支持和技术培训，利用"互联网+"的发展机遇，顺应国家"大众创业、万众创新"的新形势，按照国家电子商务发展规划和地方残疾人事业发展要求，组织实施电子商务助残计划，提升残疾人创业与就业层次，进一步提高残疾人技能水平和生活水平。

知识架构

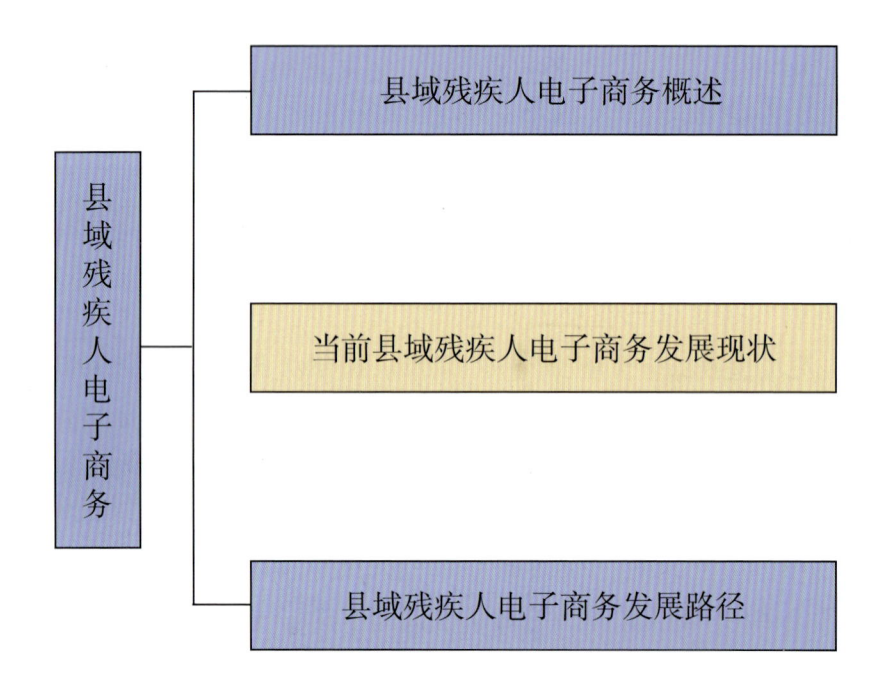

```
                  ┌──────────────────────────────┐
                  │   县域残疾人电子商务概述      │
                  ├──────────────────────────────┤
 县域残疾人电子商务┤ 当前县域残疾人电子商务发展现状│
                  ├──────────────────────────────┤
                  │ 县域残疾人电子商务发展路径    │
                  └──────────────────────────────┘
```

第一节　县域残疾人电子商务概述

一、观念要素

大力发展县域残疾人电子商务，是实现残疾人多种渠道创业就业，缓解贫困残疾人家庭经济压力，改善生活状况的有效方式之一。残疾人从事电子商务不受其身体状况的限制，能够有充裕的时间自由支配，从而实现自主创业，将原本的"自身劣势"反而变为"网上优势"，通过举办通俗易懂的电子商务实战培训，使学员基本达到独立开店的能力，让学员对自主创业有个整体认识，增强创业知识，降低创业失败风险性，让更多的残疾人在创业中获得收益，进一步增强其自信和社会融入度。地方政府或相关部门须做好县域顶层设计：一是加大电子商务知识传播度。让广大的残疾人对电子商务有所了解，解决认知上的盲区。激发他们的参与度，使之成为电子商务的一员。同时要根除头脑中固有的等、靠、怕的思想，激发其与时俱进、迎难而上的创业情怀和时代气概。二是科学规划。县域残疾人电子商务发展绝不能靠自发进行、单打独斗，应该是在有序合理的规划中，稳步向前推进。

二、人才要素

县域残疾人电子商务发展要有新思路、新方法，不能随便组合和强加组建，应该顺应当地发展条件和团队要求。残疾人电子商务运营团队的构建，既可以全部由残疾人组成，也可以由残疾人作为其中一员参与其中，包含营销、美工、加工、资讯等各类专业人才。

一是营销人才，电子商务营销是一门学问和技术，应该积极吸收营销人员，通过行之有效的网络营销手段，将本地特色产品，通过互联网和新媒体宣传出去，扩大其知名度和影响力；二是美工人才，能够进行产品图片简单处理，从而更精准地向客户展示产品；三是加工人才，这里的加工不是互联网技术开发团队，而是特色产品开发与包装团队，对产品进行深度开发和包装，形成产品特色，产业优势，才能真正行销全国甚至世界；四是资讯人才，过去买卖种植销售更多的是靠天、靠运气吃饭，现在是大数据时代，要靠数据说话，需要对各种大数据的分析来做出更为准确科学的判断和决策。

三、产业要素

县域残疾人电子商务要发展，保持持续的生命力，必须紧贴残疾人产业实际和网销需求，只有在"特"字上做文章、动脑筋，才能有广阔的前景。一是与特色产品相结合，各地特色农产品众多，要在创新特色上下功夫，通过深精加工，提高产品品质和竞争优势，让小生产迸发出新活力；二是主打品牌产品，通过整合县域特色产品，形成"一乡一品、一县多品"的主打品牌格局，带动产业转型升级、形成产业集群化，规避产品同质化；三是与乡村旅游相结合，通过媒介宣传推介，使相关产业形成规模，把特色产品与景点结合、与故事结合、与文化结合，拓宽新的旅游业态；四是与个体故事相结合，要挖掘他的个体故事，发现有价值的部分，为产品增加人文元素附加值。

四、体系要素

发展县域残疾人电子商务，要做好体系建设，自上而下，一脉相承。一个县域残疾人电子商务服务体系包括供应商、供应链、电商和营销等服务，见图9-1。一是残疾人电子商务服务中心站点建设。务必要依托残疾人已有的产业基础和市场环境，通过政府政策扶持，市场导向，残疾人自发创业，建立各级残疾人电子商务网点，力争实现"村有点、乡有站、县有中心"的县域残疾人电子商务中心站点建设格局。二是培训体系打造。无论是政府推动，还是相关组织自发的电子商务行为，活跃在其中的各类人员素质、知识、能力参差不齐，必须要建立起切实有效的培训体系，对他们进行较为系统的辅导和培训，使他们能更好地适应电子商务发展要求。三是信用体系建设。县域残疾人电子商务的发展，特别是农村残疾人电子商务，离不开金融机构的支持。当地残联要主动建立起"政府部门＋残联＋金融机构＋残疾人电子商务"的协调联动机制，完善融资渠道，助推县域残疾人电子商务快速发展。

图9-1 县域残疾人电子商务发展服务体系

第二节　当前县域残疾人电子商务发展现状

全国的残疾人电子商务发展呈现明显的地区差异，残疾人电子商务发展面临着各种问题，这其中，既有共性因素，又有个性特点。

一、残疾人电子商务发展现状和面临的问题

随着"小微双创"环境的不断优化，创业创新理念逐渐深入人心，"创业+电子商务"的春风正给全国的残疾人事业带来无限的创业生机。在网络社交平台、电子商务、现代化物流、网络支付等方面，为残疾人逐渐搭建起了"无障碍生活及工作场所"，也为残疾人创造了新的创业就业机遇。依托其便捷的运作模式，在一定程度上为残疾人这个特殊群体提供了生存及逐梦的支点。放眼全国，各地鼓励残疾人发展电子商务方面的优惠政策和利好消息层出不穷，各地残疾人电子商务事业得到快速发展。

（一）发展现状

1. 电子商务意识不断增强

随着我国市场化进程的不断深入以及社会结构加速转型，残疾人就业问题日益突出，而飞速发展的电子商务为残疾人提供了一个新的就业平台。通过电子商务孵化培训帮助更多残疾人实现就业，进一步提高其生活水平，促进残疾人灵活就业，既有利于残疾人扬长避短，找到人生的价值和舞台，又对促进社会充分就业、实现社会和谐、保证国民经济健康稳定发展具有重要的社会意义，有力地推动了各地残疾人事业健康快速发展。为了支持残疾人电子商务突破发展，培育壮大残疾人电子商务市场主体，改善残疾人电子商务发展环境，需从以下几个方面重点着手：一是加强示范引导，深入推进残疾人电子商务示范工程，培育一批优质残疾人电子商务示范基地、示范企业；二是推进残疾人产业集聚，深入推进残疾人电子商务聚势工程，加快残疾人电子商务产业园、孵化中心站点建设（图9-2），加快综合配套设施及公共服务建设，形成一批设施完善、配套齐全、特色突出的电子商务品牌；三是促进产品网络销售，深入推进品牌产品推广工程，加大平台宣传和应用推广，加强残疾人电子商务与淘宝、阿里巴巴、京东商城、苏宁等知名电子商务平台合作力度，努力组织本地名特优产品开展网上推介销售；四是推进农村电子商务，整合利用、引导扶持残疾人涉农网络平台和信息资源，加强农产品网上销售；五是强化残疾人电子商务人才培育，加快实施残疾人电子商务培训计划，开展电子商务应用知识和技能培训。

图9-2　县级残疾人电子商务孵化室（甘肃文县）

以甘肃省陇南市为例，2014年，陇南市委市政府围绕促进特色农产品销售、助农增收、加快脱贫致富步伐这一主题，精心谋划，把"实现电子商务集中突破"作为全市的重要战略任务大力推进。陇南市也被国务院扶贫办确定为"全国电商扶贫试点市"。陇南市电子商务产业迎来了发展机遇，先后涌现出一批在县内外叫得响、影响力广、示范作用强的残疾人电子商务事迹，例如，礼县张攒劲卖爱心苹果，文县任波卖土特产、文县百户百万花椒扶贫众筹任付全等残疾人电子商务创业典型。陇南市文县残疾人联合会高度重视残疾人电子商务发展，坚持以科学发展观为指导，认真贯彻落实中央、省市有关精神，紧紧围绕陇南市委、文县县委"433"发展战略的电子商务实现突破要求，把文县残疾人就业工作与电子商务发展有机结合起来，大力培养残疾人自主创业精神。

2. 电子商务从业人数不断增加

根据中国残联、阿里巴巴大数据显示，在2016年4月至2017年3月期间，淘宝网上有16万家残疾人网店实现销售，销售额达124亿元，其中销售额在3万元以上的商家约2.7万家；淘宝网上共有246万残疾人买家进行购物，消费规模达221亿元。残疾人买家、卖家都呈现上升趋势，越来越多的残疾人等弱势群体正通过电子商务平台寻找就业创业机会，据2014年中国就业促进会发布的《网络创业就业统计和社保研究项目报告》显示，全国网络创业带动的直接就业规模接近1 000万人，值得关注的是，在这些创业者中，残疾人等弱势群体占了相当比例，达到0.9%。近年来，在全社会重视和"大众创业，万众创新"外部环境下，残疾人依托电子商务平台实现就业创业的情况呈上升趋势。

3. 残疾人电子商务创业政策利好

互联网经济是今后一个阶段我国重要的经济发展形式。根据现阶段我国残疾人就业工作发展的实际情况，为积极营造残疾人电子商务发展硬软件环境，各地政府、残联采取各种措施，在政策和设备方面大力扶持残疾人从事网络就业创业，进一步丰富残疾人的就业途径，增加残疾人群体收入，改善生活状况。

4. 残疾人电子商务典型人物不断涌现

电子商务已经催生了许多残疾人知名电商，腿有残疾的李春根通过网络平台从事气球及相关产品的贸易，已成为坐在轮椅上的千万富翁，并被评为首届"中国十大网商"；肢体残疾的楼杰通过淘宝网经销食品土特产、竹制品等解决了个人就业问题；自幼上肢活动不便的徐峰2008年开始在淘宝网卖家具，经过多年发展，其公司已在淘宝网和京东商城开店达20余家，年营业额达1 800万元左右；高位截瘫的郭云霞入选阿里"魔豆妈妈"，经过爱心工程系列培训后，开始经营网店，销售有黄土高原特色的产品，每月收入上千元；聋哑人陈汉俊在网络开设了运动休闲专营店、健康美食饮店等三家网店，年销售额达到600多万元，2008年荣获"淘宝个人零售十大网商""全球十大网商"称号。下肢残疾，不能干体力活的任波，于2013年开设"文县小任乡下宝特产馆"淘宝店铺，线上线下销售已达200多万元，已实现居家就业；右眼失明的任付全，是陇南市文县任和农产品中药材有限公司董事长，开设阿里巴巴店和淘宝店铺，在实现网络销售额重大突破和多次被评为省、市、县优秀残疾人电子商务企业的基础上，2016年6月，在众筹网上牵头发起了"寻找一片麻香，守望一份真情"的"文县桥头镇百户百万电商扶贫花椒众筹"项目，筹得100万元资金，带动223户花椒种植户实现精准脱贫。项目获得了全国15个省市1 882人的支持。

（二）面临的困难

通过对开设网店的残疾人进行的追踪回访，我们发现：残疾人普遍缺乏基础的电子商务知识和网店经营管理经验，在电子商务创业过程中，面临着创业启动资金少、专项政策扶持不足、缺乏稳定适销货源和准入门槛难度提高等现实困难。

1. 创业启动资金少

各地政府和相关部门对残疾人电子商务创业认知度还相对淡薄，针对残疾人网络平台创业资金补贴等相关政策还处于空白阶段。已有的资金补贴融资绿色通道还有待建立。残疾人进行电子商务创业就业，面临着启动资金少的问题。一是网络店铺开设需要缴纳一定数额的消费者保证金，更高一点的电子商务平台甚至要缴纳十万元左右的平台技术服务费用，这对于大多数困难残疾人来说是一笔不小的开支；二是随着网店经营逐步走上正轨，会遇到运营资金瓶颈、周转资金有限等问题，但由于贷款银行要求的担保措施多为公务人员提供第三方保证或者财产抵押，残疾人电子商务无法提供符合银行要求的担保条件，很难从银行获得资金支持；三是店铺日常进货、设备、运营推广等都需要一定的资金投入维护，严重制约了网络创业项目的健康发展。

2. 专项政策扶持不足

目前，各地残联虽然出台了一些扶持政策，主要是针对如残疾人实体经济等方面的优惠政策，缺少对残疾人网络创业的专项扶持政策。网络创业基本上还未被纳入到创业扶持优惠政策体系中。此外，开办网店虽可以实现居家就业，但长时间的伏案电脑操作对残疾人来说是一个巨大的挑战，很多残疾人的精神和体力经不起这样的消耗。因此，在从事网络创业就业的残疾人中，一部分享受低保的人士普遍存在心理负担。网店经营或客服工作不稳定，如果去工商注册或者让外人知道，低保会被取消。而隐性就业使得他们无法享受到有关优惠扶持政策。

3. 缺乏稳定适销货源

市场时刻存在一定的经营风险和供需变化，使网店经营存在着极大的不确定性。另外，残疾人网店的商品同质化程度较高，缺乏创新，很难在众多网店中脱颖而出。由于自身社会关系有限、身体条件限制等因素，很难自己找到合适的货源，淘宝网上虽然有专门的分销平台提供货源，但卖家看不到实物，对大小、质地缺乏了解，无法回答买家的提问，很容易流失客户。如果从企业直接进货，开店残疾人需要有库房、数码相机，撰写商品文案、上传图片等烦琐的程序。家境富裕且轻度残疾的店主还有可能承受，大多数家境困难的中重度残疾人则难以负担。在物流配送环节也存在着不小的困难，在接收订单后与物流公司沟通和协调方面存在不小的困难，从而导致发货延迟，甚至无法发货的情况，造成网上顾客给予差评的后果，最终无法正常经营下去。

4. 准入门槛提高

电子商务体制机制逐渐健全，平台管理日益规范，交易规则不断调整，对卖家信誉、资金、货品的要求不断提高，客观上使得准入门槛不断提高，对从业者的要求也不断提升，从业者必须有较强的学习能力才能跟上发展步伐。残疾人文化水平普遍偏低，对于互联网的认识、了解和应用还处于起步阶段，管理经营和市场营销能力差，开网店主要还是以个体零售为主，技术含量普遍较低，产品利润不高。网络营销技能亟待加强。

二、残疾人电子商务创业态势分析法（SWOT分析法）

SWOT分析法，可借用其分析残疾人在电子商务创业过程的优势、劣势、机会和威胁等，并综合评估形成具有共性的残疾人电子商务创业战略,见图 9-3。

图 9-3 残疾人电子商务创业 SWOT 分析图

（一）优势

1. 起步基础较低

残疾人电子商务创业初期,暂不需投入大量资金,也没有传统行业的壁垒束缚,只需一定的操作设备、基础技术就可以实现居家创业。电子商务作为现今社会新的经济增长点和公众聚焦点,残疾人可以不具备扎实的电子商务和经济基础,但如果能提供较好的商业创意与营销战略,就可以通过各种融资渠道和风险投资,实现初步创业与快速扩张。

2. 投入风险较低

残疾人从事电子商务创业并不需要掌握太强的网络技术与电子商务基础。残疾人可借助已有的第三方平台,协助开办网店;还可以通过租用服务器创办自己的电子商务平台,获得创业经验并减少大额资金投入。

3. 时空限制较小

残疾人从事电子商务业,没有具体固定交易地点的要求,时间可以自由分配,可在家里、单位或者任何方便的地方,进行网络交易,能充分满足残疾人的特殊要求。同时，没有地域的划分，能够打破国家、地区有形无形的壁垒，突破时空限制，促进残疾人劳动要素分工的合理分配。

（二）劣势

1. 产品和服务同质化趋势严重

由于电子商务准入门槛较低，大批创业者、投资者涌入进来，进驻淘宝、京东等电子商务平台，而残疾人电子商务创业也首选这种门槛较低的网络平台，市场经济条件下导致的一哄而上的情形也会导致电子商务市场的产品和服务的同质化以及市场竞争的激烈化。当然，残疾人进行电子商务创业主要是依托于实体经济，无法控制商品的价格和产量，其主要的盈利点就在于商品的差价，同行之间很有可能会陷入价格战的误区。而且残疾人由于自身条件限制、人际关系有限等因素，很难自己找到合适稳定的货源，这也是一大劣势所在。

2. 缺乏商业经验与商业信用

电子商务虽是一种新型的商业模式，但其运营模式仍需遵循原有的商业规律和市场准则。残疾人电子商务创业者通过自学或者培训掌握一定的理论知识与基础操作能力，但对如何开拓潜在市场、扩大市场份额、寻找潜在客户、达成买卖协议等只能在实践中不断学习，不断积累经验。针对网络的虚拟性，如何吸引消费者的注意和兴趣，展现其网店产品的信用度和美誉度，就有了较高的要求。而大部分残疾人处在创业初期门槛，其网店信用积累度不高，很难受到买家的青睐。因此，残疾人创业者往往会由于缺乏商业经验与信用度，引发各种不必要的损失，导致创业失败。

3. 残疾人自身特殊原因

残疾人身体上的缺陷可以通过治疗、工具或者其他措施来弥补改善，但是其心理或生活态度在一定程度上会影响其创业活动。仍有一部分残疾人家庭对残疾人处于一种放弃或是另类保护照顾状态，没有意识到残疾人的创业就业愿望。长此以往，会消磨其意志，也会使其滋生自卑、不平和依赖心理，不愿从业。但是仍有许多残疾人存在潜在的创业能力，要想充分挖掘其潜力，就需要较大的工作量。

（三）机遇

1. 国家政策与社会扶持

当前，电子商务创业为我国解决就业压力另辟了新径，各地政府给予电子商务创业者诸多的优惠政策和措施，尤其是针对残疾人朋友，会建立专门的工业园区提供良好的服务设施与办公环境，支持其创业发展。同时，一些企业也专门针对残疾人推出电子商务创业平台，并提供相应指导与技术支持，提升了残疾人电子商务创业的成功率。

2. 创业前景广阔

电子商务有着传统商业难以比拟的优势，随着中国经济发展与产业结构调整的不断升级改革，其培育的新型消费市场正在逐渐成熟与扩大，新的消费理念正在形成，在这样一种经济社会大环境背景下，创业前景存在各种机遇，残疾人进入这一领域的前途较为光明。

（四）威胁

1. 存在一定的风险

残疾人自主创业时，由于资金有限，实力较弱，启动资金不足，人员配备缺乏。一是在产品选择上，往往比较盲目，缺乏详细的市场需求调研、市场预测分析、产品定位、营销策划与战略等步骤，其成功具有一定的风险性；二是在市场竞争上，一方面要与线上大批竞争对手进行市场角逐，另一方面要与传统渠道上的产品和服务抢夺市场份额；三是在投入成本上，残疾人进行电子商务创业时融资渠道较为单一，由于自身存在的局限性，对于银行贷款、自筹资金、民间借贷、风险投资、政府政策性支持的无息和低息贷款等融资渠道不能较好把握；四是在产品和服务信息获取和处理上，其可靠性和准确度会直接影响到交易决策，同时信息的及时性也非常重要，商家需要及时将所需信息反馈传达至客户。

2. 保障制度不够完善

当前国家出台了一些针对残疾人就业的法律保护政策，如《残疾人就业条例》《残疾人保障法》《关于积极扶持残疾人个人或自愿组织起来从事个体经营的通知》等文件，但是残疾人参与就业的困难和障碍并没有从根本上得到根除。我国残疾人按比例就业执行力不够，个人就业实现障碍较大，集中就业效益不高，缺乏具有较强操作性的具体内容。

第三节 县域残疾人电子商务发展路径

县域残疾人电子商务发展路径需在充分研究县情民意的基础上，做好帮扶对策和支撑体系建设，为残疾人创建一个新的岗位、新的领域，帮助他们找到适合自身的发展路子，使其实现人生价值。

一、县域残疾人电子商务帮扶对策

县域残疾人电子商务帮扶对策从加强组织领导、加大政策扶持、树立发展典型、营造发展环境4个方面着手，见图9-4。通过各方努力，让残疾人大胆"触网、学网、用网"，从而掌握一定的电子商务技术本领，能够依托当地的特色农产品、生态、绿色有机食品在家进行上网创业，从而实现就业、增收致富。

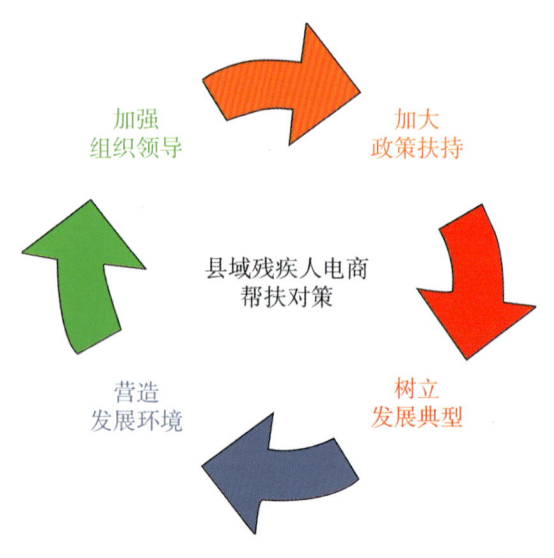

图9-4　县域残疾人电子商务帮扶对策

（一）加强组织领导

当地政府、残联和残工委单位要建立起残疾人电子商务工作联合协调机制，进一步明确职责分工，落实工作责任，及时协调解决残疾人电子商务发展中出现的新情况、新问题。一是把残疾人电子商务工作纳入县域电子商务发展整体规划框架，在产业发展政策方面予以倾斜和重点扶持；二是积极落实创业就业扶持政策，加强对残疾人电子商务创业者的援助和就业服务；三是做好相关部门之间的衔接工作，推动有关扶持政策的落实到位；四是营造良好的社会发展氛围，积极培育新残疾人价值观，消除社会对残疾人的歧视，强调残疾人福利权利的主体地位，努力营造残疾人平等、参与、健康的社会氛围。

（二）加大政策扶持

加大残疾人网络创业政策扶持力度，完善残疾人网络创业的社会保障体系。一是提供政策优惠和资金扶持。残联要会同人社、财政、税务等部门，对现有就业政策进行充实完善，将现行残疾人创业就业的扶持政策进一步向网络创业就业领域延伸，落实税费减免、项目补贴和信贷支持等优惠政策，在资金、场地、技术等方面积极扶持为残疾人网络创业提供公共服务保障。二是综合运用行政、经济和法律等手段，通过多种渠道，加大残疾人就业政策和法规宣传力度。改善残疾人网络创业环境，建立统一、高效、有序的网络创业服务体系。三是从残疾人就业保障金予以解决，从资讯、场地、设备及资金等方面给予扶持，确保扶持质量，帮扶残疾人实现创业梦想。四是强化帮扶跟踪问效制度。在具体落实过程中，对帮扶情况实行跟踪问效管理，建立台账，建立长效工作机制，协调解决问题。对整改落实情况，年底进行全面评估总结。定期对帮扶落实情况进行"回头看"，定期召开通报会，在一定范围内通报帮扶落实情况。

（三）树立发展典型

努力营造有利于残疾人网络创业的舆论环境和社会环境，改变社会对残疾人的观念，通过新闻媒体大力宣传残疾人网络创业的意义和成果，树立典型，分享经验，加强残疾人网络创业的信心，拓展残疾人网络创业产品的销路。一是创新宣传方式，积极借助电视、官网、微博、微信等媒介工具，对开办网店、销售当地农特产品的残疾人代表人物进行大力宣传；二是举办各种形式的残疾人电子商务创业创新、电子商务技能大比拼等知识竞赛活动，发掘所涌现出的优秀残疾人电子商务，提高社会各界人士对其关注度和认知度；三是培养残疾人上网创业的参与度和积极性，使他们知道"身体的残疾并不等于残废"，不畏艰难，在艰苦的日子里同样能够看到希望，成就自己的辉煌事业。

（四）营造发展环境

残疾人进行电子商务创业，离不开当地良好的电子商务发展环境。一是要建立专门的电子商务服务机构，提供专业指导、创业咨询等；二是创建残疾人电子商务创业孵化园区，并为残疾人提供基础性的办公设施和发展条件；三是引导残疾人自发组织，抱团发展，合力推进；四是举办残疾人电子商务座谈会，交流开店经验，取长补短，提高店铺竞争力；五是完善残疾人电子商务创业保障体系，扩大政策覆盖范围，为残疾人提供公共服务保障。同时，要综合运用行政、经济和法律手段，多种渠道，加大对残疾人创业就业政策和宣传力度，努力营造有利于残疾人电子商务创业的舆论环境和社会环境。

二、构建县域残疾人电子商务发展支撑体系

县域残疾人电子商务要立足于发展实际，紧抓当前残疾人事业发展利好机遇，围绕电子商务站点、人才队伍、物流快递、产业结构、营销宣传等残疾人电子商务发展五要素，在工作中坚持"五位一体"的发展支撑体系，科学谋划，强力推进，不断提升发展层次和水平，做大做强县域残疾人电子商务，充分发挥电子商务独特的技术优势，改善残疾人的生存条件，支持创业，促进就业，见图9-5。

县域残疾人电子商务发展支撑体系
- 残疾人电子商务中心站点建设
- 实施"互联网+残疾人"电子商务培训工程
- 建立完善的残疾人物流快递配送体系
- 优化残疾人企业户或相关产业户结构
- 打造残疾人电子商务营销宣传矩阵

图9-5 县域残疾人电子商务发展支撑体系

(一)残疾人电子商务中心站点建设

突出重点,寻求积极性高的残疾人企业、个体布点实施,建设一批残疾人电子商务中心站点,内引外联,创新举措,实施优势特色产品等重点产品的网上推介营销,从而带动整个残疾人电子商务事业发展。一是建立完善的县域残疾人电子商务中心站点建设,按照"点上创经验、线上创精品、面上求扩张"的发展思路,打造"县、乡、村"三级残疾人电子商务中心站点服务体系。同时,以现有的优秀残疾人电子商务为中心,辐射打造片区残疾人电子商务联盟,以片区带动县域内残疾人电子商务的全面发展,构建起县域残疾人电子商务发展格局,为残疾人电子商务工作顺利开展奠定坚实基础。二是通过招商引资、资源整合、以奖代补和贷款贴息等方式,以县级残疾人电子商务服务中心为基础,建立一个集产品供应、质量检测、货物仓储、物流配送、技术培训等为一体的县级残疾人电子商务服务中心,发挥综合协调和孵化作用。乡村两级站点建设要依托县级中心开展,鼓励残疾人中有一定创业意愿且具有发展能力的进行站点创建,组建起自己的残疾人电子商务创业运营团队。三是当地政府和残联可适当提供运营资金补贴,配备电脑、基础货架等,站点负责人可为本村群众提供在线交易、代购代销、信息服务、网货供应、物流配送等服务。四是引导残疾人通过网络渠道积极销售当地农特产品,购买物美价廉的生产生活资料,降低生产生活成本。

(二)实施"互联网+残疾人"电子商务培训工程

全面开展残疾人电子商务培训工程,要根据残疾人的能力和需求,着力提高培训的针对性和有效性,培育一批县域残疾人电子商务人才。一是把引进电子商务高端人才和培养本土残疾人电子商务技能型人才相结合,联系县域内外知名电子商务专家进行针对性培训，为长效发展县域残疾人电子商务提供人才保障。二是当地残联等部门要制订专项培训计划，落实专项资金，开展不同层次的电子商务培训，对创办或管理电子商务企业的残疾人重点开展网络技术、企业管理、产品销售、财务知识等培训；对从事网店经营的残疾人重点加强网店注册、商品推广、经营管理等培训；对在电子商务企业、电子商务平台就业的残疾人重点开展计算机操作能力、岗位技能提升的培训；对希望获取电子商务企业服务的残疾人重点开展网络注册、商品(服务)购买、网银支付、权益维护等培训，力争使所有从事电子商务以及希望从网上购买商品(服务)的残疾人都能得到一次培训的机会。三是通过"直接到户"和"参与产业链"的方式，结合当地产业开发特点，对残疾人电子商务开展农业实用技术和参与电子商务产业链就业为主的培训，掌握产业发展的实用技术，自发培育更多适宜网上销售的农特产品、手工艺品等网销产品，并通过网络渠道销售农特产品，借助县域产业链实现就业增收。四是对残疾人服务中心站点从业人员，进行以实践操作为重点的电子商务专项培训，培养一支懂电子商务业务、会经营网店、能带头致富的残疾人电子商务人才队伍，提升网店的营销能力和服务水平。

(三)建立完善的残疾人物流快递配送体系

针对残疾人自身身体制约，需认真研究针对残疾人网货配送问题，与县内相关部门互助协作，进一步规范物流快递市场体系，优化县域物流快递配送体系建设，引导鼓励物流快递公司把业务主动延伸到残疾人电子商务，打通残疾人电子商务物流快递"最后一公里"的瓶颈问题，使得网货可以快速且低成本地流通出去。在条件允许的情况下，建立县级残疾人网货仓储物流基地，统一仓储，统一配送。同时，制定完善的物流快递奖补办法，对支持残疾人力度较大的物流快递企业年底进行奖补。

（四）优化残疾人企业户或相关产业户结构

优化残疾人企业户或相关产业户结构，针对市场需求，发挥县域产品特色，尤其是国家地理标志产品的独特性和质量保证，率先发展有一定产业基础的残疾人开展电子商务，保证电子商务的存活度。引导残疾人企业户或相关产业户实施产品品牌培育，改进包装，开展网货溯源体系建设，提高网销产品竞争力，多措并举，使县域残疾人电子商务发展能够得到落实，引导全县残疾人电子商务有序、健康、快速发展。

（五）打造残疾人电子商务营销宣传矩阵

结合县情，积极联合宣传、广电及相关部门，制订出县域残疾人电子商务宣传推广方案，依托民俗文化、人文景观、特色产品等，对残疾人网络店铺进行全方位、多层次的矩阵营销推介。一要发挥媒体作用，充分利用传统媒体和微博、微信等新媒体，按照农产品的上市季节，形成统一口径、统一标准，集中发力，开展多层次、多形式的宣传活动；二要借鉴成功经验，学习先进地区营销推广经验，总结创新营销手段，对残疾人企业、电商典型案例进行重点宣传报道，真正起到示范引领作用；三要加大电子商务参与度，适时举办内容丰富、形式多样的营销活动，调动县域对残疾人电子商务的认知度和参与度，扩大残疾人电子商务的影响力；四要形成县域残疾人电子商务产业链，优化产品包装、储藏、运输，不断加大电子商务产品宣传推销力度，从而打通生产商、服务商、销售商的产业流程，提升电子商务运营水平。

本章小结

我国电子商务业得到迅猛发展渗透到千家万户、各行各业，电子商务也为残疾人创业与就业带来了新渠道、新机遇。政府及相关单位在谋划县域残疾人电子商务事业时，不仅要从硬件上给予适当支持，更应在软性要素上下功夫，应着力从观念、人才、产业和体系等4个方面构建，为残疾人在县域电子商务发展上提供可靠的支持与保障，这是县域残疾人电子商务发展的关键所在，也是地方政府亟须思考谋划的重要课题。

第十章
农村淘宝

导读

农村淘宝是指阿里巴巴集团和各地政府深入合作,以互联网和电子商务为基础,通过构建县村级两级服务网络,突破物流、信息流的瓶颈,实现网货下乡和农产品进城的双向流通渠道,最终建成村级的互联网生态服务中心,把电子商务、互联网金融、互联网政务等一系列互联网服务全部通过村服务站下沉到农村,惠及每一个村民,使老百姓足不出户就可以"买全球""卖全球",同时还可以享受高效、智能的互联网服务,是一个真正服务农民、创新农业、让农村变得更美好、意义深远的民生工程。

知识架构

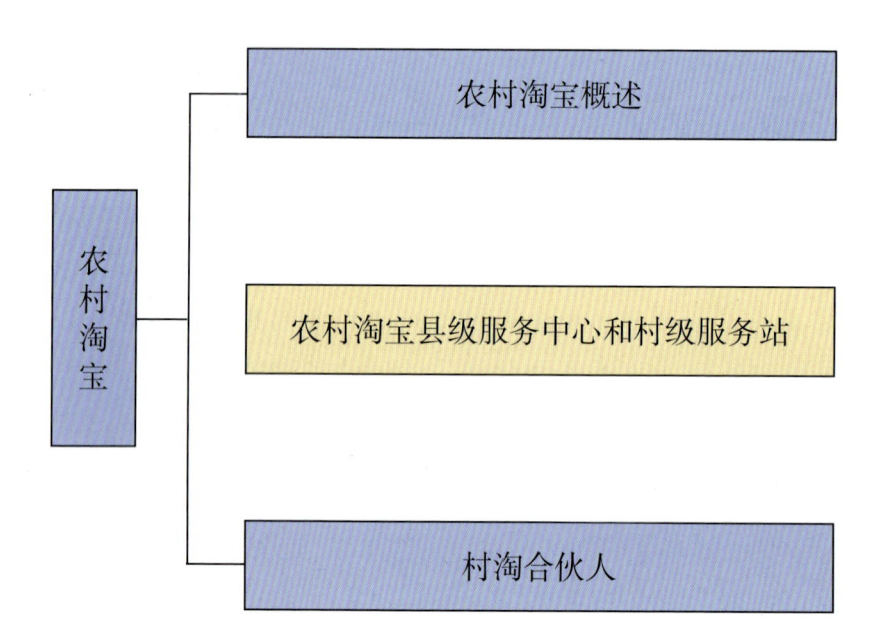

```
               ┌─── 农村淘宝概述
               │
     农村淘宝 ──┼─── 农村淘宝县级服务中心和村级服务站
               │
               └─── 村淘合伙人
```

第一节　农村淘宝概述

一、农村淘宝带来的机会

电子商务在我国一、二线城市得到了高速的发展，但在三、四线及以下的城市发展较为缓慢，特别是内地山区农村的发展更为缓慢。作为传统消费主力的一、二线城市正在逐渐饱和，而作为未来消费主力的三、四线城市及农村将是未来消费市场的蓝海，而日益增长的农村消费增长率正是农村消费群体的诉求表现所在。阿里巴巴农村淘宝模式（图10-1）也正是在这种社会背景下应运而生的一种O2O模式。

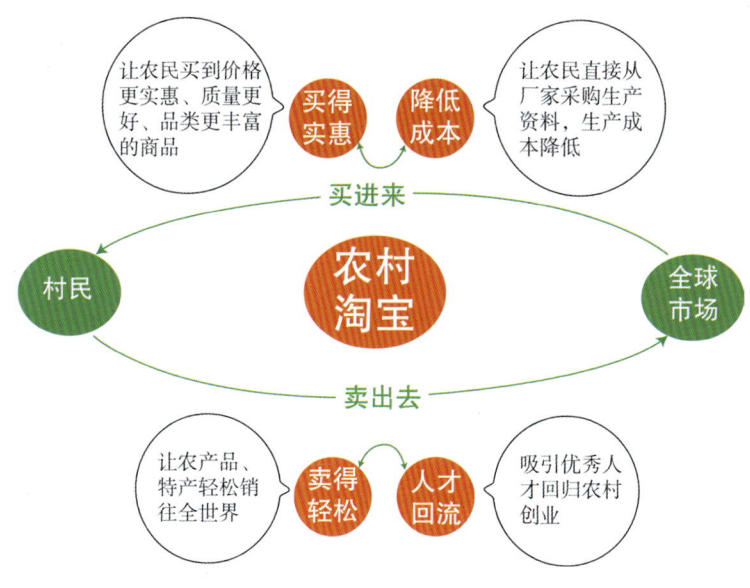

图10-1　农村淘宝模式

农村淘宝能够让农村消费者享受到来自全球的商品，在农村随着电子商务的发展，农民通过互联网不仅能够连接全国，同时也能够连接全球。能够让农村愿意去追赶时尚的人群，愿意去尝试新产品的人群，通过网上购买到来自世界各地的新产品，来自全国各地的特色产品，使所有的农村居民都能够更好地在网上消费。

农村淘宝能够让优秀的人才都能够留在农村。农村优秀的人才可以依据农村广大的土壤进行创业，进行发展，能够通过互联网不用进城打工，也能够依据家乡的资源、各种特色，通过网络进行创业。而且这种创业未必指就在网上卖东西，还可以是服务业的衍生的发展机会，包括类似于物流、培训等各种各样服务的机会。而且还可以吸收外来优秀人才的加入，提高农村人才的素质水平。

农村淘宝能够让农民获得性价比更好的生产资料。整个中国的农村市场、农民的生产资料的供给和需求可以通过电子商务的方式，通过互联网的方式能够更好地满足，能够让生产资料的供给和需求更扁平化，能够把不合理的供销差价消灭掉，让消费者获得更多的生产资料的实惠。

农村淘宝能够让农村电商区域布局更加完善。通过阿里巴巴的"千县万村"计划，利用阿里巴巴的大数据平台可以让农村电商的区域布局更加的完善、更加的科学化，能够避免不必要的布局失误，使得农村电商得到可持续的长远的发展。

农村淘宝能够有利于农村电商的诚信体系建设。每个农村淘宝点都有一个2万~3万元的担保账户，当村民在农村淘宝网上下单后，并没有直接付款给卖家，而是以支付宝的形式在农村淘宝店账户里向卖家支付货款。收到货后，村民觉得东西不错，可以支付货款给农村淘宝；如果觉得不好，直接把东西交给农村淘宝，直接退货就可以了。同样，如果农户有自产农产品需要出售，可以把农产品数量、价格、品质等销售信息上报农村淘宝，村级服务站人员会上门免费拍照、议价，然后将农户的土产品放到所在村点的农村淘宝网店上出售。从而完善农村电商诚信体系的建设，避免欺诈案件的发生。

农村淘宝能够让农村电商摆脱家庭作坊和草根性的困扰。每个农村淘宝店都具备汇集、优选等功能，能够确保农村产品的品质，有利于树立良好的品牌形象。从而避免家庭作坊式农村电商所带来的同化恶性竞争行为，使得农村电商得到规范化、流程化的管理。

从互联网的角度来看，农村淘宝就是一个互联网和农村市场的结合，农村淘宝的业务也就是"互联网＋农村业务"。农村淘宝的出现，也就是一个宗旨，那就是让农民生活更美好，可以和城市里的人一样，能够享受更为便捷、富裕的生活。

二、农村淘宝的愿景

农村淘宝的愿景（图10-2）主要与农村老百姓生活息息相关。第一个使命跟愿景是要解决如何通过互联网方式加速实现城乡一体化。城乡一体化绝对不是农村城市化，而是更好地使农村城镇化，是如何让农村老百姓的生活跟城镇一样便利，这是农村淘宝的使命跟愿景之一。这当中包括两个步骤：一是打通到村的物流和信息通道，让农民在家中零成本就可以享受到和城市居民一样的生活便利性；二是让农民足不出户通过电子商务平台就可以买到价廉物美的日用品、农资产品等。

第二个使命跟愿景是创造更多的农村创业、就业机会。充分利用农村当地的媒体和各种宣传手段营造回家创业浓烈氛围，搭建创业舞台，提供创业扶植，让更多年轻人返乡，扎根农村。从而解决留守儿童、空巢老人等农村的民生问题。帮助农村改变他们现在的结构。现在真正改变农村的绝对不是投入多少钱，也不是电子商务进去做了多少场培训，而是帮助他们改变其居民结构。阿里巴巴正在做的第二件事最重要的是，创造更多农村就业机会、创造更多的互联网基础设施改变，让更多有想法有思想的青年回乡创业，是真正改变农村结构的核心之处,是未来农村电子商务发展的星星之火，是未来带动农村发展的最重要的生力军。

图 10-2　农村淘宝的愿景

为了实现这两个愿景，农村淘宝规划了"四步走"战略。

1. 建立"两通道，一闭环"，解决农村基础建设问题

所谓"两通道"，第一个通道是物流通道。表面上看，很多乡镇已经实现村村通物流，但这个物流实际上是现象物流，而不是我们所说的互联网物流，现象物流不等同于互联网物流。所谓互联网物流，应该是实时的、有速度的、点与点之间能够迅速到达的。与现象物流相比,互联网物流最大的关键在于互联网产生的集聚效应，而这个效应可以有效降低成本。打个比方，原来县到村之间的物流成本可能要5元，一旦订单达到一定数量，平摊到每一个订单的成本就可以降低到两元，甚至更低。因此，农村淘宝的解决办法是，

在县里和村里分别建立一个仓库,通过仓库来承担由县到村的物流。第二个通道是信息通道。互联网不被使用就没有价值,信息必须显性化,被别人使用才能产生价值。因此,光为村里装宽带是远远不够的。村淘会在每个村淘点配置电脑和大屏幕,让有效的价值能够最大程度得到使用。除了"两通道"外,所谓的"一闭环"是安全的交易闭环。村淘1.0版本的时候,在支付宝的支持下,村淘为每个村服务站建立了1万~3万元的资金池,而2.0版本在原有的基础上,推出了"村淘花呗掌柜金",支持村淘合伙人代购以及之后的创业活动。从产品性质上来看,花呗等于产品信用化的体现,合伙人利用花呗代买商品时不用自己垫付资金,只要在还款日(含)前还款即可。

2."松土壤,建平台",吸引人才回归

与1.0版本的兼职代购员不同,2.0版本中的"村淘合伙人"应该是全职的,有想象力、有创造力的年轻人。阿里巴巴希望,村淘合伙人可以把农村淘宝当成一份事业来做,而为着这份事业,合伙人们能够运用自己的思考和创造力,真正服务好老百姓。阿里巴巴同时希望,政府能够为年轻人搭建好舞台,敲锣打鼓,欢迎年轻人回到农村,并且告诉这些在城里务工的年轻人,"农村的机会来了"。

3.建立生态服务中心,为农村打造生活和服务的综合体

农村淘宝服务点是融合涵盖生活各个方面的生态服务中心。农村淘宝联合阿里巴巴多个事业部,包括小微金融、特色中国馆、淘宝大学、阿里巴巴产业带、阿里旅行等,解决农村生活的方方面面,抱团服务老百姓。所谓生态,就是在服务站里一站式解决各种刚需,例如一个老奶奶想去上海看病,她可以在农村淘宝服务站里订票、挂号、订房,只要拿上一张身份证就可以去上海。

4.完善农村电子商务平台,为老百姓打造平台

目前,农村淘宝已经拥有了自己的平台 http://cun.taobao.com/,未来还将不断完善。其背后的逻辑在于,淘宝、天猫虽然已经是功能强大的平台,但并不完全适合农村。因此,农村淘宝平台会是一个依托于淘宝的体系和架构,活动、招商等完全依照农村用户需求打造的新平台。

三、农村淘宝的落地

"千县万村"计划是阿里巴巴 2014 年发布的一项战略(图 10-3),把乡村电子商务和全球化、云计算大数据并列一起成为为阿里巴巴的三大战略。2014 年 10 月,阿里巴巴集团的农村淘宝"千县万村"计划,5 年内投资了 100 亿元,建立了 1 000 个县级运营中心和 10 万个村级服务站。阿里巴巴将供应链深入下沉到农村市场,以线下服务实体的形式,将其电子商务的网络覆盖到全国 1/3 强的县以及 1/6 的农村地区。

阿里巴巴在3~5年内投资100亿元
建立1 000个县级服务中心和10万个村级服务站,
覆盖到全国1/3的县以及1/6的农村地区。
在农村普及电商,突破信息、物流瓶颈,解决农村买难卖难问题,
实现网货走进来,农产品卖出去!

启动期 → 布局期 → 推广期 → 成型期

图 10-3 "千县万村"计划战略图

自2014年起，随着国家电子商务进农村各项政策和文件的下达，以及各大电子商务平台的农村电子商务战略的发布，电子商务以前所未有的速度开始全方位渗透到县域及农村。丽水模式、临安模式、武功模式等各类型具有区域特色和借鉴意义的县域电子商务模式不断涌现，电子商务的发展已经成为政府商务及农业相关部门的关键职责和重要任务。政府与"村淘"的合作，是建设乡村电子商务公共服务体系以"下行"作为切入的重要手段，发展乡村电子商务对于当地政府和老百姓有着深层的价值与意义。

对于长期得不到关注的县域经济来说，部分地区由于资源环境的制约，已经无法承载传统的发展模式，目前遇到的问题，其实是传统发展规模结构的问题。

阿里巴巴的农村淘宝战略以消费品、工业品下行为启动，通过网络订单量的提升，进行县乡村级物流体系的尝试与突破，以其达成充分整合农村资源，帮助农产品上行，提高农民生活和收入水平的目的。实现网货下乡和农产品进城的双向流通功能，是重构、盘活县域经济的关键所在。网货下乡给老百姓的生产生活带来了巨大好处。通过农村淘宝，农民可以购买到全国各地的商品，比价也方便许多，并享受和城市居民一样的购物便利。

在物流和信息流限制被逐渐突破的情况下，县域政府要发展乡产品电子商务，关键是要树立消费者信心，实现农产品的商品化和品牌化。

为此，农村淘宝提出了"乡甜计划"，推动农产品上行。乡甜计划包括乡甜优选的F2C模式和乡甜农场的C2F模式。其中，F2C模式是要通过提供从田间直供餐桌的农产品，实现产地、产区和供应链的全程可控，而C2F模式则更像是一种订单农业，希望通过消费者对农产品的反向定制影响农业生产。

农村淘宝通过市场化的操作手段，一旦帮助县域经济建立品牌，后续产生的衍生经济效应将会被不断放大。2015年，农村淘宝与黑龙江省肇源县试水通过虚拟的土地流转，让城里人认领土地产量，等到10月大米收获后，肇源每月定期为订购者发货。如今，第一批用户已经成为肇源大米的忠实客户，而消费者对商品的良好口碑，则成了当地的一张名片，反过来带动线下销售，帮助肇源大米拿到了东方航空、中国人民大学、济南军区等企事业单位的采购订单，也让2016年的订购量增长了9倍。

2016年，国务院及各部委密集出台关于农村电子商务的重磅文件，力挺农业电子商务发展。2016中央1号文件加大了关于农村电子商务的篇幅，4处提及农村电子商务发展问题。相比2015年年而言，文件中更强调了解决问题的方法。

小知识

农村淘宝发展

2014年10月13日，农村淘宝战略正式启动。

2014年10月28日，农村淘宝网站上线。

2014年10月29日，首个县级运营中心，落户浙江桐庐。

2014年12月9日，村级服务站突破100个。

2015年2月1日，农村淘宝事业部正式成立。

2015年6月11日，平台总商品成交总额（GMV）突破1亿元。

2015年7月1日，农村金融第一笔贷款发放。

2015年9月10日，农村淘宝APP上线。

2015年9月20日，县级服务中心突破100个。
2015年9月24日，农村金融旺农贷正式启动。
2015年11月11日，农村淘宝首次参与"双11"狂欢。
2015年12月22日，村级服务站突破10 000个。
2016年1月6日，农村淘宝年货节启动。
2016年2月22日，农村淘宝春耕节启动。
2017年6月1日，农村淘宝正式升级，与手机淘宝合二为一。
2018年7月，农村淘宝第一家线下农产品体验店在杭州落地。

第二节　农村淘宝县级服务中心和村级服务站

一、农村淘宝落地架构

农村淘宝落地架构（图10-4）简单来讲就是阿里巴巴集团与各地政府来合作，以电子商务平台为基础，搭建县村两级的服务网点。一个是县级服务中心站，一个是村级服务站。阿里巴巴集团充分发挥用自身在互联网经济领域的立体化产业发展优势，利用地方的产业、资源、环境、政策、区位等优势，与政府在农村电子商务综合服务中心、仓储物流体系、农产品电子商务品质保障与溯源体系、电子商务人才培养等方面开展深入合作。阿里巴巴派驻人员到合适的县级城市，开立县级服务中心，并在其合适的乡镇建立的村级服务站。其中，村级服务站是整个架构的核心，农村淘宝的终极目标是打造智慧农村，依托阿里巴巴集团的生态圈把每个村级服务站点升级为生态服务中心、民生服务中心。

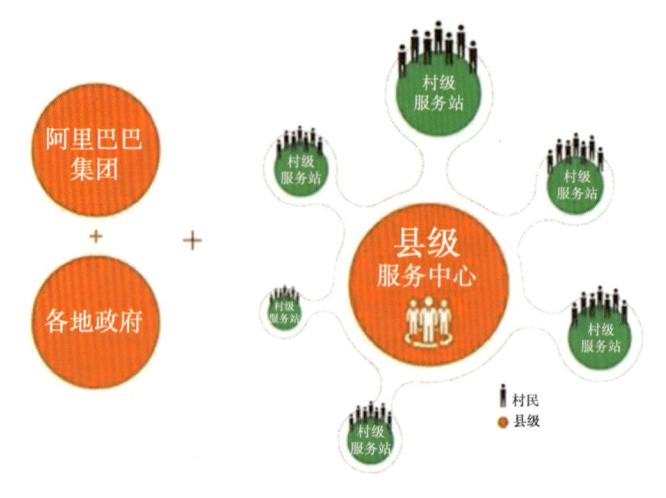

图10-4 农村淘宝架构

二、县级服务中心站和村级服务站的功能和任务

阿里巴巴农村电子商务的战略有投资基础,激活生态,创新服务,创造价值,建设县级服务中心和村级服务站作为投资基础设施位于四大战略之首,阿里巴巴农村电子商务体系见图10-5。在农村,阿里巴巴需要从线上走到线下。在县城,电子商务的发展需要更接地气的运营机构和团队。阿里巴巴第一个县级服务中心站在桐庐启动是农村淘宝迈出的第一步,而第一个村级服务站(桐庐县富春江镇金家村服务站)的正式运营,是乡村电子商务在全国的第一试点。

图10-5 阿里巴巴乡村电子商务体系

（一）县级服务中心站

县级服务中心主要负责站点开发，协助本地村民开设村级服务站，以一村一站方式，展开本地化代购业务，开展乡村电子商务理念及运营技能技巧的系统培训(图10-6)。通过建立菜鸟物流快递点，进行县级物流的配送，市场的推广网络的营销等，负责整个站点的运营和管理，是整个农村淘宝运营体系的核心。

图10-6 甘肃省陇南市成县农村淘宝县级服务中心

（二）村级服务站

农村淘宝村级服务站很简单，由一间工作室、一根网线、一台电脑、一个大显示屏以及一位村淘合伙人组成。那么服务站点如何运转呢？举个例子，比如说你想买一件羽绒服，但是周边又没有购物商场，必须去县城才能买到。那么你可以选择不出村，到服务站点找村淘合伙人。他（她）可以帮你在网上挑选直到你满意为止。剩下的事情就不用你操心了，村淘合伙人会帮你下单，并且还送货上门，见图10-7。

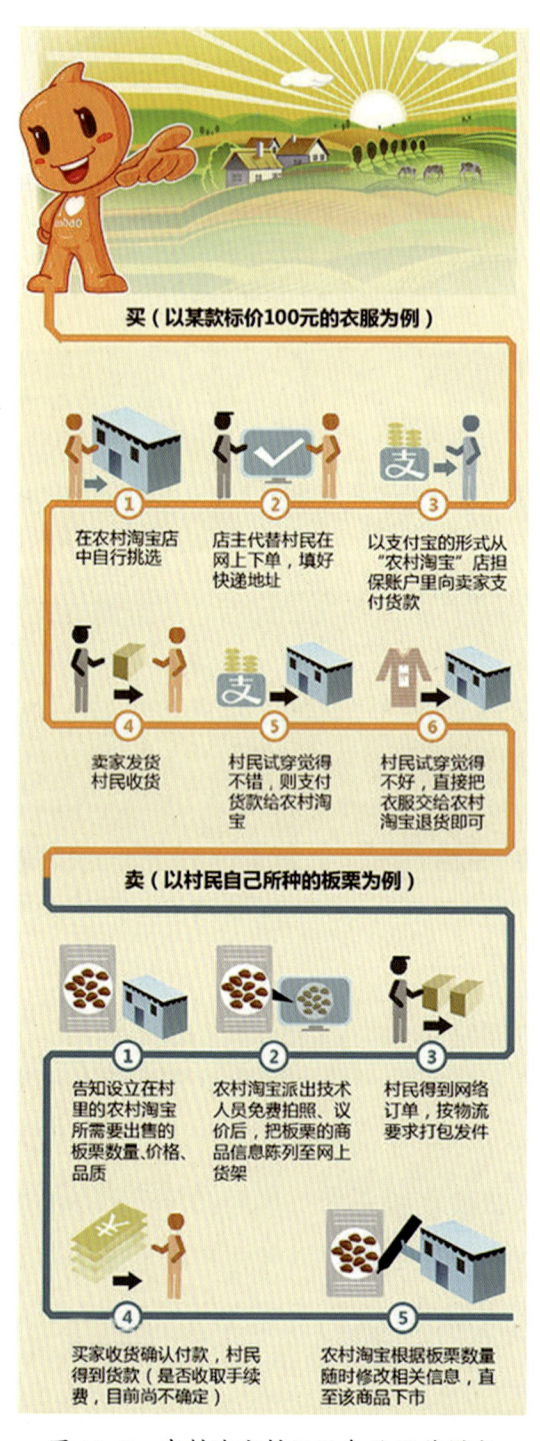

图 10-7　农村淘宝村级服务站运营模式

农村淘宝村级服务站的设立，可以吸引优秀人才扎根农村，依托农村广大的土壤、丰富的资源，借助新型互联网平台进行创业，为促进农民就业创业提供一条崭新的渠道。此外，围绕乡村电子商务的发展，物流、培训等衍生服务业市场也将随之增大，进一步增加农村就业机会，催生农民返乡就业创业潮，形成新型乡村电子商务生态体系。

村民如果买东西，还能享受到更加"特殊"的待遇：村民把在显示屏上看中的东西告诉村淘合伙人，下单之后先不用自己掏钱，而是由支付宝的"农村淘宝"担保账户支付货款，卖家发货后，村民可以试用，觉得不错则付钱给担保账户，如果觉得不合适，把东西交还给农村淘宝即可。

农村淘宝还具备代卖功能，通过农村淘宝合伙人对接所驻村的农户，可以打通农产品的上行通道，帮助农户通过电子商务渠道销售农产品，实现网货下乡和农产品进城的双向流通功能。

为了让农村淘宝合伙人更好创业，阿里巴巴提供统一的电脑、液晶电视、门头设计、宣传板、易拉宝等，并安排免费培训。随着农村淘宝合伙人越来越多，村民开始享受到城里人的生活品质。此外，通过阿里巴巴的布局打开物流通路后，还能将当地农产品卖出去，增加村民收入。更重要的是，随着越来越多的村民返乡创业，会逐渐衍生出围绕农村淘宝产生的生态圈，提供更多的创业、就业机会，从而让更多年轻人返乡扎根农村。从解决留守儿童、空巢老人等农村的民生问题。

> **小知识**

农村淘宝村级服务站要求

第一，村级服务站的面积 30~50 平方米。

第二，优先考虑物流不能直接到达的村点。

第三，临街交通便利，方便物流配送。

第四，村里聚人气的地方，如学校、卫生所、广场健身娱乐中心等。

第五，房屋的基本要求：地面为硬化平整的水泥地面，墙面为整洁干净的白色墙体。

第六，禁止选用破旧或者毛坯房等装修工程量比较大的房屋，以便降低合伙人或者政府的开支。

第七，原则上禁止使用合伙人自家的房屋，以免后续合伙人退出引起纠纷。

第三节　村淘合伙人

村淘合伙人是一群由阿里巴巴和当地政府严格筛选、培训上岗，为村民提供网购、网销操作服务的村级代购代销人员。农村淘宝项目合伙人也就是村级服务站的运营掌柜，也可以理解为代购员，负责为村民提供代买、代卖服务，帮助村民在农村淘宝购物平台上下单、收货，或者往外地发货，见图10-8。

合伙投资　合伙经营　利益分享　义务承担

图 10-8　村淘合伙人

一、农村淘宝合伙人招募条件

农村淘宝合伙人招募条件（图 10-9）：①年满 18 周岁，具备完全民事责任能力。②熟练使用电脑、手机等电子产品，有网购购物经验。③诚信、勤劳，愿意将农村淘宝作为自身发展的事业。

图 10-9　农村淘宝合伙人招募条件

二、成为农村淘宝合伙人的流程

农村淘宝合伙人申请流程（图 10-10）：

【报名】→【资质审核】→【培训】→【签订协议】→【撰写个人经营企划】→【开业筹备】→【正式运营】

申请人通过村淘合伙人招募入口进行报名，审核人员依据当地农

· 271 ·

村淘宝开展的情况，进行择优筛选。通过村点场地考察，培训和考试的人员，会签约成为正式的合伙人。

图 10-10　农村淘宝合伙人申请流程

三、农村淘宝合伙人的职责

●推广职责：利用各种资源和渠道在村里宣传推广农村淘宝项目。

●导购职责：收集和了解村民需求，针对村民需求进行导购服务，帮助村民选取合适的商品。

●售后职责：协调处理退换货、物流配送、家电售后安装等售后服务。

●分享职责：做好经验分享和传承，抱团成长，打造学习型团队。农村淘宝合伙人的职责构架图见图 10-11。

图 10-11　农村淘宝合伙人的职责

四、农村淘宝合伙人的机会和前景

阿里巴巴为农村淘宝合伙人提供五大支持和两大前景。

1．五大支持

●技术支持：专属的账号操作及网站相关技术支持。

●培训支持：阿里巴巴提供完善的系列培训，包括操作说明、经营技巧、促销手法等系列培训，简单易懂，上手快。

●运营支持：周周有特惠，月月有惊喜，农村淘宝专属活动策划，帮助合伙人快速开拓市场，建立信任。

●物流支持：菜鸟网络全程跟进，打通从县到村的物流。

●宣传支持：广播、电视、报纸等各类宣传手段不定期全面覆盖，迅速在当地打响知名度。

2．两大前景

●订单佣金：代购商品成交后，农村淘宝合伙人可获得按订单金额一定比例计算的订单佣金。

●业务发展：除了网络代购，农村淘宝还将有网络代卖、物流收发、农村金融等多元化业务空间。

本章小结

阿里巴巴农村电子商务项目是结合各省市县各级政府扶持农业电子商务化的政策及基础资源投入。阿里巴巴派驻人员到合适的县级城市，开立县级服务中心站。由县级服务中心站来带动镇村的电子商务业务开展。在行政村，协助本地村民开设村级服务站，以一村一站方式，展开本地化代购业务。通过农村淘宝项目的实施，将加快农村电子商务综合服务平台、配送服务中心和农村服务点建设，有效突破信息和物流瓶颈。构建的县村两级物流体系，能够打通信息、物流渠道，解决农村"买难"和"卖难"的问题，实现"工业品下乡"和"农产品进城"的双向流通功能。

第十一章
京东电子商务模式

导读

京东是中国最大的自营式电子商务企业之一，2015年第一季度在中国自营式B2C电子商务市场的占有率为56.3%。目前，京东集团旗下设有京东商城、京东金融、拍拍网、京东智能、O2O及海外事业部。

知识架构

```
                    ┌─── 关于京东
                    │
                    ├─── 京东农村电子商务模式
                    │
京东电子商务模式 ────┼─── 京东"3F"战略布局农村市场
                    │
                    ├─── 京东金融
                    │
                    └─── 京东乡村推广员
```

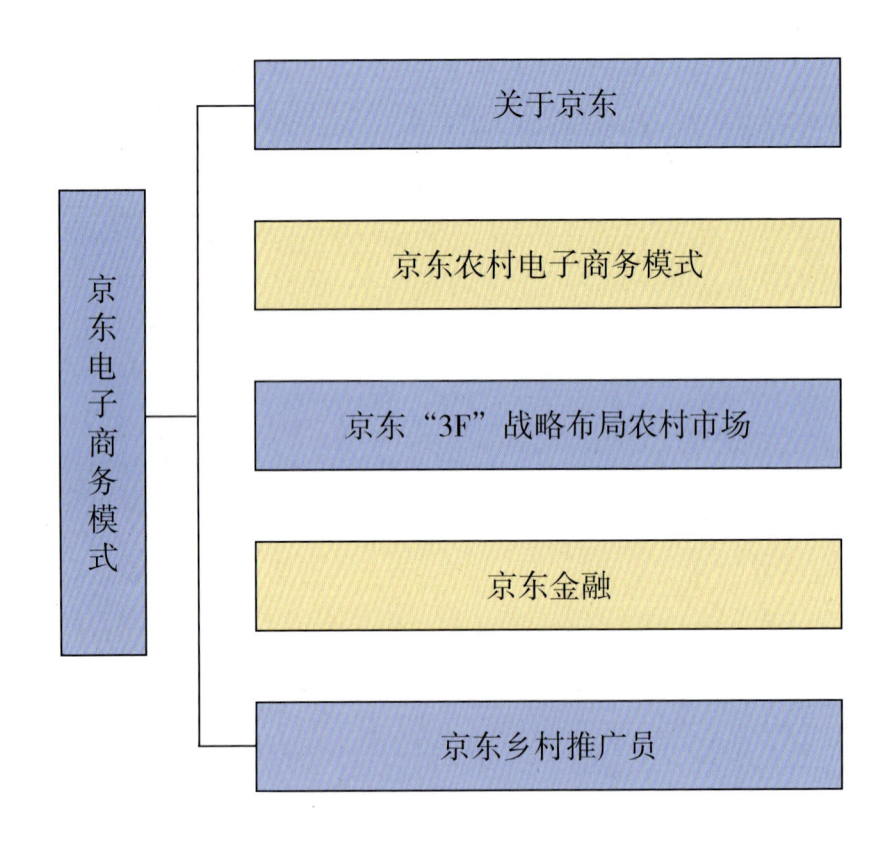

第一节 关于京东

一、企业简介

2014年5月，京东集团在美国纳斯达克证券交易所正式挂牌上市，是中国第一个成功赴美国上市的大型综合型电子商务平台，并成功跻身全球前十大互联网公司，2016年7月20日，《财富》杂志公布了2016年全球财富500强榜单，京东首次上榜并位列366位，成为中国首家且唯一入选财富500强的互联网企业。

京东拥有中国电子商务领域规模最大的物流基础设施；通过完善布局，京东成为全球唯一拥有中小件、大件、冷藏冷冻仓配一体化物流设施的电子商务企业。京东物流大件和中小件网络已实现大陆行政区县100%覆盖，自营配送服务覆盖了全国99%的人口，90%以上的自营订单可以在24小时内送达。京东专业的配送队伍能够为消费者提供一系列专业服务，如：211限时达、次日达、夜间配和2小时极速达，GIS包裹实时追踪、售后100分、快速退换货以及家电上门安装等服务，保障用户享受到卓越、全面的物流配送和完整的"端对端"购物体验。京东智能物流持续创新，"亚洲一号"现代化物流中心是当今中国最大、最先进的电子商务物流中心之一，目前已有9座"亚洲一号"投入使用；京东物流实验室开始测试无人机送货，为农村电子商务配送提速。

二、农村电子商务项目与电商扶贫项目

为了更好解决互联网背景下的新的农村、农业和农民问题，京东集团将农村电子商务作为重要发展战略，全面发挥自建物流和自营采销的双重优势，与县域企业的本土资源优势有机结合，打通农村地区的双向流通渠道，帮助农民"开源"与"节流"，好的特产卖好的价钱；花更少的钱，买正品行货，真正实现农产品进城和工业品下乡。

2015年，京东加速渠道下沉，大力发展农村电子商务，推进"3F"战略，即工业品进农村战略、农村金融战略和生鲜电子商务战略，已初见成效。

第二节　京东农村电子商务模式

京东农村电子商务战略最核心的两大模式就是县级服务中心和京东帮服务店。具体来看，京东县级服务中心是京东针对县以下的4~6级市场打造的市场营销、物流配送、客户体验和产品展示的京东服务旗舰店，为客户提供代下单、配送、展示等服务。一个县级服务中心将管理该区域所有乡镇的合作点，通过招募乡村推广员、扩建京东物流渠道等，使京东自营配送覆盖至更广阔的农村区域。

由于农村消费者居住比较分散，订单密度比较小，很多物流公司都无法触及，农村消费者很难享受到与城市消费者同样便捷的送货上门和售后服务。同时许多农村消费者对网购不熟悉，对商品和售后服务政策不了解，对网购仍有疑虑，这都是电子商务企业下乡面临的难题，也正是京东县级服务中心和京东帮服务店击中的农村电子商务服务的痛点。

一、县级服务中心

县级服务中心模式是继发布全国首个农村电子商务试点县、千家京东帮服务店战略后，京东渠道下沉的又一重要战略，践行了"带动工业品下乡、促进农产品进城"的国家战略，是京东推进农村电子商务、渠道下沉战略的重要抓手，目的是让更多的农村消费者享受到京东"多快好省"的全流程优质购物体验。通过县级服务中心，京东将招募数万名乡村推广员，给农民提供售后、金融服务，真正做到让工业品进村、农产品进城，推进城乡消费公平。

京东服务中心是乡村业务的重要部分，服务中心在县城内，主要功能为客户体验、实物展示和代客户下单，也承担着培训乡村推广员的功能；通过京东服务中心，村民既可以在京东上买到"真、正、低"以及在乡镇实体店中无法买到的商品，又可以将乡村优秀的农产品热销至全国，解决农产品滞销的问题，为农民创收、增收，也为城市居民提供了更多农产品。

县级服务中心采用公司自营的模式，房源租赁、房屋装修、家具采买、办公设备和中心人员都由公司负责，服务中心的负责人为乡村主管。乡村主管可以根据业务量自行分工，乡村主管对其负责区县的业绩负责。乡村主管，需有乡村生活经历或者非常熟悉乡村生活，且具备一定市场营销能力，还得有与客户面对面沟通的经验。

服务中心主要承担了代客下单、招募乡村推广员、培训乡村推广员和营销推广等功能。围绕京东县级服务中心，为农民消费者提供和城市一样的电子商务服务。乡村推广员是京东去年渠道下沉的重要抓手，通过激励机制，邀请懂网购、人缘好、有影响力的农村消费者，加入京东电子商务下乡的队伍，从而成为京东电子商务下乡的主力军。除了中心的日常工作外，推广员每天都会向村民们聊京东、聊网购，帮乡亲们在京东下单。

京东乡村推广员如同京东无数的"神经元"，活跃在全国各个村落，这些"神经元"由县级服务中心统一管理，统一培训，统一考核。作为京东电子商务下乡的统管中心，县级服务中心是实现"京东梦想"的落脚点，为广大推广员提供服务、宣传、物料支持，而这些中心则全部是京东直营店形式。

县级服务中心是京东由线上向线下拓展的尝试，它是一个多业务承载模式，管理人员包括配送站长和乡村主管。由乡村主管对当地乡村推广员进行培训、管理，乡村推广员既是销售员、售后服务员、物流配送员，也是京东的信贷员。乡村主管还将协调县服务中心与京东帮服务店的功能匹配，让两者相互协作，共同解决农村消费者购买网购商品的"最后一公里"配送难题。从目前的情况来看，服务中心主管主要由乡村大学生村官和小卖部店主发展而来。

二、京东帮服务店

京东帮提供大家电服务需求在京东下乡上，除了县级服务中心，力撑电子商务下乡的就是"京东帮"模式，与县级农村服务中心的自营方式不同的是，加盟京东帮服务店这种方式解决电子商务下乡"最后一公里"问题。

它针对大家电产品在物流、安装和维修上的独特需求，依托厂家授权的安装网络及社会化维修站资源的本地化优势，通过口碑传播、品牌宣传、会员发展、乡村推广、代客下单等形式，为农村消费者提供配送、安装、维修、保养、置换等全套家电一站式服务解决方案。"京东帮"服务店与京东之间属于合作关系，但其承载的则是京东的自营家电业务。

第三节 京东"3F"战略布局农村市场

在"互联网+"和城镇化的大潮下,京东将逐步构建从城市到农村的新型销售网络、提供面向农村的普惠金融服务和建立从农村到城市的农业品直供渠道,通过缩短城市与农村的距离,消除城乡的价格歧视,推进消费的公平透明。未来在惠及城市和农村的生产者和消费者的同时,还能逐步解决农民买好东西难、借款贷款难、农民赚钱难的农村"三难"问题。

京东的"3F"战略(图11-1)是一张覆盖农村的网络,它既是农资和工业品进村的物流配送网络和营销推广网络,也是农村金融战略中重要的征信数据采集网络和推广网络,又是生鲜电子商务战略中的生鲜农产品信息采集网络和采购网络。

京东农村电商的"3F"战略

农村金融战略 (Finance To Country)	工业品进农村战略 (Factroy To Country)	生鲜电商战略 (Farm To Table)
通过京东白条,小额信贷等金融产品,帮助农民解决借钱难、贷款难、成本高等难题	通过提升面向农村的物流体系,让农民方便购买到化肥、农药等农资产品及手机、农电、日用百货等工业产品	通过大数据等技术,京东将农民的农产品种植与城市消费者的农产品需求进行对接,将农产品从田间地头直接送到城里人的餐桌上

图11-1 京东农村电子商务的"3F"战略

一、工业品进农村战略

基于工业品进农村战略,京东将通过提升面向农村的物流体系,力争让农民以最快捷、最低价、最无忧的方式购买到化肥、农药等农资产品及手机、家电、日用百货等工业产品。其中最后一公里的物流配送,京东采取"三箭齐发"策略,打造了县级服务中心、"京东帮"服务店以及乡村推广员。

二、农村金融战略

农村金融战略是通过京东白条、小额信贷等创新金融产品,帮助农民解决借钱难、贷款难、成本高等难题。京东农村金融在整个农村经济生产链条上从采购农资到生产再到销售,每个环节都来做金融。作为京东农村金融战略落地的重点内容之一,"京农贷"就是京东针对当前传统农村信贷手续烦琐、效率低以及信贷金额低等痛点,推出无抵押、低利息、放贷快的高契合度信贷产品。京东金融还把保险、众筹、消费金融、理财等众多金融产品嵌入各个场景,给农民全方位的金融服务,最大限度疏通经济链条,提高用户黏性。

三、生鲜电子商务战略

生鲜电子商务战略是京东通过大数据等技术,将农民的农产品种植与城市消费者的农产品需求进行高效对接,将农产品从田间地头直接送到城里人的餐桌上,既解决农民卖菜难、赚钱难的问题,又让城市消费者吃到新鲜的农产品。

京东"3F"战略,实际上是针对长期困扰农村经济发展的三大难题而提出。工业品进农村战略,瞄准农民"买东西贵"的问题。

京东发挥电子商务优势,让工业品下乡,消除城乡价格差异,让农民买到跟城里人同样价格的商品;农村金融战略,瞄准农民"借钱难"的问题。京东通过在金融领域的布局,让农民简单、方便地以合理的利息拿到贷款;生鲜电子商务战略,瞄准农民"卖东西难"的问题。京东全力打造生鲜电子商务,让优质农产品从产地直达消费者餐桌,打掉中间流通环节,以价格杠杆引导农民种植绿色安全农产品,帮助农民增收,为解决食品安全问题找到出路。

第四节 京东金融

京东金融是京东金融集团打造的"一站式"在线投融资平台,以成为国内最值得信赖的互联网投融资平台为使命,依托京东集团强大的资源,发挥整合和协同效应优势,将传统金融业务与互联网技术相结合,探索全新的互联网金融发展模式,致力于为个人和企业用户提供安全、高收益、定制化的金融服务,让投资理财变得简单快乐。

一、京东众筹

(一)京东众筹的诞生

京东众筹作为京东金融第五大业务板块于2014年7月1日正式诞生,旨在打造出门槛极低、新奇好玩、全民都有真实参与感的众筹平台。

目前,众筹主要分为四大类,产品众筹、公益众筹、股权众筹、债权众筹。京东众筹主打产品众筹,产品众筹是出资人对众筹项目进行投资，获得产品或服务，通俗说就是你支持我，我用实物或者虚拟权益作为回报。

京东众筹的特点，是优选聚集好的创意，出资人找到好玩、有趣的项目，其身份不仅是消费者、投资者，更是参与者。在项目初期，出资人在产品设计、生产、定价等环节，能与筹资人建立起深层次的互动，并能决定产品未来，这些过程都体现出了真实参与感，满足用户的消费升级需求。

京东众筹从京东的优势领域——智能硬件、流行文化切入。对筹资人而言，京东众筹不仅仅是一个筹资平台，更是一个孵化平台，京东作为国内最大的自营式电子商务企业，其强大的供应链能力、资源整合能力，能为筹资人提供从资金、生产、销售到营销、法律、审计等各种资源，扶持项目快速成长。

（二）在京东众筹我能得到什么

对出资人而言，京东众筹平台优选了新奇好玩的创意，满足出资人日益丰富的文化物质需求。整个过程充满好玩和有趣，让具有娱乐精神的出资人找到彰显自己个性的一片天地。

对筹资人而言，京东众筹不仅仅是一个筹资平台，更是一个孵化平台，京东作为国内最大的自营式电子商务企业，其强大的供应链能力、资源整合能力，能为筹资人提供从资金、生产、销售到营销、法律、审计等各种资源，扶持项目快速成长。在智能硬件领域，京东众筹平台还将联合JD+计划，携手创客社区、生产制造商、内容服务商、渠道商等，搭建京东智能硬件开放生态；京东智能云将提供芯片级联网服务、全方位大数据、云开放平台服务以及功能强大的超级APP等，促进智能硬件团队的健康发展。

(三)京东众筹如何保护出资人的利益

在保护出资人利益上,京东金融会对筹资人背景及诚信度进行严格的审核和筛选,筹得的资金也会实行监控,做到专款专用。

作为京东金融重要的发展部署,众筹业务的发展方向不仅仅局限于产品众筹,会结合自身优势,成为将创意、梦想变成现实,并迅速走向主流化的重要平台。

二、京东白条

京东白条是一项京东商城个人消费贷款服务业务,以京东会员的信用体系为依据。用户在京东消费时,享受"先消费、后付款"的信用赊购服务。"白条"允许用户享受30天内还款免息或最长24期的分期付款方式等政策。

用户需要登录京东账户,才能申请"白条"的信用额度,包括用户的交易次数和购买商品数量等参数,被京东以"战斗力"的名义划分用户等级。按照等级,用户可以选择最长30天延期付款,或者3~12月分期付款两种不同消费付款方式;30天内还款免息,每期费率是0.5%,12期则是6%费率。京东白条可在1分钟内在线实时完成申请和授信过程,而服务费用仅为银行类似业务的一半。京东白条产品从2015年1月开始拓展更多应用场景,陆续推出校园白条、旅游白条,构成"白条+"产品。

三、京农贷

京农贷是京东金融集团于2015年末推出的农村信贷品牌,是京东金融为用户提供的用于购买农业生产资料的贷款服务。京农贷,深挖农资信贷和农产品信贷两大产品线,围绕农业细分产业链做全产业链农村金融。

其中,京农贷与之捆绑的是京东农资电子商务。京农贷用户贷款只能用于购买农业生产资料,不同贷款用途设置的贷款金额不同,不同借款用途最高金额不同,贷款金额1万~500万元,根据产品不同,贷款金额不同,月利率0.54%~1%,贷款金额和贷款时间以京东金融最终审批结果为准。

(一)如何申请京农贷

1.是否符合申请资格

具体要求包括但不限于:申请人须为中国大陆公民,年龄18~65周岁,无不良信用记录,具备相应还款能力等。

2.贷款流程

注册京东金融账号→登录nj.jd.com在线填写个人信息→合作企业协助填写申请人信息,上传申请资料→京东金融审批融资申请→审批通过后客户登录nj.jd.com进行在线电子合同签订→京东金融放款。

(二)申请流程

农户在京东网站提交申请,线下到合作商户处提交纸质资料,商户后台上传京东审核,审核通过后告知商户并代用户放款给商户,商户收款通知农户前来提取购买的农业生产物资(种子),农户按月在金融平台还款。

第一步:选择贷款用途。点击【我要生产】,见图11-2。

第二步:查询贷款资格。点击【申请贷款资格】,见图11-3。

第三步:验证身份信息。获取手机验证码,输入验证码后,点击【下一步】,见图11-4。

第四步:完成资料审查。见图11-5,点击【确定】。

图 11-2　选择贷款用途

图 11-3　贷款资格查询

图 11-4　验证身份信息

图 11-5　完成资料审查

· 287 ·

（三）查看贷款进度

点击【查看贷款进度】，见图11-6。

图11-6　查看贷款进度

点击查看贷款进度后，提示前往分销商处填写申请表并签署贷款协议。

第五节　京东乡村推广员

乡村推广员是京东2014年渠道下沉的重要抓手，鉴于农村物流配送和消费习惯等问题，京东把农村电子商务重点聚焦在"最后一公里"。通过激励机制，邀请懂网购、人缘好、有影响力的农村消费者，加入京东电子商务下乡的队伍，成为电子商务下乡的主力军，围绕京东县级服务中心，为农民消费者提供和城市一样便捷的电子商务服务。

一、什么是京东乡村推广员

乡村推广员是指与京东商城签约，为京东商城在本村本镇做推广的人员，由京东商城在乡村进行招聘。推广员在签约后，由京东公司统一分配账号和推广链接地址，通过该账号下单或通过推广链接注册的新用户下单，产生的符合佣金规则的订单，计入该推广员的业绩，按比例计算佣金。

二、如何成为京东乡村推广员

（一）报名方式

1. 网站

登陆京东首页→网站导航→乡村招募，见图11-7。

图 11-7　网站报名

2. 移动端报名

在移动端登录网址 http://zhaomu.jd.com/html/vill/index.html 认真阅读后进行报名。

3. 拨打电话报名

拨打乡村推广员报名热线：400-622-8800。

（二）京东乡村推广员报名条件

①提供合法身份证，为独立承担民事责任能力的自然人。②对网购有一定的认识，可操作电脑、手机等电子设备。③在当地有一

定的知名度，城实可信。

（三）京东乡村推广员招募流程

京东乡村推广员招募流程（图11-8）：合作咨询→提交申请→资质审核→签订协议→上岗培训→正式运营。

图11-8　京东乡村推广员招募流程

（四）京东乡村推广员工作内容

①在约定区域内对京东品牌进行宣传。②指导村民注册京东用户，推广京东商品。③提高村民网购认知，解答村民疑问，鼓励村民网购。④协助配送货物。

本章小结

京东电子商务精准扶贫中的用工扶贫、产业扶贫、创业扶贫三大模式，后续还将引入金融扶贫、农资扶贫、公益扶贫等手段全面支持配合国家扶贫计划。京东在拉动销售、品牌打造、科技、农用物资等方面服务贫困地区，在农副产品质量标准体系和可追溯系建设上下功夫，建设"一村一品一店"扶贫模式，帮助贫困地区打造自有品牌，全力推进电商扶贫合作项目的落实。最终实现推动县域地区百姓脱贫致富速度，提升电子商务发展水平，实现多方共赢，改变县域经济，提升竞争力，助力县域经济扬帆起航的目标。

第十二章
苏宁电子商务模式

导读

艾瑞咨询数据显示，2015年网购市场规模增长率达37.2%，渗透率达12.9%。网购的持续渗透，成为乡村电子商务发展最重要的基础。虽然渗透率持续增加，但社会零售的大部分仍为线下销售。苏宁得益于O2O全渠道创新，在乡村电子商务领域布局优势明显，而阿里巴巴、京东等电子商务企业也纷纷开展全渠道发展，开拓新的增长点。

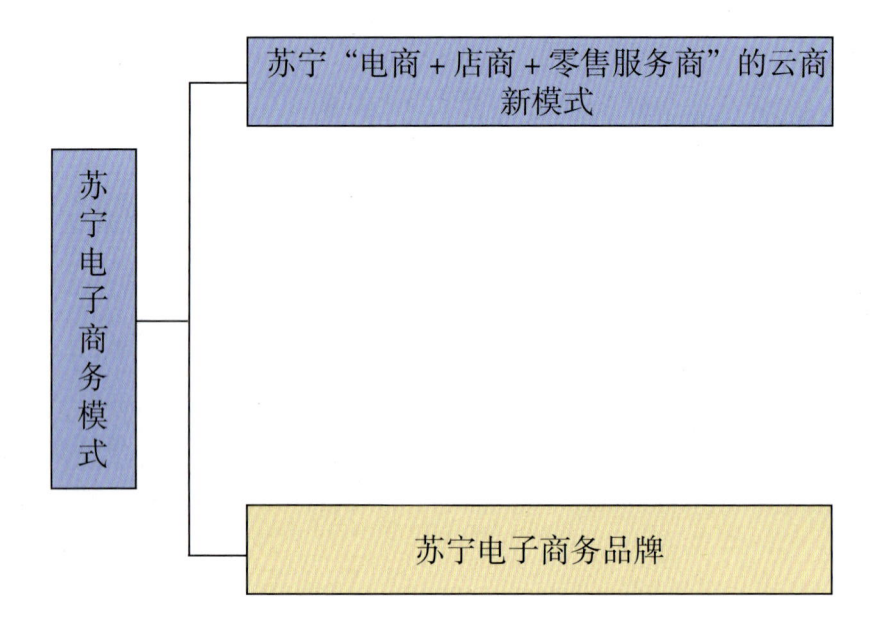

知识架构

```
                    ┌─── 苏宁"电商+店商+零售服务商"的云商新模式
苏宁电子商务模式 ───┤
                    └─── 苏宁电子商务品牌
```

第一节 苏宁"电商+店商+零售服务商"的云商新模式

苏宁创办于 1990 年,是中国商业的领先者,经营商品涵盖传统家电、消费电子、百货、日用品、图书、虚拟产品等综合品类,线下实体门店几千家,线上苏宁易购位居国内 B2C 前三位,线上线下的融合发展引领了零售发展新趋势。

一、O2O 模式接地气

近几年,网购对农村市场的持续渗透,已经成为乡村电子商务发展基础,同时电子商务实体渠道的不断下沉,加速了农村市场的开拓。

而不同的电子商务平台,渠道下沉方式也是不同的,阿里采取农村淘宝合伙人形式,京东采用"服务中心+京东帮加盟"模式,而苏宁实行"苏宁易购直营店+线上中华特色馆"的 O2O 模式。三种模式,很难说孰优孰劣,不过艾瑞咨询认为:苏宁乡村电商战略载体是"苏宁易购直营店+线上中华特色馆"。苏宁易购直营店所引领的全新 O2O 农村电子商务,与当地市场经济深度融合,除服务于消费者,还将带动当地相关行业,共同发展。

随着互联网对农村市场的不断渗透,乡村电子商务市场前景广阔。农村经济的增长促进了农村家庭对于生产技术和日常购物的互联网化需求,对电子商务的依赖性也不断增强。目前各大电子商务布局农村市场,更多是将线上产品引入农村。未来在农村潜力市场的拓展方面还需要电子商务企业和农村双方发力,解决农村"卖出去比买进来更迫切"的问题。

在这方面,艾瑞对"苏宁易购直营店+中华特色馆"的双向模式(图12-1)给予了较高的评价:依托于线下连锁店面的先天优势,苏宁通过建设直营店为农产品搭建上行通路,而后通过线上苏宁易购中华特色馆进行销售和品牌推广落地。

直营店+中华特色馆,苏宁开拓农村市场 Research
现状:直营店、特色店数量不断攀升,带动农村经济提升

苏宁易购直营店引领全新的O2O农村电商,与当地市场经济深度融合,除服务于消费者,还将带动当地相关行业,共同发展。苏宁农村电商战略载体是苏宁易购自营直营店+线上中华特色馆。

2015	1000+ 线下:直营店	1000县	5000镇	50000村
	88 线上:中华特色馆	10000+ SKU数		
2016	3000 线下:直营店	未来五年	10000+ 线下:直营店	
	350 线上:中华特色馆		2000+ 线上:中华特色馆	

全面带动农村各行各业提升

个人消费者	个人服务商	个人生产商	企业服务商	企业生产商
全品类商品	物流服务授权	开发、引导	业务承包授权	特色馆招商
金融产品	售后服务授权	资金支持	金融支持	苏宁物流服务
便民服务	授权服务站	物流提供等	技术支持	等
物流服务	代理点		行业标准化等	
售后服务	乡村联络员等			
等多种服务				

图12-1 "苏宁易购直营店+中华特色馆"的双向模式

二、双向流通模式打通城市与农村的供销两端

艾瑞咨询通过对于主流电子商务平台的战略布局研究发现,依托电子商务渠道下沉,乡村电子商务扮演的角色,既是消费市场又是生产源头。在这方面,苏宁开展的乡村电子商务战略布局最为清晰,采取"工业品下乡+农产品进城"的双向模式,辅以针对农村地区的金融服务。

目前行业主要参与者从事乡村电子商务,卖货和物流中转的职能仍然占主要的地位。然而,农村电子商务不仅是激活农村消费市场,更要促进农产品反向上行,打造农村商业圈,建立农特产品网购销

售生态体系，改善农村商品流通机制。而苏宁农村电子商务战略载体是"苏宁易购直营店+线上中华特色馆"，进城、下乡双向发力，创新模式，注重人才培养。苏宁易购直营店承载双重职能，以线上中华特色馆和线下自营店为载体，与农村市场进行双向商品及信息交流，带动市场经济提升。

三、乡村电子商务产业链发展推动农村全面发展

2016年，苏宁在农村市场投资50亿，在已有1 011家的基础上再开1 500家直营店，发展10 000家代理点及授权服务站，线上200个地方特色馆，带动10万人才返乡创业，打造20个"最美乡村"样本。

1．苏宁解决乡村电子商务具体问题

●解决乡村电子商务本地化

苏宁的"五当地"策略：造富在当地、销售在当地、服务在当地、就业在当地、纳税在当地。这"五当地"基本上都是本地政府、农村、农民迫切需要，受到政府主动推广、农民的热捧。

解决电子商务的高大上的脾气，乡农村电子商务成为当地经济、人才、税收的助推器，也必将会让乡村电子商务让更多的农民接受和重视。

●解决了"最后一公里"

人人都说解决了"最后一公里"，但农民还是没有享受"最后一公里"带来的红利。苏宁"最后一公里"的解决方案，除了搭建强大的物流体系，而且更重要的是把服务、门店开到农民身边。苏宁将重点布局三、四线甚至五、六、七线市场。

物流历来是发展农村电子商务的薄弱环节。目前苏宁物流全国

区县覆盖率达到95%，乡镇覆盖超过90%。同时，为了推动电商扶贫工程，针对国家贫困县"地域广阔、分布较散、运量不大"的特点，苏宁加大物流云在贫困县的渗透，发挥自身的地网功能。苏宁易购县镇店已经进入快速复制模式，将布局全国更多的县乡镇市场，把"智慧零售"的成果带到农村市场消费者。通过零距离的服务和物流体系的搭建，让农民享受到品牌的工业品，更让农产品上行更顺畅。

● 解决人才问题

张近东把对农村电子商务体系下的全员培训称作软实力，在他看来，以软实力出征，通过引导来培育农村电子商务市场，更具有战略眼光。眼下，农村电子商务在政策的推动下急速升温，但存在的问题，不是生产流通的问题，也不是服务和价格的问题，根本原因在于一些电子商务下乡人员并不了解农村，不懂农民需要，以想当然的姿态服务于农村市场，这是最可怕的。

张近东指出：农村电商现在是教育先行、培训先行。苏宁于2016年4月会针对农村市场，和有关部门联手，共同开展系统的农村电商培训计划。我们是把人才培养放在首位，希望在全国农村设立一套完善的信息系统，相信在农村电商培训方面会有新的突破和收获。

2．苏宁在乡村电子商务中的具体做法

● 快速搭建县级、镇级苏宁易购门店

门店是乡村电子商务落地与服务的窗口。2015年，苏宁已开了1 100家苏宁易购直营店，希望5年之内达到1万家，把全国主要的县和发达的镇进行全覆盖。

● 线上地方特色馆

实现了工业品下乡，更要帮助当地特色农产品上行。因此，苏宁将会帮助当地政府建设中华特色馆，并通过单品打造的方式，快速助推农产品品牌打造和知名度提升。

●金融产品的服务

乡村电子商务核心是什么金融服务。京东农村"京农贷"农村淘宝的"蚂蚁服务"已经布局得很完善，但农村金融依然是蓝海中的蓝海。

在苏宁农村战略中，苏宁同样会力推配套的任性付、易付宝等金融产品"上山下乡"，同时为农村电子商务度身定制易农贷、易创贷和易筹贷三大服务金融产品。另外，苏宁还将向三、四线小微企业开放信息云，助力当地企业更好触网，实现"互联网+"。

●人才培训

而对于乡村电子商务人才问题，苏宁与中国扶贫基金会合作，成立苏宁农村电商学院，打算在全国成立分院，建立多元化全产业链的乡村电子商务教育孵化体系。

2016年的两会提案中，张近东建议，"应该由国家牵头来打造一个跨平台的农村电子商务教育孵化体系，将各类涉农专家、企业电商平台专家、数据分析专家等聚集在这一平台上，打造一个可持续发展的农村电子商务人才培养生态圈，从前端入手，进行全方位的培训。"

第二节　苏宁电子商务品牌

随着京东农村、农村淘宝、苏宁农村电子商务的战略布局逐步完成，必将会推动农村产业链、创业激情、人才培养等多方面的社会价值和商业价值。其中,苏宁农村电子商务将会给农村市场和继来者带来哪些价值趋势?

一、农产品品牌化加剧

苏宁农村电子商务帮助当地政府开设中华特色馆,选取的农产品都是当地区域性农产品品牌。因此,苏宁的进入,农产品品牌化将会加剧。优质农产品通过苏宁农村电子商务平台,将会更加积极地布局品牌和品质的打造。这就是电子商务反哺效应!

二、苏宁电子商务服务

京东、淘宝、苏宁等互联网巨头都在布局农村市场,尽管农村市场是个千亿级的市场。但正在做的也就是"工业品下乡、农产品进城"两大核心业务。因此,农民消费者、农产品企业经营到底要与哪一家合作?或许,在模式都同质化的农村电子商务平台之下,电子商务服务或者平台的服务能力将会成为农民选择的平台的指导性标准。电子商务平台也必将会提供更加优质、体系化的服务服务农民。

三、乡村电子商务创业实战人才增多

随着苏宁农村电商学院成立,将会有更多的农村年轻人得到体系化的乡村电子商务和电子商务实操方面的培训与指导。农村青年不仅"要知道做什么、更要知道如何做",实操课程和培训也势必会得到农村青年的追崇。同时,这些学有所成的年轻人将会把学到的实操知识快速反哺到农村服务中。

四、价廉物美的工业品和金融服务的完善

乡村电子商务平台有农村消费者工业品下乡、金融服务两大主流业务，同时也使农村电子商务平台的竞争加剧。因此，工业品下乡的质量与品牌将会成为农村市场青睐产品，金融产品，尤其是产业链金融将会得到更多新型农业经营主体的欢迎。

五、农村生态链的搭建

农村电子商务是一个十万亿级规模的市场，苏宁发展"销售、纳税、就业、服务、造富"在当地的"五当地"模式，目标就是希望打造农村经济发展的电子商务生态圈，助推各地形成农业产业化、农产品品牌化和人才专业化的发展。

本章小结

苏宁模式主要基于直营门店。苏宁易购直营店是一个O2O的新型店面，通过线上线下结合的购物方式，虚实结合的展示形式，以及体验式社群式营销，帮助当地消费者提升网购应用能力，丰富产品种类，提升购物体验。这些既是直营店的购物服务中心、会员体验中心、网购培训中心职能的体现。同时，还能服务于消费者，带动当地相关行业，共同发展。

第十三章
腾讯"为村"

导读

　　城市和乡村是所有地球人生活的两个不同场景，因为交通发达，信息畅通，科技进步，机会繁多，在城市中寻求发展成为城乡人共有的梦想。而因为空气清新，食品安全，安逸恬静，民俗浓郁，到乡村去享受生活也成为城乡人不约而同的追求，可横在城乡的数字鸿沟一度让城与乡成为"鱼和熊掌不可兼得"。对于城市中财富获取机会的追逐，加速了乡村的工薪化程度，在人才劳动力往城市输出的同时，中国的乡村在城市快速发展的过程中与时代失联了，外出打工的青壮年与空巢老人之间出现了情感失联，失去活力的村庄又进一步加剧了与财富的失联，外出打工的人都有一个除了春节都回不去的老家，好在这一切都将成为过去，因为移动互联网的时代到了，把互联网真正推送到了每一个人的指尖与面前。"互联网＋"已经让城市发生了翻天覆地的变化，马云说过，"互联网＋"是通往未来的路标之一，而腾讯要做连接器，连接一切。

知识架构

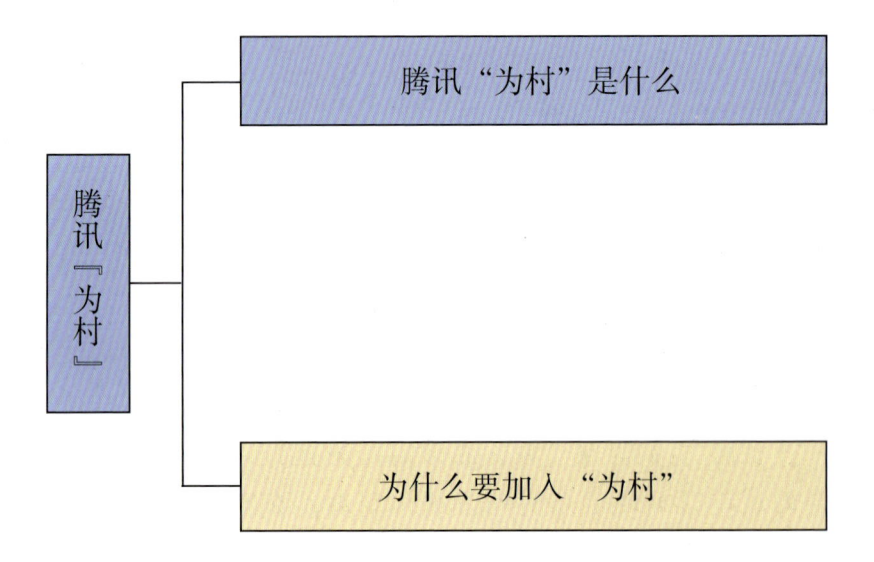

```
                    ┌──────────────────────────────┐
                    │      腾讯"为村"是什么          │
                    │                              │
┌─────────┐         └──────────────────────────────┘
│ 腾讯    │
│ 『为村』├─────────┐
│         │         │
└─────────┘         ┌──────────────────────────────┐
                    │    为什么要加入"为村"         │
                    │                              │
                    └──────────────────────────────┘
```

第一节 腾讯"为村"是什么

智能决策、网络营销、信息服务、溯源管理……近年来,互联网思维与农业农村经济加速融合,特别是以腾讯"为村"的"互联网+乡村"模式,为农业生产、经营、管理和服务水平不断注入新的动力,探索出了贫困地区农业转型升级的新模式,成为强农惠农的一条新途径。

一、"为村"概述

"为村"是一个用移动互联网发现乡村价值的开放平台,它以"互联网+乡村"的模式,为乡村连接情感,连接信息,连接财富。

在互联网后加上"乡村"两个字,我们要为乡村连接情感,连接信息,连接财富。从现在开始我们连接为"乡村"。好奇的是,"互联网+乡村"怎么加?连接怎么发生?会带来怎样的化学反应?不识字的老奶奶在小卖部门口蹭 WiFi 与远方打工的儿子视频聊天;村民们在微信群里热火朝天地交流农业生产和相关信息;村委会在公众号里开展村务,在微信群里向村民讲解低保评估标准,广开言论;甚至有些村民在微信群、公众号里都销售自家的农特产品,现在远在他乡的外出务工人员可以通过移动互联网为家乡构筑网络,成为城市和乡村信息与情感的连接者,也可以拖家带口回到老家带领乡亲们挖掘培育一乡一品,让小小的个体业拥有属于自己的品牌,为家乡创造财富,这就是腾讯基金会用 6 年的时间探索总结的成果——"为村"。

导入案例

"为村"计划

2014年11月，贵州省黔东南州黎平县铜关村，在村民们并不知道"互联网"概念的情况下，却已悄然卷入了一场"互联网 + 乡村"的变革之中。

2014年11月22日，腾讯基金会以1 500万元在铜关捐建的"铜关侗族大歌生态博物馆研究中心"开馆试运营了，全面竣工后，腾讯基金会还将无偿把整个研究中心的产权交付给铜关村民。

生态博物馆区别于传统博物馆，它是强调藏品和建筑的另一种博物馆理念，它将保护对象扩大至文化遗产，将保护范围扩大到文化遗产留存地，并用社区居民参与管理的方式，强调社区居民是文化的真正主人，鼓励他们以民主的方式管理自己的文化，并依照可持续发展的原则，利用自己的文化创造社区发展的机会。

铜关侗族大歌生态博物馆，由广西艺术学院建筑设计院、深圳同济人设计院展开"为多数人设计"。生态博物馆开馆，是腾讯基金会"筑梦新乡村"项目的一个阶段性成果。乡村的发展是一个系统问题，单从某一方面入手，都无法直达问题核心、实现根本解决，也用不上腾讯的互联网核心能力，腾讯基金会，一直致力于引导农村公益的O2O模式。直到2014年9月，"筑梦新乡村"项目正式升级为"为村计划"。

"铜关生态博物馆是一所文化学校，它致力于借助互联网的媒介与渠道力量，探索让乡村的人文与自然生态产出最大价值的可复制模式，在这里促进侗族大歌的传播，更在这里通过连接使乡村获得系统的发展。"腾讯基金会"为村"项目设计者陈圆圆说。

这是腾讯在贵州的一个古村落进行的一场社会公益试验,古老的侗寨与移动互联网发生了"奇妙反应",一幕幕丰富而生动地涌现出来。

黎平山环水绕,气候温润,土质肥厚,盛产侗家人栽培的特色水稻"香禾糯"。它以"稻鱼鸭共生"的自然农法种植,气味香醇、糯而不腻,是受中国国家地理标志保护的特色农产品。稻鱼鸭共生系统是目前世界上遗存的5个传统农作模式之一,被联合国粮农组织认定为全球首批重要农业文化遗产。

可惜谷贱伤农,在商品的价值链中,在一线生产的侗家人往往因缺乏商业意识和市场渠道,难以从谷粒中挖掘到财富。

腾讯基金会试图借助互联网的核心优势,整合设计包装与宣传、推广渠道等各类资源,用好的包装、好的故事辅以好的连接,与被边缘化的生产者紧密合作,将他们从易受伤的角色,转化成为商品的利害关系人,在市场中扮演更积极的角色,分享从一颗种子到高附加值商品的喜悦。

二、"互联网+"的乡村变革

铜关村65岁的吴培珊老人学会了与远在广东佛山打工的小儿子用视频聊天,还会用发给她的智能手机听侗歌、看侗戏。听力衰退让她听不清楚儿子在那头说什么,但她很满意,笑着说:"能看见儿子就好。"像吴培珊这样的空巢老人还有很多,互联网丰富了他们的留守生活。

铜关村是腾讯基金会"为村"项目的一个阶段性成果。该项目始于2009年,探索用互联网企业核心能力助推西部乡村发展的模式，用城市文化的善意输入，推动乡村价值的有效输出。腾讯基金会于2011年7月与黎平县委县政府签署合作协议，捐资1 500万元，建设腾讯铜关侗族大歌生态博物馆。而"腾讯互联网乡村"计划在2014年开始，成为其中一个重要组成部分。

"互联网+乡村"是腾讯基金会探索以"连接"为核心的创新公益模式。腾讯基金会正整合腾讯内部资源以及建筑设计、平面设计、广告策划、运营商和硬件设备生产商等众多合作伙伴，共同设计"互联网+乡村"未来的开放模式，为乡村发展连接助力。

在"互联网+"的改造下，铜关这个大山深处的古村落焕发了前所未有的全新活力。中国第一个认证的村级公众服务号"贵州黎平铜关村"建立了。此后，村寨通知下发、投票调查、活动召集、公共事务意见交流、文化活动分享、特产推荐等工作，均可通过微信展开。

基于"微社区"系统建立的"铜关市集"也已上线。任何人都可以通过二维码、照片和联系方式来进行购买。当地的香禾糯、牛黑米、雀舌茶等特产作为黎平当地极具代表性的优质农产品，还进入了拍拍微店"企鹅市集"销售。

三、"为村"上线开放平台

《互联网+：国家战略行动路线图》指出，互联网，特别是移动互联网在中国的迅速发展让人们有可能寻找到一条全新的发展方式。腾讯也在一步步的实践中，摸索出一套综合性的解决方案，探讨"互联网+"的真谛。比如在"互联网+乡村教育"方面，"为村"项目正在和腾讯在线教育团队合作，对接当地的学校，引入优质课程内容，来解决当地师资力量不足，教育资源落后的问题。

第二节 为什么要加入"为村"

"为村"是一个用移动互联网发现乡村价值的开放平台,它以"互联网+乡村"的模式,为乡村连接情感、连接信息、连接财富,通过移动互联网工具包、资源平台、社区营造工作坊,引导乡村基层管理者和乡村建设领导者跨越数字鸿沟。

一、深山里的第一座"为村"

位于黔东南的贵州省黎平县铜关村由4个自然寨组成,共有居民460户,1 863人,侗族占93%。和全国各地的村庄一样,铜关村青壮年普遍外出打工,村民人均年收入只有2 800元。

2009年6月,腾讯基金会在贵州和云南启动了为期五年的"筑梦新乡村"项目。虽然一开始就选择了"授人以渔"的方向,但走的还是"捐资助学"的老路子。从2011年起,一个更清晰的脉络被梳理出来:农村发展的整体滞后,是由于"失联"造成的,因信息获取的不对称和资源分配的不平衡所产生的数字鸿沟横亘在城乡之间。为谋求财富,乡村中的青壮年开始向城市迁移,这引发了乡村的空心化进而造成情感的失联,同时也加剧了留守者与信息的进一步失联,更加剧了乡村与财富的失联。这三个失联互相交织,相互影响,日益消磨着乡村的活力。腾讯基金会发现,乡村失联问题单独从任何一个方面入手,都会因遇到其他短板的掣肘而收效甚微,有没有可能通过"连接",为乡村失联寻找一个更系统而有效的解决办法?

2014年，腾讯在贵州省黎平县铜关村，投入资金、整合各种渠道资源、组织村民用传统的建筑风格和技术，建造了一组占地46亩，建筑面积5 600平方米的铜关侗族大歌生态博物馆。这个博物馆不仅是侗族文化的交流平台，也是铜关村的"一村一品"——吸引更多人来此旅游为村民们创造家门口的收入，在互联网向移动互联网发展的时代背景下，还将成为移动互联网村学校，为更多村庄插上移动互联网的翅膀。

铜关村建立了中国第一个村级公众服务号，包括村寨通知下发、投票调查、活动召集、物资征集、集资众筹、公共事务意见交流、文化活动分享、特产推荐等工作。

已经在铜关村做了五六年扶贫事业的陈圆圆，她的正式身份是腾讯企业社会责任总监。几年来，她几乎每年有一半时间花在黎平，而另一半的时间，是在深圳找资源。

"你们种的米好不好吃？想不想卖出去？怎么卖？用手机卖。你们今天打扮好漂亮，有没有拍照？拍了怎么发给别人看？用微信发。发给城里打工的儿子、媳妇，他们就知道小宝宝长成什么样了。还有刺绣，你们喜不喜欢更漂亮的花样？那就用手机搜一搜，在网上看看别人做的花样，就能做得更好了。"2014年的铜关侗族大歌生态博物馆开馆仪式上，她问台下村民，"你们认识我吗？"现场哗地举起一大片手。

如今，你可以看到有村民在微信上推荐自家做的粑粑、米酒、五色糯米饭和五谷鸡蛋；看到不识字的老奶奶坐在小卖部门槛上蹭WiFi，跟在远方打工的儿子视频聊天；村支书会在村里的微信群吆喝：老吴家丢了牛，有谁看到了？很快有村民提供线索，民兵们就在后山截住了被偷的耕牛，偷牛贼落荒而逃……

腾讯在铜关村架设起了资源链接的平台，来自社会各界的资源在这里，还发生了许多奇妙的"化学反应"。

腾讯用户研究与体验设计中心，为铜关村设计了一套视觉识别系统和智慧旅游服务设计；广州茂腾信息科技有限公司，为铜关村设计了一套微信智慧村庄运营平台；深圳同乐时光设计有限公司，为铜关村的土特产提供了包装设计；北京构易建筑设计有限公司，为村民投资25万元设计一栋拎包入住的民宿……

而且，所有的资源方都表示不仅仅在铜关村出力，还愿意进入"为村"资源平台，继续支持以后申请加入"为村"的村庄。

二、"为村"开放平台是什么

"为村"是什么？"为村"以"连接，为乡村"作为自己的口号。这是一个用移动互联网发现乡村价值的开放平台，以"互联网+乡村"的模式，为乡村连接情感，连接信息，连接财富。申请成为"为村"的村庄，可以获得腾讯"为村"提供的三大支持：移动互联网工具包、资源平台、社区营造工作坊。

这三大支持是"为村"开放平台"连接"的方法，陈圆圆总结成"为村"三式。

"为村"第一式，移动互联网工具包，是以任务设定和案例指引相结合的方式，引导村庄申请人和村委会成员，学习并掌握以微信群、微信公众号为代表的移动互联网功能和基本的运营技巧，高频、高质地实现村里外出和留守成员的信息和情感沟通；高效、透明地实现村务管理、活动组织、通知下达、舆情上传等基层工作的互联网化呈现。

"为村"第二式——"为村"资源平台，则是通过整合腾讯内外部资源,汇聚来自社会各界愿意为村奉献的专业企业和个人专家,并按条件开放给已经掌握并可熟练运用移动互联网工具的村庄,因地制宜地进行资源的连接和匹配,为村庄创造连接信息、连接财富的机会。

"为村"第三式——社区营造工作坊,"为村"团队每个季度都会举办一次社区营造主题的工作坊,选出6个对"为村"前两式能充分演绎并运用的村庄,整合优质且具有实战意义的课程,为他们村庄"一村一品"的商业化,提供专业指导。沟通、财务、商业谈判、项目管理、领导力等课程,都将以奖励的形式提供,而每个季度腾讯基金会都会拿出100万元"为村"创投基金,提供给在商战中胜出的村庄。而这个"为村"创投基金,最终将开放众筹,让人人都能为自己看好的村庄助力。

三、如何加入"为村"

腾讯"为村"开放平台将从贵州出发,为全国更多的村庄提供与时代连接的接口,"为村"创造更多的连接场景,连接更多的外部资源。

最直接的问题是,"为村"开放平台能为村民带来多少财富?

腾讯"为村"团队相关负责人介绍:"我们做的是连接,我们不是做生意,不是你直接开个店,或者你有一批货要卖,就帮你卖一批货这么简单,而是我们希望让你了解如何利用这个平台,你可以使用这个平台来连接情感,也可以使用这个平台来连接信息,也可以连接财富。"

村干部、大学生村官、返乡青年、媒体人、家乡在村庄里就业在城市中的人等,都可以成为"为村"计划的带头人和申请者,通过"腾讯为村"公众号加入。

所有村庄都可以申请"为村"公众号。带头人为村庄建立服务号，需达到相应的关注人数要求（互联网普及度高的村庄为800人，低的地方500人）、推送要求（每月至少3次，至少包括1次村务公开）、阅读量要求及命名规范、栏目设置要求。

完成任务后，需要获得一个县级或以上媒体的推荐信或新闻报道。

搭建"为村"这个平台，是希望互联网人才和互联网思维能注入农村，盘活乡村的资源，无论是绿水青山，还是风土人情，无论是少数民族山区还是汉族平原，与"互联网+"的连接都存在着无限可能。

本章小结

"'互联网+乡村'在中国不再仅仅是一个处于萌芽状态的命题。"腾讯"为村"开放平台向中国所有村庄开放报名，更多符合条件的村庄将成为"互联网+乡村"的主体。届时，腾讯将为其提供一整套移动互联网工具包，帮助其更好地连接情感，连接信息，连接财富。不久的将来，"互联网+社区营造""互联网+公共生活""互联网+乡村政务"都将迎来更多的想象空间。

后 记

2015年12月，我受四川大学委派，参加中组部、团中央第十六批博士服务团，挂职甘肃省陇南市文县委副书记，于2016年12月结束挂职返校。文县是国家级深度贫困县，山大沟深，交通不便，贫困面大，贫困程度深，脱贫任务重。在陇南市委"433"发展战略和"电子商务1333发展思路"的指导下，文县大力推进电商扶贫工作，取得了良好成效。我正好联系电子商务工作，有机会亲身感受甘肃省陇南市浓厚的电商扶贫氛围，和文县电子商务中心的同事一起，助推文县电商扶贫工作，与当地干部群众结下了深厚友谊。在文县工作期间，恰逢西安交通大学李琪教授牵头组织编纂"乡村电子商务丛书"，我负责《县域电子商务干部读本》一书，并组织文县电子商务中心、相关部门和乡镇的同事共同参与编写。

本书得以完成，要感谢中组部、团中央博士服务团，感谢甘肃省陇南市和四川大学，为我提供了一次丰富阅历、拓宽视野、增长才干的锻炼机会。感谢中共四川大学党委副书记兼组织部部长曹萍教授，四川大学校长助理、商学院院长徐玖平教授给予的关心和爱护。感谢文县县委为我精心搭建的业务学习和实践锻炼平台，并对我的支持与信任。特别要感谢中共文县县委苏彦君书记、县政府张立新县长、时任县人大主任韩平松同志和县政协主席马克武同志，以及中共文县县委张庆利副书记（现任陇南市卫健委主任）对我工作上的指导和生活上的关怀，你们立足县情、努力推进脱贫攻坚的扎实作风和工作方法让我受益良多。感谢陇南市各级电商同仁，特别感谢时任中共陇南市委副秘书长潘喆同志、时任陇南市商务局局长左占高同志，以及同期在陇南挂职的邹益民、潘雷驰、潘建珊、李士龙、冉振强、朱廷珺、邬开俊等同志给予我的无私帮助，与你们思想碰撞的火花弥足珍贵。

本书在编著过程中还得到时任四川省商务厅电子商务与信息化处苏代林处长和成都市商务委员会国内合作处杨金勇副处长的支持，特别鸣谢！

颜锦江

2020年5月

参考文献

[1] 牛禄青. 县域电商：意义、动向与模式 [J]. 新经济导刊, 2016（3）：44-50.

[2] 牛丽丽. 电子商务：县域经济发展的新引擎 [J]. 辽宁经济, 2015（3）：45-50.

[3] 杨世龙. 我国县域电商"大生态系统"运作机理研究 [J]. 四川理工学院学报（社会科学版），2016，31（3）:60-69.

[4] 刘善从. 2016，农村电商如何做 [J]. 农村.农业.农民（B版），2016（3）：15.

[5] 焦应军. 铜川市电子商务发展战略分析 [J]. 商业文化, 2015（3）：182-183.

[6] 司林胜, 王凌晖. 电子商务生态系统的系统特征及其优势 [J]. 中国管理信息化, 2010, 13（2）：101-104.

[7] 丁文云. 县域电子商务生态系统模型构建 [J]. 电子商务. 2015(6)：17-18.

[8] 金艳. 如何认识电子商务在我国的发展状况 [J]. 长春医学, 2007（2）：3，7.

[9] 张荷英. 现代公共关系学 [M]. 北京：首都经济贸易大学出版社, 2019.

[10] 荣振环. 社会化媒体时代的红与黑—以微博营销为例 [J]. 广告大观（综合版），2011(3)：84-85.